대학구조조정기 대학교원의 고용관계

전 윤 구 著

【경기대학교 법학과 교수, 법학박사】

이 저서는 2019년 대한민국 교육부와 한국연구재단의 지원을
받아 수행된 연구임 (NRF-2019S1A5A2A01047156)

에듀컨텐츠·휴피아
CH Educontents·Huepia

서 문

　주지하다시피 우리나라 대학은 학령인구의 현저한 감소 영향을 받아 이미 구조조정기에 들어섰다. 기업이든 대학이든 구조조정은 구성원에게 직간접적인 영향을 끼칠 수밖에 없다. 고등교육 성장·확장기에는 교육관련 법령과 노동관련 법령이 서로 단절되어 독자적으로 발전하더라도 문제점이 크게 부각되지 않을 수 있지만 대학구조조정기에는 양 법령은 서로 접촉면이 넓어지며 심지어 상충하는 경우도 발생하게 된다. 그럼에도 불구하고 선행연구는 교육받을 권리와 학문의 자유, 그리고 대학자치 및 대학의 지배구조 등 헌법상의 기본권과 관련된 연구에 머물렀을 뿐 대학구조조정 혹은 구조개편기와 맞물려서 대학교원 제도를 법적 관점에서 재검토하고 대안을 모색하고자 하는 연구는 많지 않았다. 이에 문제의식을 가진 저자는 2016년부터 대학구조조정기가 임박했음을 인식하고 관련 연구를 수행해 왔다. 이 책은 그러한 노력의 성과물들을 모은 것이다. 그동안의 학술논문과 연구보고서 등을 현재 시점에서 재검토하고 종합적으로 수정·보완한 것임을 밝힌다.

　오늘날 대학교원은 대학의 기업화에 따른 계층화와 비정규직화 그리고 대학을 설립한 재단의 재정과 경영능력, 산업구조 변화에 따른 학과 서열화 등으로 인해서 그 이해관계가 균질하지 않은 집단이다. 비정규직 교원과 비정년트랙 교원의 지위가 고착되는 현상을 보이고 있고, 대학구조조정을 이유로 하는 직업 상실을 겪는 중소규모 대학의 교원들이 이미 존재한다.

　그러므로 기존 선행연구와 같이 헌법에 기초한 일반론으로서 학문의 자유 측면에서 대학교원의 지위를 논하는 것은 한계가 있다. 노동법적 측면에서도 면밀하게 검토하는 것이 필수적인 이유이다. 특히 2018년 헌법재판소의 헌법불합치 결정으로 대학교수노조 설립이 가능해졌다. 이런 상황에서는 대학교원의 고용관계를 중심으로 교육법령과 노동법령의 종합적인 검토가 요청된다.

　모쪼록 부족하지만 이 책이 관련 학술연구자는 물론 대학현장의 실무관계자에게도 도움이 되기를 바란다. 책의 미흡한 부분은 전적으로 저자의 능력 부족이다. 끝으로 이 연구주제와 관련하여 오랫동안 함께 고민해 준 김한수 교수(경기대 경영학과)와 노강규 공인노무사(노무법인 이언)에게 이 자리를 빌어 감사의 말씀을 전한다.

2024. 8.
경기대 교수연구동에서 저자

차 례

제1장 대학 운영체계의 이해 ··········· 3
1. 사립대학의 구조와 체계 ··········· 3
2. 대학구조조정기 대학통폐합의 이해 ··········· 15
3. 대학고용관계 현황 ··········· 18

제2장 대학교원의 근로기준법상 근로자성 검토 ··········· 23
1. 서론 ··········· 23
2. 대학강사의 근로기준법상 지위에 관한 대법원 판결 ··········· 27
3. 고용과 위임의 구별에 기초한 검토 ··········· 31
4. 지시권 구속성 판단 ··········· 36
5. 근로자성 판단과 학문의 자유 ··········· 38
6. 소결 ··········· 39

제3장 외국인 대학교원의 노동법적 지위 ··········· 41
1. 외국인교원의 제도개요 및 현황 ··········· 41
2. 외국인교원의 임용을 둘러싼 법적 문제 ··········· 45
3. 외국인교원의 고용상 지위를 둘러싼 법적 문제 ··········· 57
4. 외국인교원의 고용종료를 둘러싼 법적 문제 ··········· 63
5. 소결 ··········· 67

제4장 대학교수노조의 설립과 단체교섭 ··········· 71
1. 교원노조법과 관련 법률과의 관계 ··········· 71
2. 교원노조법상 대학교수노조의 설립 ··········· 77
3. 교원노조법상 대학교수노조의 단체교섭 ··········· 82
4. 교수노조의 조정 및 중재절차 ··········· 97
5. 조정대상 관련 쟁점과 해석 ··········· 99
6. 중재재정의 효력과 관련한 쟁점과 해석 ··········· 104
7. 교원노조법의 입법적 개선사항 ··········· 107
8. 소결 ··········· 114

제5장 대학구조조정과 관련한 법적 문제 ·········· 117
1. 대학통폐합에서의 쟁점 ·· 117
2. 자진폐교 및 법인해산 지원 관련 입법적 쟁점 ···················· 122
3. 법인해산 시 청산과 재산처리 관련 쟁점 ···························· 126

제6장 파산대학의 교·직원 존속보호를 위한 사업양도의 모색 133
1. 서론 ··· 133
2. 파산대학의 사업양도 가능성 검토 ·· 136
3. 고등교육산업에서 사업양도의 입법적 검토 ························ 144
4. 파산대학 사업양도의 효과로서 고용승계 여부와 그 범위 ········ 153
5. 소결 ··· 162

제7장 경영위기대학 지원을 위한 입법과제 ·········· 167
1. 사립대학법인에 대한 재정진단 및 감독근거 마련 ·············· 167
2. 경영위기대학 관리를 위한 법령 정비 ·································· 169

참고문헌 ·· 179

부 록 ·· 185
1. 교원의 노동조합 설립 및 운영 등에 관한 법률(전문) ········ 185
2. 교원의 지위 향상 및 교육활동 보호를 위한 특별법(전문) ······· 192
3. 대학설립·운영 규정(전문) ·· 201
4. 사립학교법(일부 발췌) ·· 216
5. 고등교육법(일부 발췌) ·· 227
6. 사립대학의 구조개선 지원에 관한 법률안(전문) ················ 233

에듀컨텐츠·휴피아
CH Educontents·Huepia

대학구조조정기 대학교원의 고용관계

에듀컨텐츠·휴피아

제1장. 대학 운영체계의 이해

1. 사립대학의 구조와 체계

1) 사립대학의 비중

1963년 사립학교법이 제정되면서 사립학교는 우리나라 공교육의 상당 부분을 담당해 왔다. 특히 초중등학교와 달리 고등교육기관에서 사립대학이 차지하는 비중은 86.5%(430개교 중 372개교)를 차지하고 있다. 따라서 이하에서는 사립대학을 중심으로 살펴본다. 이 책에서 특별히 언급하지 않고 대학이라고 할 때에는 사립대학을 의미하는 것으로 한다. 국·공립대학을 설명하는 경우에는 특별히 국·공립대학으로 언급한다.

2) 사립대학 의사결정구조의 특성과 운영체계

고등교육기관의 다수를 차지하는 사립대학을 중심으로 학교법인의 설립과 대학운영의 관계구조를 보면 대학의 학교법인은 임원으로서 7인 이상의 이사로 구성되는 이사회를 구성하고 2인 이상의 감사를 두고 운영하도록 하고 있지만 재정상 법인회계와 교비회계를 구분하고 있듯이 학교법인 설립자와 대학운영은 분리하도록 하고 있다. 실제로 사립학교법에 따르면 임원이 학사행정에 관하여 당해 학교의 장의 권한을 침해하였을 때 관할청은 그 취임승인을 취소할 수 있도록 규정하고 있다(제20조의 2 제1항 제3호). 그만큼 사립학교법상 대학경영담당자는 이사장이 아니라 대학의 총장이라고 할 수 있다[설립(소유)과 운영(경영)의 분리].

「민법」의 비영리법인과 「사립학교법」의 학교법인 비교[1]

구분	비영리법인 (민법)	학교법인 (사립학교법)
목적	학술, 종교, 자선, 기예, 사교, 기타 영리 아닌 사업	사립학교의 설치
자산	규정 없음	·학교법인이 설치·경영하는 사립학교에 필요한 시설 및 설비 ·설치·경영하는 사립학교 경영에 필요한 재산
수익사업	규정 없음	설치한 학교의 교육에 지장이 없는 범위 안에서 그 수익을 사립학교의 경영에 충당하기 위한 수익사업 가능
설립인·허가권자	주무관청	교육부장관 또는 시·도교육감
설립의 시기	설립등기 시	설립등기 시
이사 수	제한 없음	7인 이상의 이사와 2인 이상의 감사
이사의 친족지배금지	제한 없음	·각 이사 상호간에 민법 제777조에 규정된 친족관계에 있는 자가 그 정수의 4분의 1을 초과할 수 없음 ·감사는 감사 상호간 또는 이사와 민법 제777조에 규정된 친족관계에 있는 자가 아니어야 함

---

1) 김지하 외 7인, 「사립대학 거버넌스 실태 분석 연구」, 한국교육개발원, 2018, 27면

(참고) 국립대학의 의사결정구조[2])

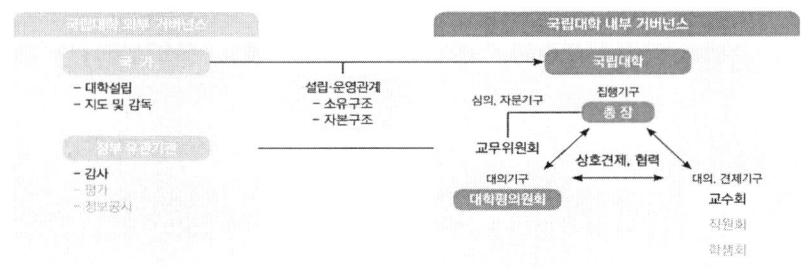

3) 사립대학 이사회의 기능과 임시이사의 권한범위

이사회는 ① 학교법인의 예산·결산·차입금 및 재산의 취득·처분과 관리에 관한 사항, ② 정관의 변경에 관한 사항, ③ 학교법인의 합병 또는 해산에 관한 사항, ④ 임원의 임면에 관한 사항, ⑤ 학교법인이 설치한 사립학교의 장 및 임용에 관한 사항, ⑥ 학교법인이 설치한 사립학교의 경영에 관한 중요사항, ⑦ 수익사업에 관한 사항, ⑧ 기타 법령이나 정관에 의하여 그 권한에 속하는 사항을 심의·의결한다(사립학교법 제16조 제1항).

다만 사립대학을 포함한 사립학교의 경우에는 사학분쟁조정위원회의 심의를 거쳐 관할청(대학의 경우에는 교육부)에 의해 임시이사가 선임될 수 있다. 임시이사가 선임되는 사유는 사립학교법에 열거되어 있는데, ① 학교법인이 이사의 결원보충을 하지 아니하여 학교법인의 정상적 운영이 어렵다고 판단될 때, ② 사립학교법 제20조의2에 따라 학교법인의 임원 취임 승인을 관할청(대학의 경우에는 교육부)이 취소한 때, ③ 사립학교법 제25조의2의 규정에 의하여 임시이사를 해임한 때에는 이해관계인의 청구나 직권으로 사학분쟁조정위원회의 심의를 거쳐 임시이사를 선임할 수 있다.

임시이사의 권한범위는 정이사와 달리 일정한 제약이 있다. 임시이사의 권한범위와 관련하여 임시이사가 정이사를 선임할 수 있는지가 쟁점이

---

2) 문보은, "국립대학 거버넌스의 개념 및 구조는 무엇인가?", 「KEDI Brief」 2020 vol.01, 5면에서 인용

되었던 사건에서 대법원 전원합의체 판결3)은 임시이사의 권한을 정이사의 권한과 동일하게 보지 않음을 분명히 하였다. 즉 대법원 다수의견은 우선, 종전이사들(임시이사가 선임되기 전에 적법하게 선임되었다가 퇴임한 최후의 정식이사)은 "구 사립학교법상의 임시이사들이 정식이사를 선임하는 내용의 이사회 결의에 대하여 법률상의 이해관계를 가진다고 할 수 있으므로 그 무효 확인을 구할 소의 이익이 있다"고 하는 한편 "…구 사립학교법 제25조 제1항에 의하여 교육인적자원부장관이 선임한 임시이사는 이사의 결원으로 인하여 학교법인의 목적을 달성할 수 없거나 손해가 생길 염려가 있는 경우에 임시적으로 그 운영을 담당하는 위기관리자로서, 민법상의 임시이사와는 달리 일반적인 학교법인의 운영에 관한 행위에 한하여 정식이사와 동일한 권한을 가지는 것으로 제한적으로 해석하여야 하고, 따라서 정식이사를 선임할 권한은 없다고 봄이 상당하다"고 하였다.

이러한 대법원의 판례에 따르면 위기관리자로서 임시이사는 일반적인 학교법인의 운영에 관한 행위에 속하는 것에 대해서는 정이사와 동일한 권한을 가지므로 적어도 단체교섭에 관련한 의사결정은 할 수 있다고 해석된다. 그럼에도 불구하고 단체협약의 이행을 위한 재원마련을 위해 상당한 학교법인의 재산매각이 뒤따르는 의사결정은 임시이사 체제하에서는 쉽지 않다.4) 이는 단체협약의 내용상 한계에 영향을 미칠 수 있다.

4) 사립대학 의과대학과 부속병원의 체계

학교법인 산하에 설립된 대학교에 의과대학이 있는 경우에는 통상적으로 본교와 의료원으로 구분된다. 본교 산하에는 공과대학·인문대학·사범대학 등 단과대학이 있고 의료원 산하에는 의과대학·간호대학과 그 부속병원이 있다.5) 본교를 아울러 총장이 있고 의료원에는 의료원장이 임

---

3) 대법원 2007.5.17. 선고 2006다19504 전원합의체 판결
4) 다만 2022년 9월 30일 발의된 사립대학의 구조개선 지원에 관한 법률안(이태규의원 대표발의)에 따르면 임시이사 체제의 경영위기대학도 재무구조를 개선하기 위한 구조개선이행계획에 따라 재산처분의 결정을 할 수 있는 특례를 두고 있기 때문에 법률안이 국회에서 통과된다면 그러한 한도에서 임시이사회도 재산처분에 관한 의사결정을 할 수 있게 될 것이다.

명된다. 이때 의료원장이 통상 그 대학 의무부총장을 겸직하는 경우가 일반적이다.

부속병원에는 수련의인 전공의(인턴과 레지던트)를 논외로 하면 전문의가 소속되어 있다. 전문의는 다시 3가지로 구분되는데 전임교수, 진료교수(특임교수)나 임상교수, 임상강사가 그것이다. 먼저 전임교수는 의과대학 소속의 전임교원으로서 이들이 대학교수노조의 조직대상이다. 그 외에 진료교수(특임교수)나 임상교수, 그리고 임상강사도 같은 전문의이지만 고등교육법 제16조에 따른 대통령인 「대학교원 자격기준 등에 관한 규정」에서 정한 연구실적연수나 교육경력연수를 충족하지 못하거나 기타 사정으로 아직은 전임교수로 임용되지 못한 사람이다. 따라서 이들은 대학교수노조의 조직대상은 아니다.

전임교원이나 진료교수(특임교수)나 임상교수들은 통상적으로 학교법인 이사회 승인을 얻어 총장이 임명한다. 이와 달리 전문의가 아닌 수련의인 전공의들은 이사회의 승인 없이 의료원장(병원장)이 임명한다.

5) 사립대학의 설립과 폐지

고등교육법 제4조 제1항 및 제2항은 국가 외의 자가 학교를 설립하려는 경우에는 시설·설비 등 대통령령으로 정하는 설립기준을 갖추어 교육부장관의 인가를 받도록 하고 있다. 이때의 인가를 받아야 하는 고등교육기관은 ① 대학 ② 산업대학 ③ 교육대학 ④ 전문대학 ⑤ 방송대학·통신대학·방송통신대학 및 사이버대학(이하 원격대학) ⑥ 기술대학 ⑦ 각종학교(고등교육법 제2조)이며 이들 사립대학을 설립하려면 학교법인이 되어야 한다. 학교법인이란 사립학교만을 설치·경영함을 목적으로 사립학교법에 의하여 설립되는 법인을 말하는데 이와 구별되는 "사립학교경영자"라 함은 사립학교를 설치·경영하는 공공단체 외의 법인(학교법인을 제외

---

5) 사립대 부속병원과 달리 국립대의 경우에는 국립대학병원설치법이나 국립대학치과병원설치법 혹은 서울대학교병원설치법이라는 법률적 근거에 따라 별도 법인으로 하여 병원이 설립된다(법 제2조). 명칭도 국립대학명에 단순히 병원을 붙여 사용하도록 한다는 점(법 제6조)에서 부속병원이라고 부르는 사립대병원과는 구별된다.

한다) 또는 사인을 의미한다(사립학교법 제2조 제3호). 대학의 설립과 운영에 대해서는 대학설립·운영 규정과 그 시행규칙이 있고, 기술대학설립·운영규정과 사이버대학 설립·운영규정이 있다. 그 외에 특정한 분야의 전문인력을 양성하기 위하여 대학원만을 두는 대학(대학원대학)을 설립할 수 있다(고등교육법 제30조).

　사립대학의 경우에는 학교법인은 정관을 작성하고 학교의 장은 법령의 범위 안에서 학칙을 제정하거나 개정할 수 있다(고등교육법 제6조 제1항). 이러한 학칙의 기재사항, 제정 및 개정 절차 등 필요한 사항은 대통령령으로 정한다(고등교육법 제6조 제2항). 고등교육법 시행령 제4조 제1항에 따르면 ① 전공의 설치와 학생정원, ② 수업연한·재학연한, 학기와 수업일수 및 휴업일, ③ 입학, 재·편입학, 휴·복학, 모집단위간 이동 또는 전과·자퇴·제적·유급·수료·졸업 및 징계 ④ 학위의 종류 및 수여·취소 ⑤ 교육과정의 운영, 교과의 이수단위 및 성적의 관리, ⑥ 복수전공 및 학점인정, ⑦ 등록 및 수강 신청, ⑧ 공개강좌, ⑨ 교원의 교수시간, ⑩ 학생회 등 학생자치활동, ⑪ 장학금지급 등 학생에 대한 재정보조, ⑫ 수업료·입학금 기타의 비용징수, ⑬ 학칙개정절차, ⑭ 대학평의원회에 관한 사항, ⑮ 교수회가 있는 경우에는 그에 관한 사항, ⑯ 그 밖에 법령에서 정하는 사항 등을 학칙에 기재하도록 하고 있다. 법령에 의하여 학칙의 기재사항으로 규정되었거나 이에 해당하지 않더라도 학칙의 내용이 된 후에는 특별한 사정이 없는 한 구성원들에 대하여 구속력을 가진다.[6] 대학의 경우 학교의 장이 학칙을 제정 또는 개정하고자 하는 때에는 학칙이 정하는 바에 따라 제정안 또는 개정안의 사전공고·심의 및 공포의 절차를 거쳐야 한다(고등교육법 시행령 제4조 제3항). 이러한 절차를 거치지 않은 학칙은 그 효력이 인정되지 않는다.[7]

　한편 공·사립학교의 설립·경영자는 학교를 폐지하거나 대통령령이 정하는 중요사항을 변경하고자 하는 경우에도 교육부장관의 인가를 받아야 한다(고등교육법 제4조 제3항). 일단 설립된 학교에 대해 교육부장관이 폐쇄명령을 내릴 수 있는 사유는 고등교육법 제62조에 규정하고 있다. 즉 교육부장관의 폐쇄명령의 사유는 ① 학교의 장이나 설립자·경영자가

---

[6] 주영달, 「사립학교법」 제3판, 세창출판사, 2020, 301면
[7] 대법원 2010.6.24. 선고 2010두5103 판결

고의나 중대한 과실(過失)로 이 법 또는 이 법에 따른 명령을 위반한 경우, ② 학교의 장이나 설립자·경영자가 같은 사유로 이 법 또는 그 밖의 교육 관계 법령에 따른 교육부장관의 명령을 3회 이상 위반한 경우, ③ 휴가기간을 제외하고 계속하여 3개월 이상 수업을 하지 아니한 경우 중 어느 하나에 해당하여 정상적인 학사운영이 불가능한 경우로 규정하고 있다. 이 경우에 교육부장관은 해당 학교의 학교법인에 대하여 학교의 폐쇄를 명할 수 있다.

나아가 학교법인의 해산사유는 사립학교법 제34조 제1항이 규정하고 있는 바, 이에 따르면 ① 정관에 정한 해산사유가 발생한 때, ② 목적의 달성이 불가능한 때, ③ 다른 학교법인과 합병한 때, ④ 파산한 때, ⑤ 제47조의 규정에 의한 교육부장관의 해산명령이 있은 때에 학교법인은 해산한다. 이때 법 제47조에 의한 교육부장관의 해산명령의 사유란 2가지로서 '설립허가조건에 위반한 때'와 '목적의 달성이 불가능한 때'로 규정하고 있는데(동조 제1항), 다만 이때의 해산명령은 "다른 방법으로는 감독의 목적을 달성할 수 없을 때 또는 관할청이 시정 지시한 후 6월이 경과하여도 이에 응하지 아니한 때에 한하여야" 한다고 규정하고 있다(사립학교법 제47조 제2항). 그 취지는 사학의 설립·경영의 자유를 가급적 침해하지 않도록 하려는 입법자의 의사가 반영된 것이라고 볼 수 있다.

6) 사립대학의 재정구조

(1) 교비회계와 법인회계의 엄격한 구분

사립학교법상 법인회계와 교비회계는 엄격히 구분되어 있다(사립학교법 제29조 제1항). 특히 차입금의 원리금을 상환하는 경우나 공공 또는 교육·연구의 목적으로 교육용 기본재산을 국가, 지방자치단체 또는 연구기관에 무상으로 귀속하는 경우를 제외하고는 교비회계에 속하는 수입이나 재산은 다른 회계에 전출하거나 대여할 수 없도록 하고 있다(사립학교법 제29조 제6항). 반대로 법인회계에서는 학교교육을 위해 교비회계로의 전출이 당연히 허용된다. 법인회계와 수익사업회계에서의 법인전출금, 산학협력단회계의 산학협력단전출금, 부속병원회계에서 전출금은 모두 교비회계에서 비등록금회계의 전입금을 구성하므로 학교 운영을 위해 필요한 자금을 법인, 산학협력단, 부속병원과 수익사업에서 조달받을 수 있다. 따라서 후자의 재무제표들을 따로 각각 분석하지 않아도 학교 운영을 위한 자금은 교비회계로 파악할 수 있고 그런 한도에서 대략적인 대학의 재정상태도 알 수 있다.

한편 고등교육기관의 학교에 속하는 회계의 예산은 당해 학교의 장이 편성하고 대학평의원회의 자문 및 고등교육법 제11조 제2항에 따른 등록금심의위원회의 심사·의결을 거친 후 이사회의 심사·의결로 확정하며 그 집행은 학교의 장이 한다(사립학교법 제29조 제4항).

〈사립대학 학교법인의 회계구조〉8)

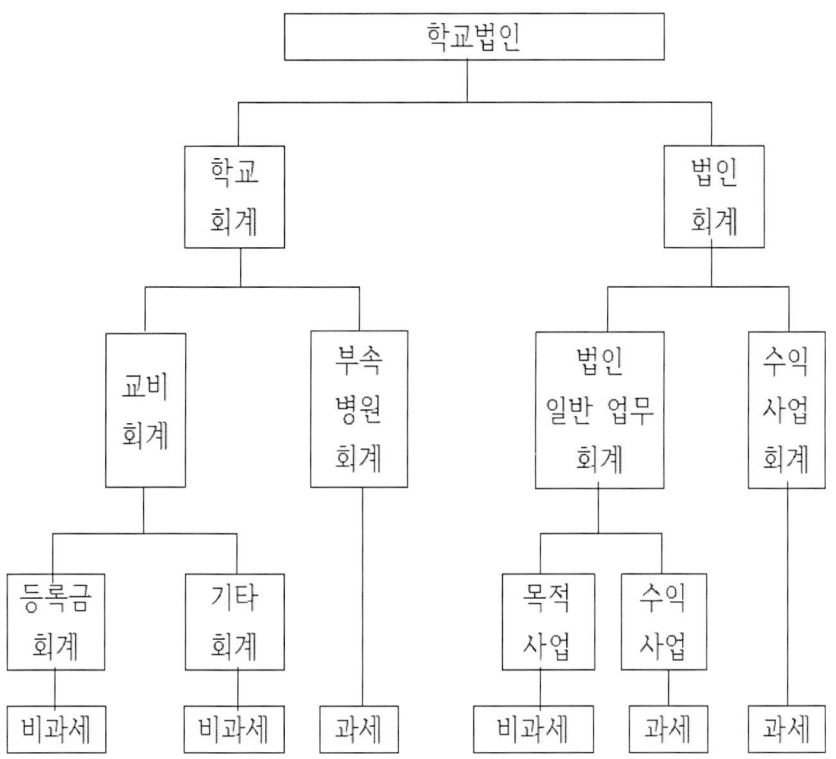

(2) 교비회계 자금계산서상 운영수입의 구성

대학의 재정상태는 교비회계 자금계산서로 파악할 수 있다. 다음의 표는 대학의 교비회계 자금계산서에 나타나는 자금수입의 구성요소를 분류별로 정리한 것이다. 표에서 보듯이 자금수입은 운영수입에 자산및부채수입과 미사용전기이월자금을 가산하여 계산한다. 다만 자산및부채수입과 미사용전기이월자금은 학교의 운영성과가 아닌 재무성과와 관련된 항목이라고 할 수 있다.

---

8) 이한우(2016), "학교법인 고유목적사업 수입의 사적유용에 대한 법인세 과세", 「법학논총」 28(3), 378면(김지하 외 7인, 「사립대학 거버넌스 실태 분석 연구」, 한국교육개발원, 2018, 38면에서 재인용)

<자금수입의 구성>

대분류	중분류	소분류	세분류
Ⅰ. 운영수입	등록금및수강료수입	등록금 및 수강료수입	학부입학금, 대학원입학금, 학부수업료, 대학원수업료
		수강료수입	단기수강료
	전입및기부수입	전입금수입	법정부담전입금
		기부금수입	일반기부금, 지정기부금
		국고보조금수입	교육부, 기타국고지원, 지방자치단체
		산학협력단수입	산학합력단전입금
	교육부대수입	입시수수료수입	수험료
		증명사용료수입	증명료, 대여사용료
		교육부대수입	논문심사료수입, 기타교육부대수입
	교육외수입	교육외수입	예금이자
		기타교육외수입	잡수입
Ⅱ. 자산 및 부채수입	투자와기타자산수입	임의기금인출수입	임의장학기금인출, 임의특정목적기금인출
	고정자산매각수입	유형자산매각수입	기계기구매각대, 차량운반구매각대
	고정부채입금	기타고정부채	임대보증금수입
합계(Ⅰ+Ⅱ)			
Ⅲ. 미사용전기월자금	기초유동자산	유동자금	
		기타유동자산	
	기초유동부채	예수금	
		선수금	
		기타유동부채	
자금수입총계(Ⅰ+Ⅱ+Ⅲ)			

(3) 교비회계 자금계산서상 운영지출의 구성

〈자금지출의 구성〉

대분류	중분류	소분류	세분류
Ⅰ. 운영지출	보수	교원보수	교원급여, 교원상여, 교원각종수당, 교원법정부담금, 시간강의료, 특별강의료, 교원퇴직금, 조교인건비
		직원보수	직원급여, 직원상여, 직원각종수당, 직원법정부담금, 임시직인건비, 노임, 직원퇴직금
	관리운영비	시설관리비	건축물관리비, 장비관리비, 조경관리비, 시설용역비, 보험료, 리스임차료, 기타시설관리비
		일반관리비	여비교통비, 차량유지비, 소모품비, 인쇄비, 난방비, 전기수도료, 통신비, 제세공과금, 지급수수료
		운영비	복리후생비, 교육훈련비, 일반용역비, 업무추진비, 홍보비, 회의비, 행사비, 기타운영비
	연구학생경비	연구비	연구비, 연구관리비
		학생경비	교외장학금, 교내장학금, 실험실습비, 논문심사료, 학생지원비, 기타학생경비
		입시관리비	입시수당, 입시경비
	교육외비용	지급이자	지급이자
		기타교육외비용	잡손실
Ⅱ. 자산 및 부채지출	투자와기타자산지출	임의기금적립	임의건축기금적립, 임의장학기금적립, 임의특정목적기금적립
	고정자산매입지출	유형고정자산매입지출	토지매입비, 구축물매입비, 기계기구매입비, 집기비품매입비, 차량운반구매입비, 도서구입비, 건설가계정
	유동부채상환	단기차입금상환	단기차입금상환
	고정부채상환		
합계(Ⅰ+Ⅱ)			
Ⅲ. 미사용차기이월자금	기말유동자산	유동자금	
		기타유동자산	
	기말유동부채	예수금	
		선수금	
		기타유동부채	
자금지출총계(Ⅰ+Ⅱ+Ⅲ)			

위의 표는 자금지출의 구성요소를 분류별로 정리한 것으로, 자금지출은 운영지출에 자산 및 부채지출과 미사용차기이월자금을 가산하여 계산한다. 다만 자산 및 부채지출과 미사용차기이월자금은 학교의 운영성과가 아닌 재무성과와 관련된 항목이므로, 학교 운영성과와 관련한 운영지출만 살펴보더라도 대학의 재정여건을 짐작할 수 있다.

(4) 대지역별 연도별 운영손익 현황

대학의 교비회계 자금계산서를 통해 대학의 운영성과를 판단할 수 있는데 당기 운영손익(이익 또는 손실)의 계산과 관련하여 자금계산서에서 운영수입과 운영지출을 추출하여 '운영수입 〉 운영지출'이면 운영이익이라고 하며, '운영수입 〈 운영지출'이면 운영손실이라고 할 수 있다. 자금계산서의 자금수입 중 운영수입은 학교 운영과 관련한 일정 기간의 자금수입을 나타내며, 자금지출 중 운영지출은 학교 운영과 관련한 일정 기간의 자금지출을 보여준다. 운영수입에서 운영지출을 차감하여 계산한 운영손익은 경영악화 여부를 평가하기 위한 정보를 제공한다.

대학기본역량평가의 지표 향상을 위해 운영비용을 지출해 일시적으로 운영손실을 보고할 수도 있으나, 입학자원 감소 등 재정 여건 악화로 향후 계속해서 운영손실을 보고하는 경우도 배제할 수 없다. 따라서 운영손실을 보고한 대학이 반드시 경영위기대학이라고 일반화하기는 어렵다.

최근 대학의 중요한 키워드는 학령인구의 감소에 따른 등록금 수입의 감소로 인한 재정여건의 악화이다. 이러한 상황은 대학의 위기를 초래하고 있는 바, 학령인구의 감소에 따른 대학의 수입 감소는 결국 대학의 폐교로도 이어지고 있다. 이는 대학교수노조 설립의 정치경제적 배경이 된다.

7) 적립금의 사용제한

사립학교법에 따르면 대학교육기관의 장 및 대학교육기관을 설치·경영하는 학교법인의 이사장은 해당 회계연도의 교비회계 예산을 편성·집행함에 있어서 이월금을 최소화하도록 노력하도록 하는 한편 대학교육기관의 이월금이 재정 규모에 비하여 과다한 경우에는 이월금을 줄이기 위하여 교육부장관이 시정요구 등 필요한 조치를 할 수 있도록 하고 있다(사립학교법 제32조의 4). 대학이 비영리교육기관인 점을 고려한 조항이라고 할 수 있다.

대신에 사립학교법은 대학으로 하여금 자금을 적립할 수 있도록 적립금 제도를 허용하고 있다. 즉 대학의 적립금은 원금보존적립금과 임의적립금으로 구분하고 성격에 따라 연구적립금·건축적립금·장학적립금·퇴직적립금 및 그 밖에 구체적인 목적을 정하여 적립하는 특정목적적립금으로 구성한다. 다만 적립금을 보호하기 위하여 적립금은 기금으로 예치하여 관리하고, 일정한 기준에 따라 증권취득 등의 방법으로 투자하는 경우[9]와 재난으로 인한 사유로 학생을 지원할 필요가 있는 경우[10]를 제외하고는 오로지 그 적립목적으로만 사용하도록 하고 있다(사립학교법 제32조의 2 제2항 내지 제3항). 따라서 단체협약의 이행에 소요되는 자금을 조달하기 위하여 임의적립금을 그 적립목적과 달리 사용할 수 없다는 점에 유의할 필요가 있다.

다만 지난 21대 국회에서 발의된 수 개의 사립대학의 구조개선 지원에 관한 법률안(이하 '대학구조개선지원법안')이 국회에서 통과된다면 경영위기대학으로 선정된 대학은 구조개선 이행계획 수행을 위해 필요하다고 인정받은 경우에는 교육부령으로 정하는 바에 따라 적립금을 구조개선 이행계획 수행 목적으로 변경하여 사용할 수 있다(대학구조개선지원법안 제13조).

2. 대학구조조정기 대학통폐합의 이해

1) 학령인구감소에 따른 대학의 경영위기

2021년부터 학령인구가 입학정원에 미달하기 시작하여 입학자원 감소에 따른 사립대학의 재정악화는 더울 심해질 것으로 예상된다. 신입생모

---

9) 사립학교법 제32조의2 제3항 및 5항
10) 사립학교법 제32조의2 제4항

집에 실패한 대학교의 교직원의 임금체불은 시간이 지남에 따라 점점 더 커지는 특징을 띤다. 실제로 2017년도 이후에 폐교되는 대학의 뚜렷한 특징은 과거의 폐교대학 사례와는 달리 장기간의 신입생모집 실패로 학교법인의 재정적 여력이 부족하여 소속 교직원들이 상당한 정도의 임금체불에 시달리고 있다는 점이다.

학령인구감소로 인한 대학구조조정이 본격화되고 있고 그 과정에서 대학폐교와 법인해산도 현실적으로 불가피한 측면이 있다. 2008년부터 현재까지 이미 10여개의 학교법인이 해산(파산)되고, 18개 대학이 폐교되기도 하였다. 이러한 와중에 대학통폐합은 학과통폐합과 함께 중요한 구조조정 방안으로 추진될 수도 있다.

장래에는 경영위기를 겪는 대학을 중심으로 심각한 고용불안을 느낀 대학교수들이 노조를 설립하여 대학구조조정에 따른 불이익을 감소시키는 지원책을 포함하여 교섭을 요구할 가능성이 높다. 이를 감안할 때 대학통폐합과 관련한 쟁점들이 검토될 필요가 있는데, 특히 합병과 함께 사업양도도 포함하여 검토할 필요가 있다. 지난 21대 국회에 제출된 바 있는 복수의 대학구조개선 지원법안도 합병과 함께 사업양도를 경영위기대학의 구조개선계획의 중요한 기제로 보고 있기 때문이다.

2) 대학 통폐합의 유형과 고용승계 문제의 대두

'학교법인'이 설립·경영 주체로서 존재하는 국내 고등교육체제 하에서 대학 통폐합은 ① 상이한 학교법인 간에 이루어지는 합병의 경우나 ② 상이한 학교법인 사이에 그 산하 대학교를 양도하는 경우, 그리고 ③ 동일한 학교법인이 운영하는 복수의 대학교간 통폐합을 모두 지칭한다. 대학 통폐합은 그 세부 유형을 불문하고 대학 내 교직원의 고용관계와 법적 지위에 결정적인 영향을 미치는 의사결정이다. 현재까지 사립대학들의 통폐합을 보면 주로 동일 학교법인 내의 2-3년제 전문대학과 4년제 종합대학들이 통폐합하는 경우가 많았지만 상황에 따라서는 학교법인간 통폐합도 발생할 수 있다.

2006년 이후 이루어진 동일 학교법인 내 대학통폐합 사례

시기	통폐합 이전 대학	통합대학교	소재
2006	가천길대학(전) + 가천의과대학교	가천의과대학교	경기
	고려대학교 병설 보건대학교(전) + 고려대학교	고려대학교	서울
	삼육의명대학교(전) + 삼육대학교	삼육대학교	서울
2007	경원전문대학(전) + 경원대학교	경원대학교	경기
	국립의료원간호대학(전) + 성신여자대학교	성신여자대학교	서울
	서울보건대학(전) + 을지과학대학교	을지대학교	대전
2009	우송공업대학(전) + 우송대학교	우송대학교	대전
2012	제주산업정보대학(전) + 탐라대학교	제주국제대학교	제주
	적십자간호대학(전) + 중앙대학교	중앙대학교	서울
2013	동우대학(전) + 경동대학교	경동대학교	강동
2014	신흥대학(전) + 한북대학교	신한대학교	경기

* 출처: 이종원·박대권, 대학통폐합 과정에 대한 신제도주의적 분석, 「미래교육학연구」 33, 2020, 79면

　동일한 학교법인 산하의 대학이 통폐합되는 경우에는 학교법인인 사용자는 변동이 없으므로 원칙적으로 고용승계의 논란은 애초부터 불거지지 않고, 다만 근무조건이나 교육 및 연구환경의 변화만이 문제될 것이다. 그런데 나머지 다른 유형, 즉 상이한 학교법인 간에 이루어지는 합병과 상이한 학교법인 사이에 그 산하 대학을 양도하는 경우에는 무엇보다 교직원의 고용승계가 인정되는 지가 문제된다.

　구조개혁의 압박에 의해 대학통폐합이 실시될 개연성이 크다는 점에서 대학 통폐합의 노동법적 문제의 첫 번째 쟁점은 통폐합되는 대학의 자산과 부채 외에 '교직원'들도 통합하는 대학으로 승계되는지 여부이다. 대

학통폐합에 이어 제기되는 고용승계가, 통폐합 대학이 속한 학교법인들 간의 고용승계에 대한 '합의'에 의해서 결정되고 진행될 것인지, 아니면 비록 상법상의 합병이나 영업양도는 아닐지라도 사립학교법상의 합병이나 노동법상의 사업양도로 보아서 합의 여부와 상관없이 인정되는 법률효과의 일환으로서 고용승계가 될 것인지가 관건이 될 것이다.

3. 대학고용관계 현황

1) 대학의 교·직원

(1) 사립대학 교·직원

　사립대학의 교직원에 대해서는 사립학교법과 함께 사립대학 교직원에게 준용되는 법령들이 있다. 특히, 사립대학 교직원의 복무에 대해서는 국·공립대학의 교직원에 대한 규율들이 많이 준용되고 있다. 그 법적 근거로서 대표적인 것으로서는 "사립학교의 교원의 복무에 관하여는 국·공립학교의 교원에 관한 규정을 준용한다"고 정한 사립학교법 제55조 제1항을 들 수 있다. 다만 교육공무원법이나 국가공무원법 등의 복무에 관한 규정들에는 교원의 근로조건이라고 할 수 있는 근무조건에 대해서는 특별히 규정하고 있지 않으므로 사립대학의 교수의 근로조건은 법인의 정관이나 학칙 기타 규정에 의해서 별도의 규율이 가능하다. 오히려 사립학교 교원의 보수와 관련해서는 국공립학교 교원에 준하도록 권고하고 있다는 점이 눈에 띄는데, 교원지위법 제3조 제2항에 의하면 "「사립학교법」제2조에 따른 학교법인과 사립학교 경영자는 그가 설치·경영하는 학교 교원의 보수를 국공립학교 교원의 보수 수준으로 유지하여야 한다."고 정하고 있다. 1991년 제정 당시부터 큰 변화 없이 유지되고 있는 이 조항의 영향 탓에 사립대학의 정관이나 학칙 등에는 현재도 이와 유사한 규정을 가지고 있는 경우가 많은 편이다.

(2) 국·공립대학 교·직원

국·공립대학의 교직원에 대한 법령으로는 국가공무원법과 동법 시행령, 교육공무원법과 동법 시행령 및 이와 관련된 각종 대통령령이 있다. 그 외 공립대학의 교직원에 관련된 주요 법령으로는 지방공무원법이 있다.

2) 종사자 고용형태

(1) 사립대학 종사자

구분	고용재원	정년	신분
교원(교수)	교비회계	보장	사용자는 법인
교원(비정규 교수)	교비회계	정년 미보장/계약기간	사용자는 법인
직원	교비회계	보장	근로자(사용자는 법인)
조교	교비회계	계약기간	근로자(사용자는 법인)
계약직	교비회계	계약기간/무기계약	근로자(사용자는 법인/총장/부속·부설기관의 장)
산학협력단 직원	산단수입	정규직, 비정규직 여부에 따라 다름	산단 소속 근로자 (사용자는 산학협력단장)

(2) 국공립대학 종사자 고용형태

구분	고용재원	정년	신분
교원(교수)	국고	보장	교육공무원
교원(비정규 교수)	대학회계	계약기간	사용자는 총장
공무원 직원	국고	보장	일반직공무원
공무원 조교 (국가조교)	국고	· 1년마다 재임용 · 대학규정에 따라 5년, 10년 또는 정년보장 등 다양함	교육공무원
대학회계 직원	대학회계 (등록금)	정년보장	대학회계직원 (사용자 총장)
대학회계 조교	대학회계 (등록금)	· 1년마다 재임용 · 대학규정에 따라 2년, 5년, 10년 또는 정년보장 등 다양	대학회계직원 (사용자 총장)
산학협력단 직원	산단수입	정규직, 비정규직 여부에 따라 다름	산단 직원 (사용자 산단장)
임시계약직	대학회계 (등록금)	계약기간	대학회계직원 (사용자 총장)

3) 사립대학 교원의 급여수준

　공무원보수규정이나 공무원수당등에 관한 규정의 적용을 받는 국공립대학 교원의 경우와는 달리 사립대학 교원은 대학교별로 급여수준이 크게 차이가 난다. 물론 같은 대학의 교원인 경우에도 급여수준은 직급(정교수, 부교수, 조교수)과 직위(의과대학 전임교원 여부), 임용시 경력산정 및 근속기간에 따라 다르다. 그만큼 사립대학 교원의 보수표를 획일적으로 확인하는 것은 불가능하다. 현실적인 추정방법으로는 교비회계 자금계산서의 금액과 대학알리미에 나온 교원과 직원수를 기준으로 삼아 대학별 교원의 1인당 평균급여의 통계를 이용하여 그 수준을 짐작하고 지역의 다른 대학과 비교하는 방법밖에 없다.

에듀컨텐츠·휴피아
CH Educoments · Huepia

제2장. 대학교원의 근로기준법상 근로자성 검토

1. 서론[11]

대학구조개편기에 접어들기 전까지 한국에서 대학교원은 노동법의 적용대상에서 애써 외면 받거나 부차적인 문제로 취급되었다. 그 대신에 교원의 지위는 사립학교법이나 고등교육법 등 교육관련 법령이 규율하면 충분한 것으로 보고 간과하는 경향이 없지 않았다. 그런데 이들 법령은 우리나라 고등교육기관이 계속 양적으로 성장해 가던 시기에 입법된 것이기에(가령 사립학교법은 1963년에 제정되었다) 대학구조개편기에 접어든 현재의 대학환경에 적합하지 않은 조항이 적지 않다. 그 결과 대학구조개편기에[12] 교·직원의 보호가 일반근로자에 비해서도 취약한 정황이 갈수록 뚜렷해지고 있다.[13] 급격한 대학구조개편기 과정에서 나타나듯이 학과 통폐합과 폐교 과정에서 대학교원들은 일방적 임금삭감이나 체불, 전공과 관련 없는 학과 배치, 고용보험의 보호도 없는 실직의 위험에 노출되어 있다. 그러나 그와 관련한 법제도 개혁이나 정비방안은 논의조차 충분하지 않은 상태이다.[14] 예컨대 사립학교 교직원은 임금채권보장법이

---

11) 이 서술부분은 전윤구/변수연, 「대학구조개편에 따른 문제와 입법적 대안에 대한 연구 - 대학구조개편기 교직원의 합리적 보호방안을 중심으로 -」 (국회입법조사처 정책연구용역보고서), 2018.12.의 내용을 발췌·보완한 것임을 밝힌다.
12) 2020학년도 대입자원은 47만9376명으로 대입정원(49만7218명) 대비 전국적으로 1만7842명의 미충원이 예상된다. 이처럼 사상 초유의 대입정원 미달은 앞으로 점점 심해질 것으로 예상된다. 실제로 교육부의 학령인구 변화에 따른 대학 입학자원 추이 예측에 의하면 2024년에는 현재의 대입정원이 유지된다고 할 때 12만 3748명의 신입생 미충원 사태가 발생할 것으로 보고 있다. 지방대학을 중심으로 상당수의 대학이 존립의 위협을 받는 사태가 벌어질 수밖에 없다.
13) 전윤구/변수연, 「대학구조개편에 따른 문제와 입법적 대안에 대한 연구」 (국회입법조사처 정책연구용역보고서), 2018.12., 2면
14) 전윤구/변수연, 앞의 보고서, 2면

나 고용보험법의 적용대상이 아닌데 사립학교법과 노동법령 어느 쪽도 이에 대해 아무런 보호 규정을 마련해 두지 않고 있다. 특히 폐교로 인해 일자리를 잃은 교원들은 일반 근로자인 직원과 마찬가지로 당장의 기본적인 생계를 위협받고 있으며, 이런 조건에서 교육은 물론이고 학문연구조차도 지속하지 못하는 사례가 비일비재하다. 나아가 신문기사에서 보듯이 수도권대학인 모 여자대학교에서조차 교수봉급의 삭감이 시도되는 등 급여삭감이 현실화되는 경우가 발생하고 있으나 이를 다룰 법적 절차에 대한 당사자 사이의 인식이나 합의가 명확하지 않다. 교수와 직원을 구별하여 진행된 급여삭감 찬반투표의 유효성이 문제된 제주국제대 사례와 같은 분쟁이 대학 내부적으로는 이미 다양하게 펼쳐지고 있는 것이다.

  이런 배경 아래 대학교원들은 대학구조조정 과정에서 그간 등한시되었던 노동법적 보호를 요구하기 시작했고 급기야 헌법재판소는 2018년 8월 대학교원의 노동조합으로의 단결권 보장이 필요하다는 결정을 내리기에 이르렀다. 그러므로 노동법 차원에서도 대학구조조정에 맞닥뜨린 대학교원을 그 보호대상으로 적극적으로 포섭하는 입법적 노력이 요청되며 사립학교법 등 교육관계법령도 노동법과 마찬가지로 대학구조개편기에 적합한 입법적 정비를 서두를 필요가 있다.15)

  대학교원의 단결권에 대한 헌법재판소의 2018년 헌법불합치결정이 가진 또 다른 의의는 다양한 방사효과를 가진다는 것인데 대학구조조정기를 맞고 있는 현재 상황에서 개별적 근로관계법에서의 대학교원의 법적 지위에 대한 확인이나 관심이 앞으로 고조될 수밖에 없을 것이라는 점이다.16) 왜냐하면 사립학교법 등의 우선적용관계 때문에 노동법 적용의 실익이 없다고 인식되어 온 대학교원들이 대학구조조정기를 맞아 연구 및 근무조건 등에서 종전의 지위가 하락될 가능성이 높은 것이라면(헌법재판소도 그 결정에서 이러한 상황을 적시하고 있다), 교원관련법에 특별한 규정이 없는 부분17)을 중심으로 개별 노동보호법의 보호에 의존하려는

---

15) 전윤구/변수연, 앞의 보고서, 65면
16) 전윤구, "대학교원의 단결권 보장과 법적 쟁점", 「노동법포럼」 제28호, 2019.11., 96면
17) 사립학교법은 사립학교 교원의 복무나 신분보장은 교육공무원법이나 국가공무

경향이 본격화될 수 있기 때문이다.18) 실제로 대학교원의 분쟁사례와 관련하여 대법원은, 비록 판결문의 방언 부분에서 언급하긴 하였지만 그 법률관계의 성격을 사법상 고용관계라고 명시한 경우도 적지 않은 실정이다. 또한 대학 시간강사에 대해서는 근로자의 신분을 인정한 판결이 연속되어 현재는 이와 다른 입장은 눈에 띄지 않는 실정이다.19) 특히 대학시간강사에 대하여 근로기준법 제6조와 남녀고용평등법 제8조와 기간제 및단시간근로자보호등에 관한 법률의 적용을 우리 판례는 정면으로 인정하고 있는 실정이다.20)

따라서 이 장의 직접적인 관심은 대학교원, 특히 대학전임교수의 근로기준법상 근로자 지위에 관한 검토이다(대학강사에 대한 검토는 필요한 범위 내에서 제한적으로만 수행한다).21) 물론 대학교원의 노동법적 신분이 노동조합및노동관계조정법상 근로자라는 것은 최근 헌법재판소의 결정을 고려할 때 실무적으로는 더 이상 논란의 여지가 없을 것이다. 이 장은 대법원판결이 방언 부분에서 언급하였던 대로 대학교원이 사법상의 고용계약을 체결하였다거나 고용관계에 있다고 표현한 부분이 의미하는 바가 종국적으로는 그들이 근로기준법상 근로계약을 체결함으로써 근로계약관

원법령 및 지방공무원법령의 규정을 준용하고 있지만 그 보수나 수당 기타 대우에 관해서는 별도의 내용을 정하지 않고 있다.
18) 그 결과 향후 대학교원에 대한 헌법상 교원지위법정주의(헌법 제31조 제6항)와 헌법상 근로조건 법정주의 사이의 조정과 조율이 불가피하고 그러한 시도가 더욱 가속화될 소지가 높다는 점이다. 그렇게 된다면 대학교원들은 노동보호법에 대한 사립학교법이나 교육공무원법 등의 우선적용 문제에 이의를 제기하는 분쟁사례가 생겨나면서 이를 입법적으로 해결하라는 사회적 압력이 커지게 될 것이다.
19) 대법원 2007. 3. 29. 선고 2005두13018, 13025 판결 [산업재해보상보험료등부과처분취소] ; 대법원 2008. 3. 27. 선고 2007다87061 판결 [근로자지위확인등] ; 대법원 2019. 3. 14. 선고 2015두46321 판결 [시간강사료반환처분등무효확인]
20) 대법원 2019. 3. 14. 선고 2015두46321 판결 [시간강사료반환처분등무효확인]
21) 다만 이하에서는 '대학교원'이란 대학강사가 아닌 대학전임교원으로 좁혀서 검토하고자 한다. 물론 최근의 강사법에 따르면 대학강사도 대학교원에 포함되지만 대학강사가 근로자라는 판단은 이미 우리 판례의 뚜렷한 판시 경향이라고 할 수 있으므로 더 이상 그에 관한 논의의 실익이 크지 않기 때문이다.

계에 있다는 것인지를 확인하고자 하는 것이다. 물론 과거 대법원의 판례 논리에 따르면 사용종속관계는 개별법 및 집단법을 관통하는 동일한 판단기준이므로 적어도 '고용계약'을 체결하고 있는 대학교원이 집단법상 근로자로서의 법적 신분을 가졌다면 개별법으로도 근로자로 보는 것이 논리적인 귀결이었으므로 이러한 작업이 불필요했을 수도 있다. 그러나 대법원은 최근 일련의 판결을 통해 "근로3권의 보장 필요성"이라는 관점에서 통상 근로기준법상 근로자로 인정되지 않는 자들에 대하여도 노동조합법상 근로자로 인정하는 새로운 접근방식을 취하고 있기 때문에 노동조합법상 근로자가 근로기준법상으로는 비근로자가 되는 경우도 배제할 수는 없게 되었다.22) 따라서 대학교원의 근로기준법상 근로자 여부 검토는 앞에서 소개된 판례와 헌법재판소 결정의 추세 속에서 남아 있던 마지막 법리적 해명 과제가 될 것이다.

한편 이 작업, 즉 대학교원의 근로기준법상 근로자성 문제는 사립대학의 교원을 중심으로 검토하고자 한다. 우리나라 고등교육의 80%가 국공립대학이 아닌 사립대학에 의존하고 있는 현실이기 때문이다. 다만 이 경우에 종래 대법원의 근로자성 판단징표에 일일이 비추어 가며 대학교원이 여기에 해당하는지 여부는 지양하고자 한다. 이 부분에 대해서는 대학강사의 법적 신분에 관한 대법원 판결을 이하에서 정리하는 것으로 갈음한다.

오히려 이 장에서는 다음 3가지 측면에 집중하여 논의를 검토한다. 첫째 민법의 전형계약 중 노무공급계약은 고용과 위임, 도급 3가지이므로 대학교원의 계약의 법적 성질이 고용이 아니라고 보는 견해를 취한다면 그 견해는 기본적으로 그 성격을 위임계약으로 볼 것이다. 따라서 고용과 위임에 대한 구별에 대한 검토를 수행함으로써 위임 판단의 부적정성을 지적하고자 한다. 여기에서는 종속성의 수준을 판단하는 기준으로서 경영조직편입 여부의 중요성에 대해 검토할 필요가 있다. 둘째 학문의 자유가 고용계약의 법적 성질의 판단에 미칠 영향이 있는지 검토하는 것이다. 이 문제의 핵심은 대학교원의 계약이 사법상 위임이 아닌 고용계약이라고

---

22) 이러한 주제에 대해 깊이 있게 다룬 논문으로서 김영문, "노동조합법상 근로자 개념 확대와 그 후속문제에 대한 단상",「노동법학」제72호, 한국노동법학회, 2019.12., 143면 이하

인정되더라도 특별히 그러한 특수성으로 인해 근로기준법상 근로계약의 성립을 부정할 수 있느냐 하는 것이다. 셋째 대학교원이 근로기준법상 근로자라고 할 때 대학교원법령과 근로기준법 등 개별적 근로관계법의 상충이 일어나는 경우를 정비할 필요성에 대한 제언에 관한 것이다. 이 문제는 결론 부분에서 간략히 언급한다. 우선 이러한 검토에 앞서 대학시간강사에 대한 근로자성을 판단한 법원 판결을 정리하고 대학교원의 근로자성 논의의 실익을 점검한다.

2. 대학강사의 근로기준법상 지위에 관한 대법원 판결

1) 대학강사에 관한 대법원 판결

대학시간강사가 근로자에 해당한다는 대법원 판결[23]은 그 이전 입시학원 단과반강사가 근로자가 아니라는 대법원 판단[24]과 일견 조화되기 어려운 것으로 받아들여져 대학사회에서 혼란을 가져 온 것이 사실이다[25] (반면에 입시학원 종합반 강사는 근로자라고 한 판결[26]은 이미 나온 바 있다). 그러나 단과반 강사에 대한 대법원 판결을 실제로 살펴보면 양자의 결론이 달라진 경위, 즉 양자는 어느 정도 사정이 다르다는 점을 알 수 있다.

입시학원의 단과반에서 일정과목을 담당하는 학원강사에 대한 대법원 판례는 다음과 같은 사실을 인정하였다. 즉 ① 학원과 강사간에 근로시간 등 근로조건에 관한 구체적인 내용을 담은 근로계약·고용계약 등을 체결하지 아니한 채, 학원 단과반에서 수학 등을 강의하고 강사료는 단지 수강생이 납입하는 수강료 수입의 50%씩을 위 학원측과 배분하기로 하였다는 점, ② 강사의 수강료 수입이 담당과목에 따라 그리고 월마다 달라

---

23) 대법원 2007. 3. 29. 선고 2005두13018 판결
24) 대법원 1996. 7. 30. 선고 96도732 판결
25) 특히 방준식, "대학교 시간강사의 근로자성 판단에 대한 비판적 검토", 「노동법포럼」 제19호, 노동법이론실무학회, 2016.11., 158면 이하 참고
26) 대법원 2006.12.7. 선고 2004다29736 판결

서 같은 강사의 경우에도 매월 그 강사료가 다르다는 점, ③ 수강생의 감소 등으로 인하여 담당과목의 수강료 수입이 전혀 발생하지 않게 된 경우에는 당해 과목을 담당하는 학원강사의 강사료는 전혀 지급되지 않는다는 점, ④ 학원측은 강사의 강사료 수입에 대하여 근로소득세를 원천징수하지 아니한 채 오히려 사업소득세를 납부하였다는 사실, ⑤ 강사는 그 업무수행과정에서 학원측으로부터 강의내용 등에 대하여 구체적이고 직접적인 지휘·감독을 받고 있지 아니한 채 단지 같은 시설 내에서 이루어지는 다른 강의와의 조정을 위하여 행하여지는 강의시간 및 강의장소에 관한 규제를 받고 있을 뿐인 점, ⑥ 강사들은 자신들이 담당하는 해당 과목의 강의시간 외에는 시간적 구속을 받는 출퇴근시간의 정함이 없으며, ⑦ 강사가 강의를 게을리하거나 이를 해태하여도 단순히 학원측과 계속적 거래관계가 해지될 뿐 학원측이 위와 같은 형태의 학원강사에 대하여 학원의 복무질서 위배 등을 이유로 한 징계처분을 하고 있다는 사정이 엿보이지도 아니하는 점 등이다. 대법원은 이를 이유로 하여 학원강사의 근로자성을 부인하였다.

그런데 이상과 같은 대법원의 판결이유를 고려하면 대학시간강사는 이와 달리 볼 여지가 충분하다. 예컨대 대학시간강사는 사전에 정해진 시간당 강사료만을 지급받을 뿐 그 수강생수에 따른 추가강사료나 이익배분을 받지 않는다는 점에서 단과반 학원강사와 큰 차이를 보이기 때문이다.27) 이와 관련 대법원은 산업재해보상보험료등부과처분취소 사건에서 대학교 시간강사의 근로자성을 인정한 바 있다.28) 그 판단의 근거를 설시한 부분을 옮기면 다음과 같다. "원고들이 운영하는 각 대학교(이하 '이 사건 각 대학교'라 한다)에서 강의를 담당한 시간강사들은 학교측에서 시간강사들의 위촉·재위촉과 해촉 또는 해임, 강의시간 및 강사료, 시간강사의 권리와 의무 등에 관하여 정한 규정(그 명칭은 '시간강사 위촉

---

27) 각종 강사업무 종사자에 대한 근로자성을 판단한 대법원 판례를 소개하고 그 의미를 분석한 중요한 논문으로서는 최홍엽, "판례수정 이후의 근로자 여부 판단 - 강의업무 종사자를 중심으로 -", 「노동법연구」 제26호(2009), 279면 이하 참고.
28) 대법원 2007. 3. 29. 선고 2005두13018, 13025 판결 [산업재해보상보험료 등부과처분취소]. 同旨 : 대법원 2008. 3. 27. 선고 2007다87061 판결 [근로자지위확인등]

및 관리규정', '촉탁강사 위촉규정' 등 각 대학교마다 다양하다)에 따라 총장 등에 의하여 시간강사로 위촉되어 대학교측이 지정한 강의실에서 지정된 강의시간표에 따라 대학교측이 개설한 교과목의 강의를 담당한 점, 대학교측의 학사관리에 관한 규정 및 학사일정에 따라 강의계획서를 제출하고 강의에 수반되는 수강생들의 출·결석 관리, 과제물 부과와 평가, 시험문제의 출제, 시험감독, 채점 및 평가 등 학사관리업무를 수행한 점, 위와 같은 업무수행의 대가로 시간당 일정액에 실제 강의시간 수를 곱한 금액(강사료)을 보수로 지급받은 점, 시간강사가 제3자를 고용하여 위와 같은 업무를 수행하는 것은 규정상 또는 사실상 불가능한 점, 시간강사가 위와 같은 업무를 수행하면서 업무수행에 불성실하거나 대학교의 제반 규정을 위반하고 교수로서의 품위를 유지하지 못하는 경우 등에는 전임교원(총장, 학장, 교수, 부교수, 조교수 및 전임강사)에 대한 재임용 제한 및 해임 또는 파면 등 징계처분과 동일한 의미를 갖는 조치인 재위촉제한 또는 해촉(해임)을 받도록 되어 있는 점 등을 종합하여 보면, 이 사건 각 대학교의 시간강사들은 임금을 목적으로 종속적인 관계에서 원고들에게 근로를 제공한 근로자에 해당한다고 봄이 상당하다." 특히 여기에서 주목할 만한 것은 "시간강사들이 원고들로부터 강의내용이나 방법 등에 관한 구체적인 지휘·감독을 받지 않은 것은 지적 활동으로 이루어지는 강의업무의 특성에 기인하는 것일 뿐 그들이 근로자가 아니었기 때문이라고 할 수도 없다. 따라서 위와 같은 사정들만으로는 이 사건 각 대학교의 시간강사들의 근로자성을 부정할 수 없다."고 한 점이다.

다른 한편 대학 시간강사의 비전업 시간강사료 차등지급의 무효확인 사건에서 대학의 시간강사가 근로자에 해당한다는 전제에서 차등지급이 근로기준법 제6조 차별적 처우의 금지나 남녀고용평등법 제8조의 동일가치노동 동일임금 원칙 등에 위반되어 무효라는 판단[29]을 한 바 있다.[30]

---

[29] 동 판결에서 대법원은 "근로기준법 제6조에서 정하고 있는 균등대우원칙이나 남녀고용평등법 제8조에서 정하고 있는 동일가치노동 동일임금 원칙 등은 어느 것이나 헌법 제11조 제1항의 평등원칙을 근로관계에서 실질적으로 실현하기 위한 것이다. 그러므로 국립대학의 장으로서 행정청의 지위에 있는 피고로서는 근로계약을 체결할 때에 사회적 신분이나 성별에 따른 임금차별을 하여서는 아니 됨은 물론 그 밖에 근로계약상의 근로 내용과는 무관한 다른 사정을 이유로 근로자에 대하여 불합리한 차별 대우를 해서는 아니

이 대법원 판결의 근로자성 판단과 관련한 설시 부분을 옮기면 다음과 같다. "종래 대학의 시간강사는 총장 등에 의하여 위촉되어 학교 측이 개설한 교과목의 강의를 담당하면서 그에 수반되는 학사관리업무를 수행하고, 그와 같은 업무수행의 대가로 시간당 일정액에 실제 강의시간 수를 곱한 금액(강사료)을 보수로 지급받았다. 시간강사는 이와 같이 학교의 교육 업무를 담당하고 있음에도 불구하고 고등교육법상 교원으로 인정받지는 못하였다. 이에 대하여 대법원은, 대학의 시간강사는 임금을 목적으로 종속적인 관계에서 근로를 제공하는 근로자에 해당한다는 입장을 취하여 왔다. 즉 시간강사의 경우, 다른 교원들과 같이 정해진 기본급이나 고정급 또는 제반 수당 등을 지급받지 아니하고, 근로제공관계가 단속적인 경우가 많으며, 특정 사용자에게 전속되어 있지도 않는 등의 특징을 가지고 있더라도 이는 시간강사뿐만 아니라 시간제 근로자에게 일반적으로 나타나는 현상으로, 이러한 사정을 들어 근로자성을 부정할 수 없다는 것이다." 요컨대 우리 대법원은 대학교 시간강사에 대하여 그 근로기준법상 근로자성을 현재 명백히 인정하고 있다고 평가할 수 있다.

2) 사립대학교수의 근로자성 논의의 실익

이처럼 대법원의 일관된 판결과 같이 대학시간강사가 근로자라고 본다면 논리적으로 대학교수도 근로자라고 볼 여지가 높다고 보아야 할 것이다. 대학강사의 강의와 대학교수의 강의는 본질적으로 다르지 않은 데다가 이에 더해 대학교수는 학교의 제반규정의 적용을 받을 뿐만 아니라 연구실적과 학생상담 실적을 쌓아야 하고 대학의 위원회 참가나 보고서나 평가서 작성 등 각종 행정업무를 수행해야 하는 것이 빈번하기 때문이다.

물론 사립학교법은 교원의 자격, 임면, 복무, 신분보장, 징계 등에 대해 특별히 규정하고 있다. 따라서 우리 대법원 판례는 사립학교법이 근로기준법에 대하여 우선적용되기 때문에(특별법우선의 원칙) 그 부분에 대하

된다."고 설시하였다. 대법원 2019. 3. 14. 선고 2015두46321 판결
30) 대법원 2019. 3. 14. 선고 2015두46321 판결 [시간강사료 반환처분 등 무효확인]

여는 근로기준법의 적용이 배제된다고 본다. 가령 교원의 징계에 대해서는 그것이 부당노동행위에 해당하지 않는 한 노동위원회가 아닌 교원소청심사위원회의 관할에 속한다31). 그럼에도 불구하고 사립학교법 등 관련 교육법령이 교원의 복무와 관련한 모든 부분을 규율하고 있지 못한 실정이기 때문에 앞에서 언급하였듯이 다른 근로조건, 즉 보수와 대우 등에 관하여는 근로기준법이 일반법으로서 적용될 가능성이 높다.32) 이 지점에서 대학교수의 근로기준법상 근로자성에 대한 논의의 실익을 발견할 수 있다. 그러므로 대학교원의 근로자성 판단은 당사자들에게 중요한 이해관계가 있다.

이하에서는 근로자성 판단에 대한 판례의 판단징표를 환기하되 그러한 개개의 징표에 얽매이지 않고 대학교수의 개별법상 근로자성 판단에서 논리적으로 제기되는 위임계약 해당성 문제를 고용과 위임의 구별 및 지시권 구속성 문제 2가지 차원에서 검토해 본다.

3. 고용과 위임의 구별에 기초한 검토

유상위임을 인정하는 우리나라 법제에서 고용과 위임은 고용과 도급의 구별 보다 용이하지 않은 측면이 없지 않다. 실제로 대학 시간강사나 학원강사 판결의 사실관계를 보면 그 계약의 명칭은 강의용역계약이나 위탁계약, 위촉계약, 위임계약 등이 사용되고 있는 것이 흔하다. 위임과 고용 각각에 관한 법조문의 내용에 비추어 보면 수임인은 자기의 재량에 의하여 독자적으로 위임사무를 처리할 수 있지만, 노무자는 사용자의 지휘명령에 따라 노무를 제공한다는 점에서 차이를 보인다.33) 또한 위험부담에 있어서도 위임은 도급과 달리 결과의 발생을 채무의 내용으로 하지 않고(즉 수단채무) 사무처리 자체를 목적으로 하기 때문에 이 점에서 노

---

31) 방준식, "대학구조조정에 따른 대학교수의 고용조건변경",「노동법학」제70호, 237면
32) 대법원 1979.9.25. 선고 78다2312; 대법원 1997.7.22. 선고 96다38995 등
33) 김형배/김규완/김명숙, 민법학강의 제13판, 신조사, 2014, 1475면

무제공 자체를 채무의 내용으로 하는 고용과 크게 다르지 않다.34) 또한 위임계약이 체결되면 수임인은 선량한 관리자로서 위임사무를 처리할 의무가 있지만 그렇다고 해서 위임인의 지시를 배제하는 것이 아니다. 즉 사무의 처리에 관하여 위임인의 지시가 있는 경우에는 수임인은 이에 따라야 한다.35) 다만 고용과는 달리 위임인의 지시에 따르는 것이 위임의 취지에 적합하지 않거나 또는 위임인에게 불이익한 경우에는 수임인은 그 사실을 위임인에게 통지하고 지시의 변경을 구해야 하고36) 혹은 수임인은 위임인의 진정한 의사확인, 적정한 설명 내지 조언을 할 의무도 부담한다는 점37)에서 차이가 있다. 즉 사무처리를 수임한 수임인에게는 위임인에 비해 상대적으로 더 많은 기술, 지식, 경험 등을 갖추었다고 전제하고 있다는 특징이 있는 것이다.

그러므로 전문적인 내용을 강습하는 1대1 개인과외가 있다고 가정할 때 그것은 고용계약이 아니라 유상위임계약에 터 잡은 것이라는 사실은 쉽게 긍정할 수 있다. 그렇지만 모든 전문적인 교육에서 교육자가 반드시 수임인의 지위에 있다고 단정할 수는 없다. 즉 고등교육기관이나 전문학원에 소속되어 강의에 종사하는 자가 같은 내용을 강의하고 있다고 하더라도 그 고등교육기관과 학원과의 관계에서는 그는 더 이상 수임인이 아니라 고용된 자라고 보아야 한다. 그 이유는 무엇보다 그가 사업조직 내에 편입되어 있기 때문일 것이다. 어떤 수강생이나 학생이 어떤 학습을 위해 학원이나 대학의 교육과정에 등록하는 것은 여전히 위임인으로서 위임계약을 체결한 것이라고 할 수 있지만 그 위임계약의 당사자는 그 수강생과 학원 혹은 대학일 뿐이고 그 조직에 편입되어 강의를 수행하는 자는 더 이상 수강생과의 관계에서는 위임계약의 당사자가 아닌 것이다. 물론 수강생과의 위임계약을 체결한 학원이나 대학이 그 계약의 수임인으로서 그 강의의 수행을 맡기기 위하여 이행보조자로서 전문 강사를 섭외하여 계약을 체결하고자 할 때 학원이나 대학은 위임계약이나 고용계약 중 하나를 체결할 수 있다. 다만 전자의 위임은 조직편입을 전제하지

---

34) 김형배/김규완/김명숙, 앞의 책, 1482면
35) 김형배/김규완/김명숙, 앞의 책, 1479면
36) 대법원 2003.1.10. 선고 2000다61671
37) 대법원 2006.9.28. 선고 2004다55162

않을 때 가능한 계약이겠지만 후자의 고용은 조직편입을 전제로 하는 계약일 수밖에 없을 것이다. 근로관계를 판단하는 핵심적인 징표인 인격적 종속성이란 근로관계 중에 사용자의 포괄적인 지휘감독 하에 자신의 전 인격을 맡기는 것을 말한다. 물론 노무급부의 내용이 개별적인 상대방(특히 자연인)의 지시에 의하여 특정되기보다는 오히려 경영내부 조직관계에서 비롯된 규율관계를 통해서 강제되는 경우가 일반적이기 때문에 현실적으로는 경영에 대한 조직적 구속 또는 경영조직에 대한 편입에 의하여 인격적 종속성 여부가 결정된다고 보는 것이 타당하다.38) 따라서 대학교원은 학교경영조직에 대한 편입이 이루어지고 그에 따라 교수와 연구, 학생상담이 그 조직의 틀 안에서 이루어진다는 점에서 단순한 위임이라고 볼 수 없는 것이다.

다만 여기에서 간과해서는 안 될 점은 강의내용이나 방식의 전문성이나 높은 지식 여부는 그 계약의 성격을 판단함에 있어서 큰 문제가 되지 않는다는 것이다. 숙련도나 전문성은 상대적인 개념에 불과한 것이기 때문에 조직편입 여부와 같은 정도의 비중을 가지거나 대등한 고려요소로 삼을 수는 없다. 조직편입은 기본적으로 근로장소와 근로시간에의 구속성과 일정 정도의 전속성, 그리고 업무의 내용과 수행방식에 대한 큰 틀에서의 규정성과 비대체성을 요구한다. 이것은 오늘날 개별적 근로관계법령의 시초이자 원형이랄 수 있는 공장법이 터 잡은 당시의 수공업적 매뉴팩쳐와 그 뒤의 기계제 대공업으로의 이행이라는 사회 안의 분업 속에서 이루어지는 작업장 안의 분업에 터잡은 생산과 밀접한 관련성을 가진다.39) 산업혁명 초기에 이미 길드제의 유산과 영향으로 고도의 숙련근로자가 존재했는데 이들 숙련근로자와 비교하면 사용자가 특별히 숙련도나 기술에 있어서 뛰어난 것은 아니었다. 따라서 숙련이라는 것은 말 그대로 특정한 업무수행이나 노동수행에서의 숙련을 말하는 것이지 분업에 터잡은 사회적 생산, 즉 공장제의 모든 업무과정을 포괄하는 개념이 아니다.

---

38) 김형배/박지순, 「근로자개념의 변천과 관련법의 적용 - 유사근로자에 관한 비교법적 고찰 -」, 한국노동연구원, 13면
39) 카를 마르크스(김수행 옮김), 「자본론 제Ⅰ권 자본의 생산과정(상)」(2015년 개역판), 비봉출판사, 2015., 477면 이하 및 「자본론 제Ⅰ권 자본의 생산과정(하)」, 619면 이하 참고

숙련은 어떤 특정한 분업에 있어서의 특정작업에 대한 숙련이라는 상대적인 개념에 불과한 것이다. 따라서 고용이나 근로계약상 노동이 사용자의 지시권에 구속되고 근로의 타인결정성이라는 특징을 갖는다는 것은 분업에 기초한 공장제에서 전형적으로 시작되어 산업혁명기의 철도나 운하 등의 운송(서비스)업과 상업(서비스)업 및 광산업, 그리고 그 이후 새롭게 창출되고 확대된 기타 각종 서비스 노무제공계약(예컨대 생산서비스업으로 분류할 수 있는 금융보험업이 이에 해당할 수 있고 이러한 업종에서 이루어지는 노동을 포괄하고자 한 것이 근로기준법상 표현으로서 '정신노동'이라고 할 것이다)까지 넓혀진 것이다. 이렇게 본다면 사용자가 생산력을 높이기 위해서 노무제공자를 분업에 기초한 조직에 편입시키기 위해서는 필수적으로 고용이라는 계약유형을 채택할 수밖에 없는 것이다. 새로운 기술진보와 서비스산업의 발달에 따라 종래 전통적인 종속노동이 포괄하는 범위가 점점 줄어들거나 변화하는 현상이 일어나고 있지만 최소한 노무제공장소로서의 사업장이 그 사업의 특성상 전통적 개념으로서 공간적 개념으로 여전히 남아 있는 경우에는 그 계약은 고용계약으로 판단될 가능성이 여전히 크다. 왜냐하면 조직편입은 인격적 종속성과 불가분의 관계에 있기 때문이다. 따라서 만약 일정한 장소나 시간에의 구속성이 없이 개인이 자유롭게 촬영된 강의영상 자료의 온라인 제공만으로(가령 유튜브 업로드를 생각해 볼 수 있다) 모든 계약상의 의무가 이행되는 특수한 경우를 상정하지 않는 한, 특정한 고등교육기관이나 전문학원에 소속되어 그 강의실에서 강의를 수행하는 것은 그것이 수강생의 입장에서는 유사한 교육서비스를 제공받는다는 점에서 유튜브 강의와 크게 다른 가치를 가진 것이라고 말할 수 없을지 몰라도 적어도 고등교육기관이나 전문학원과 교수자 사이의 법적 관계에서는 고용이 아니라 위임이라고 말하기는 어렵다. 최근의 대학시간강사나 학원강사에 대해 이루어진 전향적인 근로자 인정 판결은 이러한 사정을 반영한 것이다.

요컨대 근로기준법 제2조 제1호에서 근로자란 (직업의 종류와 관계 없이 임금을 목적으로) "사업 또는 사업장에 근로를 제공하는 자"라 함은 조직편입을 의미하는 것으로 이해할 필요가 있다. 그리고 그 편입의 전형적인 형태는 분업을 상정한 것으로 이해할 필요가 있다. 이렇게 본다면 그리고 적어도 "교수가 곧 대학"이라는 중세고전적인 관념[40]을 우리가 더 이상 받아들일 수 없는 것이라면 - 비록 독일의 훔볼트식 대학관도 대학의 기업화에 따라 상당히 변하긴 했지만 - 대학에서 일정한 자격을 갖춘 수강생들을 대상으로 강의를 하고 교육서비스를 제공한다는 것은, 엄격히 말해 공장법 시절에서도 이미 병존하고 있었던 노동이다(단지 당시에는 별달리 주목하지 못했을 뿐이다). 그렇기 때문에 이러한 대학강의는 20세기적 관점에서도 충분히 근로기준법이 예정했던 범위에 속하는 근로로 볼 수 있다. 일본 노동기준법 제정 당시부터 대학교원의 근로자성을 인정해 온 일본판례의 태도가 이를 증명한다.

실제로 우리 법원판결에서 종종 중요하게 참고하는 일본의 판례를 살펴보면 대학교원과 관련해서는 징계를 포함한 해고와 취업청구권 및 사업양도의 고용승계, 심지어 부당노동행위에 이르기까지 다양한 노동법적 분쟁사례에서 그 청구의 인용 여부와 상관없이 대학교원의 근로자성은 그 기본적인 전제로서 큰 이견 없이 인정하고 있다.[41] 또한 사회보험과 관련해서도 일본에서 사립대학교의 교원은 신분보장이 두터웠던 사정 탓에 구 실업보험법에서는 '임의적용'의 대상이었으나 1975년에 구 실업보험법을 대체하여 고용보험법이 시행되었을 때, 사립대학교의 '교직원'에 대해서도 보험가입을 의무화되었다. 다만 고용보험법의 시행 후, 고용보험제도보다도 충실한 공제제도를 사립대학간에 만드는 움직임이 있어, 구 노동성은 1980년의 통달에서 '당분간은 법적 강제조치는 보류한다'는 조치를 취했다. 그 후 일본에서 대학구조조정이 본격화된 시기인 2004년 4월 현재, 후생노동성 조사에서 사립대학교·사립단기대학교 교원의 80%가 고용보험에 가입하고 있지 않은 것이 판명되자 일본 정부는 고용보험법 가입을 압박하였고 그 동안 '이직률이 낮은 교원을 고용보험에 가입시켜도, 보험료에 걸맞은 혜택이 없다'며 고용보험 가입에 반대해 왔던 일본사립대학연맹이 2004년 11월 말에 '각 학교의 자주적인 판단에 맡긴다'면서 종래 입장에서 후퇴함으로써 각 대학은 고용보험에 소속 교원의

---

40) 김미영, "미국 대학교원 단체의 전개와 단체교섭권 연구",「노동법학」제72호, 한국노동법학회, 2019.12., 115면
41) 金澤地裁 平成19年8月10日決定(平成19年(ヨ) 第30号 地位保全·賃金假拂假處分命令申立); 東京高判平一七.七.一三 勞判八九九號 判決; 大阪高裁 平成1年2月8日決定(四天王寺國際佛教大學事件) 등

가입을 추진하였다. 그 결과 현재는 거의 대부분의 사립대학 교원이 고용보험의 적용을 받는다.42)

이처럼 일본도 우리나라처럼 사립대학의 비중이 높고 고등교육체제의 구조와 정책이 비슷할 뿐만 아니라 이미 1990년대부터 대학구조개혁을 앞서서 경험하였다는 점을 고려하면 일본의 이러한 판례태도는 대학교원의 노동법적 지위를 둘러싼 분쟁이 우리나라에서 본격화될 때 우리에게도 큰 영향을 미칠 수밖에 없을 것이다.

4. 지시권 구속성 판단

다음으로 지시권에 대한 구속성이라는 측면에서 판례가 말하는 상당한 지휘명령과의 관계를 검토한다. 대학시간강사는 대학교 측으로부터 강의내용이나 방법 등에 관한 구체적인 지휘·감독을 받지 않고 있는 바, 근로자성의 가장 본질적인 징표가 바로 사용자의 지휘·감독성 요소라고 할 때, 사용자로부터 지휘나 감독을 받지 않으면서 업무를 수행하는 것은 매우 독특한 것이 아닐 수 없다는 지적이 있기 때문에43) 이에 대한 해명이 필요하다.

인격적 종속성의 존부를 판단하는 핵심기준은 사용자의 지시권에 대한 구속관계로 설명된다.44) 이는 근로자를 사용자와의 관계에서 인격적 종속관계에 있는 자로 이해하는 것으로서 근로관계의 법적 성격을 그 대상자인 근로자에 대한 해명을 통해 규명하는 방식이라고 할 수 있다.45) 앞에서 보았듯이 근로기준법 제2조 제1호의 근로자 정의에서 "사업 또는 사업장에 근로를 제공하는"이라는 것이 근대적 고용개념의 기초를 이루는 분업에 기초한 생산방식이나 서비스제공방식을 염두에 둔 조직적 편입을

---

42) 이에 대한 간략한 내용은 小室昌志, 私立大学における職員と教員との関係に関する一考察-「教職協働」という言葉を手がかりに- ,「評論・社会科学」 98호, 同志社大學, 2011, 125頁 이하 참고
43) 권혁, "대학시간강사의 노동법적 지위와 그 보호", 「법학연구」 51(3), 부산대학교 법학연구소, 2010.8., 8면
44) MünchArbR/Richardi, 2. Aufl., 2000, § 24 Rn. 17 ff., 22
45) 김형배/박지순, 앞의 책, 13면

의미한다고 이해하는 한, 대학에 있어서도 대학교원의 근로자성을 부정하고 위임계약으로 치부할 실익은 그만큼 사라진다. 실제로 근로자성에 관한 기존 판결46)에서 표현되었던 '구체적인 직접적인' 혹은 '구체적 개별적인' 지휘·감독은 2006년 대법원판결에 이르러 '상당한' 지휘감독이라는 표현으로 바뀌었다.47) 동 판결에서 대법원이 종래의 '구체적이고 직접적인' 지휘감독 대신에 '상당한' 지휘감독을 판단기준으로 삼은 배경은 "담임강사 등이 학원으로부터 강의내용이나 방법 등에 관한 구체적인 지휘감독을 받지 않은 것은 지적 활동으로 이루어지는 강의업무의 특성에 기인하는 것"이라는 후속 대법원 판결의 판시48)에 비추어 그 업무의 특성을 반영한 것으로 이해할 수 있다.

그런데 이러한 판례의 태도변화는 서비스산업의 비중확대와 일맥상통한다. 즉 근로의 내용으로서 서비스의 내용은 사용자의 구체적이고 개별적인 지시에 의해 특정되지 않으며 사용자나 고객의 요구에 맞춰 근로자 스스로의 판단에 따라 제공할 가능성이 높다.49) 그렇다면 종속노동의 주된 판단표지의 하나인 지시권구속성의 내용은 과거와는 다르게 파악되어야 한다. 이처럼 서비스산업의 규모와 내용이 발달할수록 그리고 지식노동의 비중이 커지면 커질수록 법적으로 노무지휘권은 여전히 사용자에게 속하지만 그 행사의 구체적인 양상은 과거와 달리 근로자의 근로에 대한 어떠한 감시감독이 아니라 그 직무나 작업의 테두리를 정한다는 의미에서의 관리와 통제로 특징지어진다. 그렇다면 고도의 지식노동을 제공하는 대학교원이 그 강의내용이나 방법에 대해 학교법인의 별다른 지시를 받지 않는다는 것은 근로자성 판단에 아무런 영향을 주지 못한다. 단지 사전에 정해진 학년별 강의과목이나 강의시간 등에 따라 별 문제 없이 강의하고 있는지에 대한 관리와 통제만으로 그러한 지시권은 달성되고 있

---

46) 대표적으로 대법원 1994.12.9. 94다22859 (배당이의)
47) 대법원 2006. 12. 7. 선고 2004다29736 판결 (퇴직금) 참고. "위에서 말하는 종속적인 관계가 있는지 여부는 업무 내용을 사용자가 정하고 취업규칙 또는 복무(인사)규정 등의 적용을 받으며 업무 수행 과정에서 사용자가 상당한 지휘.감독을 하는지, 사용자가 근무시간과 근무 장소를 지정하고 근로자가 이에 구속을 받는지---"
48) 대법원 2007.1.25. 2005두8436
49) 전윤구, "고용환경의 변화, 노동법의 위기와 대응",「노동법학」제67호, 한국노동법학회, 2018.9., 152면

다고 보아야 할 것이기 때문이다.

요컨대 개별법적 차원에서 검토할 때 대학교원의 계약은 위임보다는 사법상 고용계약에 가깝다는 것은 분명하다. 문제는 그 고용계약이 근로계약으로도 볼 수 있느냐 하는 것이다. 통상의 고용계약은 근로계약으로 보는 것에 무리가 없다. 다만 문제는 헌법상 학문의 자유에 관한 권리를 갖는 대학교원의 노동 혹은 활동이 근로자성 판단에 특별한 영향을 주느냐 하는 것이다.

5. 근로자성 판단과 학문의 자유

대학교원에게는 강의 외에 학문연구도 중요 직무의 하나인 것은 분명하다. 그런데 대학교원의 학문연구 활동 수행은 연구주제의 선정, 연구방법 및 공동연구자의 선택, 결과발표의 방식 등이 교원의 재량에 맡겨져 있다는 점에서 강의과목과 장소가 비록 포괄적이긴 하지만 사전에 정해져 있는 교육활동과는 구별이 되며 나아가 이러한 연구활동은 학문의 자유 보장에 의해 그 자율성이 더욱 강화된다는 점은 분명하다. 학문의 자유는 무엇보다 연구활동의 자유와 직결된다. 이처럼 연구활동에서는 별다른 종속성을 인정하기 어렵다는 점을 들어 노무의 타인결정성이라는 본질적인 징표가 충족되기 어렵다고 볼 여지도 없진 않다.[50] 그러나 대학의 기업화 현상에 따라 대학의 다양한 기능 중에서 교육서비스 수요자인 학생을 대상으로 한 교육이 차지하는 비중이 점점 더 커져 가고 있고 학교의 요구에 따라 학생지도 및 상담 등 각종 행정업무를 부담하고 있다는 점을 환기하면 자율적인 학문연구가 본인에게 맡겨져 있다는 사실만으로 교육과 학생지도에 종사하는 교원의 근로자성을 쉽게 부인하기는 힘들다. 다시 말해서 교육 관련 종사활동만으로도 근로자성을 인정하기에 부족하지 않다는 것이다.

한편 조금 다른 관점에서 보자면 여전히 교원의 연구실적에 대한 관리와 통제는 이루어지고 있다는 것을 알 수 있다. 대학은 그 연구내용은 차

---

50) 이에 대한 언급으로는 이홍민, 앞의 논문, 5면

치하고라도 교원의 자격이나 연구실적에서 항상 다른 대학교와 경쟁하고 성과를 비교하고자 수량화된 연구실적을 중요시한다. 그 결과 연구의 내용에 대한 지휘감독이나 간섭의 가능성이 낮다고 하더라도 대학은 연구실적물의 수량을 일정하게 정하고 있고 그 결과를 재임용 및 승진 여부와 연계하고 있으며 연구저작물이 그 전공과 무관한 분야의 저서나 논문에 대해서는 연구실적물로 인정하지 않는다는 방침을 세워두고 있다. 이렇게 본다면 대학은 연구에 대해서도 기본적인 관리와 통제를 잃지 않고 있다.

따라서 단순히 학문의 자유를 근거로 하여, 나아가 연구의 주제나 방법에 있어서 교수가 상당한 자율성을 갖고 있다는 사실로부터 대학교원이 근로자가 아니라고 하는 것은 논리비약인 것이다.[51] 오히려 연구활동의 자율성과 학문의 자유는 단지 대학교원이 수행하는 지식활동의 특성에 기초한 것이라고 볼 것이다. 뒤집어 말하면 근로기준법상 근로자라고 확인한다고 해서 헌법상 학문의 자유와 교육법상 신분의 보호를 향유하기 어려워진다고 말할 수 없다. 대학교수의 근로자성 여부와 학문의 자유 보장은 원칙적으로 별개의 문제로 병존 가능한 문제로 보아야 하기 때문이다. 결국 기능주의적으로 학문의 자유 보장을 위해서라도 근로기준법상 근로자 인정을 포기해야 한다는 주장에는 동의하기 어렵다.

6. 소결

중세의 대학을 논외로 한다면 대학은 이미 산업혁명 후반기에 안착된 것으로서 대학 내 취업형태는 산업혁명기 노동법의 발달과 임금근로자의 확대 당시부터 이미 존재했고 오랫동안 병존해 온 고용형태이다. 단지 여러 가지 배경과 논의의 실익 차원에서 이에 대한 법적 평가를 보류해 둔 것에 불과하다. 당시의 학문연구 중심의 상아탑이라는 훔볼트식 대학관이나 기능은 현재에 이르러서는 또 다시 크게 변화하고 있다. 일부 대학을 제외하고는 교육 중심 대학으로 급속하게 재편을 강요받고 있는 실정이

---

[51] 同旨 : 이홍민, 앞의 논문, 6면

다. 이러한 환경변화를 고려할 때 사립대학의 교원은 대학강사와 마찬가지로 노동조합법상 근로자이자 근로기준법상 근로자로서 평가된다는 점을 확인하였다. 학문의 자유나 대학의 자치, 연구의 자율성 요청 및 공장법적 관점에 머물러 있는 지시권 구속성 등의 문제를 들어 대학교원의 근로자성을 부인하는 것은 설득력이 부족하다.

다만 이 지점에서 제기되는 근본적인 문제는 대학교원이 근로기준법상 근로자라고 해서 공장제법이 그 모법인 근로기준법의 전면 적용이 항상 바람직한가 하는 것이다. 한가지 사례만 상정해 보더라도 무엇보다 근로시간 규정의 적용이 곤란하다. 근로기준법이나 노동기준법 제정 당시부터 농림수산축산업 업무 등에 근로시간 규정의 적용을 배제하였다는 것을 상기한다면 대학교원에게도 마찬가지의 문제가 발생할 수 있다는 것은 쉽게 예측된다. 그렇다고 하여 사립대학 교원에게 국가공무원법이나 교육공무원법의 내용을 그대로 적용시키려는 것도 맞지 않는다. 따라서 대학교원 취업형태의 특수성이나 학문의 자유의 향유자로서 그 업무의 특수성을 반영하면서도 노동법적 관점이 반영된 별도의 법률로서 그 고용을 규율하는 것이 가장 바람직할 것이다. 즉 대학교원의 복무와 근무조건 및 그 변경절차에 일정한 보호를 가미한 사립대학법과 같은 법률을 별도 입법하여 규율하는 것이 종국적인 해결책이라고 생각한다. 현재의 사립학교법은 교원의 보수나 기타 근로조건에 대해서는 아무런 규정을 두고 있지 않고, 그 변경절차에 대해서도 최소한의 통제장치를 마련해 두고 있지 않다는 점에서 새로운 입법을 서두를 필요가 있다. 다만 그 사이 대학구조 개편기를 맞이한 한국 사회에서 당분간은 대학교원의 근로기준법 적용을 둘러싸고 일정 정도의 혼란은 불가피할 것이다.

제3장. 외국인 대학교원의 노동법적 지위

1. 외국인교원[52]의 제도개요 및 현황

　전문외국인력인 교수(E-1)의 체류자격은 "「고등교육법」제14조제1항·제2항 또는 제17조에 따른 자격요건을 갖춘 외국인으로서 전문대학 이상의 교육기관이나 이에 준하는 기관에서 전문 분야의 교육 또는 연구·지도 활동에 종사하려는 사람"을 말한다(출입국관리법 시행령 제12조 관련 별표1의2 참고). 이 외에도 대표적인 전문외국인력으로서 연구(E-3)[53]과 전문직업(E-5)[54]이 있으나 현행법은 이들 체류자격에는 교수(E-1) 체류자격에 해당하는 사람을 제외하도록 함으로써 상호간의 충돌을 방지하고 있다. 한편 2019년 1월 1일 개정시행된 고등교육법 제14조 제2항은 학교에 두는 교원은 총장이나 학장 외에 교수, 부교수, 조교수 및 강사로 구분하고 있다.

　이러한 기준에 따를 경우에 현재 국내 대학에 임용되고 있는 외국인교원은 대략 세 가지 정도로 구분할 수 있다. 첫째가 대학의 어학 과목의 회화나 작문 지도 등을 담당하는 원어민 회화 지도교수와 둘째, 순수한 학문 연구를 위해 국내외 각종 재단과 대학의 재정 지원으로 한국을 방문한 연구 교수, 그리고 셋째로서 학문 연구와 아울러 교육을 담당하는

---

52) 이하에서 외국인교원은 고등교육기관에서 임용되거나 고용된 외국인교원을 지칭하는 것으로 한다. 중등학교 이하의 원어민 강사 등 외국인은 이 글의 탐구대상이 아니라는 것을 미리 밝힌다.
53) 연구(E-3)는 대한민국 내 공공기관·민간단체으로부터 초청을 받아 각종 연구소에서 자연과학 분야의 연구, 사회과학·인문학·예체능 분야의 연구 또는 산업상 고도기술의 연구·개발에 종사하려는 사람(출입국관리법 시행령 별표1의2)
54) 전문직업(E-5)은 대한민국 법률에 따라 자격이 인정된 외국의 변호사, 공인회계사, 의사, 그 밖에 국가공인 자격이 있는 사람으로서 대한민국 법률에 따라 할 수 있도록 되어 있는 법률, 회계, 의료 등의 전문업무에 종사하려는 사람(출입국관리법 시행령 별표1의2)

일반 교수 등이다. 다만 이와 같은 세분류에 따라 조사된 외국인 교수에 관한 구체적 통계는 없고 교수 체류자격 전체에 대해서만 법무부(출입국외국인정책본부)의 통계자료만 존재한다. 다음의 표는 외국인교수를 포함한 전문외국인력의 체류자격별 현황을 최근 연도에 따라 나타낸 것이다.

〈표 1〉 전문외국인력 중 교수, 연구, 회화지도 체류자격별 현황

(단위 : 명)

연도 구분	2019년	2020년	2021년	2022년	2023년
교수(E-1)	2,187	2,053	2,017	2,012	1,897
회화지도(E-2)	13,910	12,621	13,403	14,251	14,005
연구(E-3)	3,132	3,110	3,638	4,009	3,916

출처 : 법무부 출입국외국인정책본부, 「2023 출입국·외국인정책통계연보」 43면에서 발췌

위 표에서 2023년 말을 기준으로 현재 교수(E-1) 비자를 받고 국내에 체류하는 외국인교수는 1,897명이다. 2013년 교수비자는 2,637명(회화지도 20,030명, 연구는 2,997명)이었던 것에 비하면 2023년 교수비자 1,897명로서 그 수가 꾸준히 줄고 있다. 2023년 기준 1,897명의 외국인교수를 좀 더 구체적으로 살펴보면 이 중에서 남성은 1,417명이고 여성은 480명이다.[55] 국적별 외국인교수의 분류시 30명을 초과하는 국가는 모두 12개국인데 국적별 외국인교수의 규모를 큰 순서부터 나열하면 미국이 473명, 인도가 315명, 중국이 141명[56], 캐나다가 136명, 영국이 87명, 일본이 72명, 파키스탄 67명, 독일이 60명, 필리핀이 54명, 남아

---

55) 법무부 출입국외국인정책본부, 「2023 출입국 · 외국인정책통계연보」, 2016, 377면
56) 여기에는 중국국적 동포는 포함되지 않은 통계이다.

프리카공화국 38명, 베트남이 34명, 러시아 33명 등(그 외 프랑스는 29명, 호주는 27명)이다.57) 이 중에서 영어를 모국어로 하거나 공용어로 하는 국가는 7개 국가라고 보고 이를 더하면 모두 1,170명으로서 2023년도 외국인 교수비자 체류자 1,897명 중에서 약 61.7%를 차지한다. 2016년도 외국인 교수비자 체류인원의 상위 출신국 중에서(30명 초과자 기준) 영어 사용 출신국의 비중은 57.8%였는데 현재 그 비중이 더 높아진 것이다. 외국인교수의 언어가 교수초빙에서 중요한 고려요소가 된다고 추정할 수 있다. 실제로 2016년에 비해 외국인교수의 상위비중 출신국이 서구국가에 편중되지 않고 개발도상국을 포함하여 좀 더 다양해졌지만 그럼에도 불구하고 그 대부분은 영어 사용권 국가 출신이라는 점이 이를 뒷받침한다.

외국인교원의 실효성 및 기여도에 평가는 현재까지 통일되어 있지 않은 것 같다. 외국인교원의 적극적 활용은 국내 고등교육기관의 국제화 및 경쟁력 강화를 위해 기여할 수 있기 때문에 우수한 외국인교원의 초빙 촉진을 위해 대학의 인식개선과 제도적 뒷받침이 있어야 한다는 주장58)이 있는 반면에 국내 교육여건 및 연구인프라의 한계 때문에 소수의 우수 이공계열 대학조차도 초빙한 해외우수인재와의 장기간의 재직은 기대할 수 없는 상황에서 일반 대학에서 비정년트랙으로 채용되는 것이 보편적인 외국인교원은 지표관리를 위한 보여주기식 채용에 불과하기 때문에 대학교육 발전에 크게 기여하지 못한다는 비판도 적지 않다. 나아가 우수 외국인 교수의 유치 필요성에 공감하면서도 현재의 외국인 교원 임용의 부작용을 지적하는 견해도 많다. 특히 현재의 외국인교원 임용실태를 보면 학력이나 교육 및 연구 경력이 낮은, 교육자로서의 자질이 떨어지는 외국인 교원들이 임용되는 사례가 종종 발생하고 있고 이로 인해 교육의 질적 저하는 물론 학내에서 문제를 발생시키는 외국인 교원들로 인해 학사행정이 어려움에 빠지기도 한다는 것이다. 또한 외국인 교수들에 대하여 임용과 업적 평가에 있어서 엄격한 기준을 설정하고 있지 않기 때문에 이들은 오히려 근무 기간 동안 연구 업적도 거의 쌓지 않아 대학의 1

---

57) 위 통계연보, 372-411면에서 발췌
58) 박정수 외 6인, 「글로벌 경쟁력 강화를 위한 고등교육의 질 제고」, 한국교육개발원, 2009.12., 219면 이하

인당 논문 발표 실적을 떨어뜨리고 있는 등 대학의 발전에 큰 기여를 못한다는 지적59)은 귀 기울일 만하다.

그럼에도 불구하고 국내 대학에서는 앞으로 조금 줄어들기는 하겠지만 어느 정도 수준까지는 외국인교원 채용규모를 유지해 나가리라고 예측된다. 이 장은 그동안 우수인재유치라는 정책적 관점 외에는 법적인 관점에서는 별달리 주목을 받지 못했던 외국인교수에 대해서 그 채용, 대우, 종료와 관련한 잠재적인 법적 쟁점을 시론적으로 검토해 보고자 한다. 모든 법적 분쟁이 그러하듯이 외국인교원도 어느 정도채용규모가 유지된다면 법적 분쟁은 피할 수 없다. 그런 관점에서 이미 현실화되었거나 현실화될 가능성이 있는 몇 가지 쟁점에 대하여 각 대학의 외국인교원 임용 및 처우에 관한 규정들을 고려하면서 선제적인 검토를 진행하려는 것이 이 장의 목적이다.60) 다루고자 하는 주요한 법적 쟁점을 미리 요약하면 다음과 같다.

먼저 채용과 관련해서는 우선 외국인의 대학교원임용이 논란이 된 사례를 판례와 함께 살펴봄으로써 현재 제도적으로 허용하게 된 연혁을 간단하게 정리한다. 그 다음에 단순기능인력의 경우에 적용되는 내국인고용 우선원칙의 배제의 타당성, 외국인교원의 체류자격 변경을 둘러싼 법적 문제 등을 검토한다.

다음으로 고용상의 지위와 관련해서는 근로자성 인정 여부, 근로조건에서의 국적 차별, 포괄임금제의 인정 여부를 둘러싼 법적 문제 등을 검토한다.

셋째 계약종료와 관련하여서는 한국국적 취득의 당연퇴직사유 명시의 적법성 및 기간만료에 따른 당연퇴직의 의미와 한계 및 구제를 둘러싼 법적 문제를 검토한다.

---

59) 정일용, "외국인 교수 초빙제도의 실태와 개선 방향", 「대학교육」, 2001.11·12호, 35면
60) 현실적인 쟁점파악을 위해 온라인상에 공개한 대학교의 외국인교원 관련 규정을 사립대학의 것을 중심으로 함께 검토했음을 밝힌다.

2. 외국인교원의 임용을 둘러싼 법적 문제

1) 체류자격의 취득을 둘러싼 대학의 권리와 의무

(1) 체류자격의 취득을 위한 대학의 협력의무 : 아주대 외국국적 교수 사건[61]

가. 사실관계

　원고인 교수는 1971.1.경 미국시민권을 취득한 사람으로서 피고가 경영하는 아주대학교의 초빙으로 1981.5.26.부터 아주대 경영대학장 겸 경영학과 교수로 근무하기 시작한 후 1983.3.9.자로 1983.3.1.부터 1993.2.28.까지 10년간 아주대 경영학과 교수로 정식 임용된 사실이 있다. 체류자격과 관련해서는 원고는 1981.5.26. 교수활동을 목적으로 입국한 이래 3개월마다 아주대 총장명의의 재직증명서와 체류기간 연장신청사유서를 첨부하여 법무부 서울출입국관리사무소(이하 출입국사무소라 한다)로부터 국내체류기간연장허가를 받아왔다. 그런데 1983.6.20. 문교부로부터 아주대에 외국인 교수 중 국내인으로 대체할 수 없는 외국어담당 이외의 인문사회계열 과목에 대해서는 점차 국내인 교원으로 대체하고 외국인 교수의 채용을 억제하라는 내용의 외국인교수관리방안이 시달되었다. 그 이후 서울출입국사무소가 1983.11.4. 아주대에 대하여 문교부의 위 외국인 교수관리방안에 비추어 원고를 계속 교수로 채용할 필요성과 한국인 교수로 대체할 수 있는 가능성의 유무에 대하여 조회하자 당시 아주대 총장은 1983.11.14. 서울출입국사무소에게 원고가 문교부에 1983.3.1.-1993.2.28. 기간으로 임용보고가 수리되어 있다는 사실과 함께 그럼에도 불구하고 원고의 담당과목(경영문헌강등)은 국내인 교수로 대체가능한 것으로 판단된다고 회신하였는데 출입국사무소는 아주대의 위 회신에 따라(즉, 학교법인이 국내 교수로의 대체의사를 갖고 있는 것으로 받아들인 결과로 보임) 1983.11.18. 원고의 국내체류기간을 1984.2.29.까지 금회에 한하여 연장허가를 한다고 결정하였다. 그러자 원고는 아주대 총장으로부터 1983.12.16.부터 1984.2.16.까지의 해외여행허가를 받

---

61) 대법원 1989.11.14. 선고 87다카2932 판결 [손해배상(기)]

고 1983.12.4. 출국한 뒤 아주대에 대하여 위 1983.11.14.자로 서울출입국사무소에 대하여 발송한 학교 회신의 취소와 원고의 국내체류자격 보장을 요구하면서 서울출입국사무소가 정한 국내체류기한이었던 1984.2.29.이 지나도록 입국하지 않았는데 대학교측은 이러한 원고의 요구는 즉각 이행하지 않고 귀국만을 독촉함으로써 양측의 대립이 지속되었다. 대학교측은 원고의 미입국 및 국내체류문제가 해결되지 않자 1984년 1학기 휴직발령에 이어 2학기에도 휴직기간 연장발령을 하였다가 원고가 1984.7.19. 이 사건 학교법인을 상대로 한 교수임용계약위반 또는 불법행위에 따른 손해배상소송을 제기한 이후인 1984.9.3.에서야 법무부장관 및 주미 한국대사관에 원고의 국내교수활동을 위하여 입국할 수 있도록 조치해달라고 요청하였다. 이 와중에 피고인 학교법인은 1984.0.31.자로 원고를 직권면직 발령하였다.

나. 하급심[62])의 판단

하급심은 위의 기본적인 사실관계를 대체로 인정한 다음에 이에 비추어 보면 원고가 1984.3.1. 이후 교수목적으로 국내에 체류할 수 없게 되고 그에 따라 이 사건 교수임용계약에 따른 원고의 교수의무가 이행불능으로 된 것은 원고 자신의 귀책사유로 말미암은 것이라고 봄이 상당하다고 판단하여 손해배상책임을 묻고 있는 원고의 청구를 기각하였다. 하급심이 주목한 것은 학교측이 출입국사무소에 원고의 담당과목(경영문헌 원강 등)은 국내인 교수로 대체가능하다고 판단된다고 회신하면서도 이와 함께 원고가 1993.2.28.까지 10년간 임용되고 문교부에 임용보고까지 되었다고 회신함으로써 원고의 계속 재직의 필요성까지 아울러 회신한 것으로 볼 수 있다는 것이었다. 따라서 하급심은 이러한 회신이 피고가 원고를 축출할 목적으로 기도된 것이라거나 피고의 신의칙상의 협력의무에 위반한 것이라고 볼 수 없다고 판단한 것으로 보인다.

다. 대법원의 판결

학교법인이 외국인과 교수임용계약을 체결한 경우 학교법인측에서 그

---

62) 서울고등법원 1987.10.14. 선고 86나3857 판결

외국인에 대한 출입국관리법령상의 입국자격의 부여나 체류기간의 연장 또는 그 한도갱신허가신청에 필요한 재직증명서 등 계속 재직의 필요성에 관한 소명자료를 구비하여 줄 의무는 위 계약내용의 일부를 이룬다고 할 것인 바, 문교부로부터 외국어 담당 이외의 인문사회계열 과목에 대해서는 점차 외국인 교수의 채용을 억제하라는 내용의 외국인교수관리방안이 시달되었더라도 이는 대학에 대한 행정지도에 불과하여 이미 채용계약을 맺고 있는 교수에 대한 국내 교수로의 대체가능성이나 그 계속고용 여부는 어디까지나 대학측의 결단에 맡겨져 있는 것이므로, 출입국사무소가 학교법인측에 대하여 위 외국인을 교수로 계속 채용할 필요성과 국내인 교수로의 대체가능성 유무에 대하여 조회하여 온 데 대하여 학교법인측이 위 외국인교수관리방안에 따라 검토한 결과 위 외국인교수의 담당 과목은 국내 교수로 대체가 가능하다는 취지로 회보하였다면, 그로 인해 출입국사무소에서 학교법인이 국내 교수로의 대체의사를 갖고 있는 것으로 받아들여 위 외국교수의 체류기간이 단축되거나 그 연장이 어렵게 되리라는 것을 알았거나 알 수 있었다고 보여질 뿐이고, 이미 10년 기간으로 임용되어 문교부에 보고된 사실을 함께 적시하였다 하여 계속 재직 필요성을 아울러 회신한 것으로 여겨지지 않는다고 할 것이니, 위 회신에 따라 출입국사무소의 체류기간제한판정이 이루어진 이상 학교측이 위 외국인 교수로 하여금 더 이상 국내에 체류하지 못하게 한 것이 되어서 위 교수임용계약상의 의무를 불이행하였다고 볼 것이라고 하여 손해배상책임이 피고 학교법인에 없다고 판단한 원심판결을 파기환송하였다.

(2) 체류자격 미취득을 이유로 한 대학의 해지권

위에서 살펴본 손해배상책임이 피고인 학교법인에 있다는 대법원의 판결은 당연하다고 생각한다. 판결의 이유도 명확하기에 굳이 덧붙일 부분은 없다고 본다.

오히려 새롭게 주목할 필요가 있는 점은 체류기간의 연장이 이루어지지 않고 체류기간이 만료된 후에는 새로운 입국자격의 취득이 없는 이상 교수목적으로 국내체류를 할 수 없게 되었다는 사정을 들어 이미 체결한 해당 계약을 취소 내지 해지하는 것이 항상 정당하다고 볼 것인가 하는 점일 것이다. 생각건대 출입국관리법 제18조(외국인 고용의 제한) 제3항은 "누구든지 제1항에 따른 체류자격을 가지지 아니한 사람을 고용하여서는 아니 된다"고 규정하고 있고 여기에는 별도의 예외조항이 없다. 그러므로 고용주는 체류자격의 미확보에 대한 귀책사유가 누구에게 있는지를 따질 필요 없이 그러한 미취득이라는 사실에 기초해 계약관계를 해지할 수 있다고 보아야 할 것이다. 비록 체류자격을 취득하지 못한 것이 고용주의 귀책사유 때문이라고 하더라도 출입국관리법 제18조 제3항에 대한 위반을 정당화시킬 수는 없기 때문이다. 오로지 남는 문제는 단지 그 귀책사유가 고용주에게 있다면 해당 고용주(이 사건의 경우 피고 학교법인)에게 손해배상책임이 발생할 뿐이라고 보아야 할 것이다.

각 대학교에서 마련하여 시행하고 있는 외국인교원인사규정 내지 외국인전임교원에 관한 규정을 보면, 외국인교원의 임용자격 중 하나로서 "외국인 출입국관리법상 입국자격을 부여 받은 자 또는 부여받는 데 결격사유가 없는 자" 혹은 "외국인 출입국관리법상 체류자격을 교수(E-1, E-2) 또는 F자격인 자"로 규정하고 있는 경우가 있는데, 이는 당연한 내용을 확인하고 있는 조항으로서 적절하다고 할 것이다. 이때 동 조항의 의미는 임용계약이 체결되었다고 하더라도 그 체류자격 조건이 충족되지 못할 경우에는 그 계약 자체가 당연무효가 된다고 볼 수는 없을지라도 그것을 이유로 당해 계약을 취소(해지)할 수는 있다는 것이다. 따라서 이 경우에 그 취소(해지)의 정당성 여부를 논할 실익은 더이상 없다고 할 것이다.

2) 외국인의 대학교수 자격

(1) 연세대 총장 사건[63]

가. 사실관계

1992년 8.3. 연세대 총장으로 임명된 송○ 교수는 1976년 연세대 교수로 임용된 다음해인 1977년 미국 국적을 취득함으로써 우리 국적법에 따라 한국국적을 상실하였고 1984년 미국 국적을 포기하였으나 한국국적

---

63) 대법원 1996. 5. 31. 선고 95다26971 판결 [총장선임 무효확인 등]

회복절차를 밟지 않아 무국적 상태였던 바, 1992년 8.3. 송○ 교수가 연세대 총장으로 임명되자 연세대의 일부 교수가 그 자격을 문제 삼아 법인의 총장선임결의 무효확인과 송○ 총장에 대한 교수자격 무효확인, 그리고 송○ 총장에 대한 위자료 등을 청구하였다. 피고는 연세대학교 학교법인과 송○ 총장이었다. 송○ 총장은 총장 선임 이후인 1993.3.4.에야 절차를 밟아 한국국적을 회복하였다.

나. 1심 법원의 판단[64]

1심 법원은 헌법상 공무담임권의 기본권주체가 국민이라는 것을 밝히는 한편 교육공무원법은 제31조 제1항에 따라 외국인은 초빙교원에 관한 조항만 두고 있을 뿐이므로 외국인은 공무원인 국공립대학의 일반교수가 될 자격이 없다고 전제한 다음에 구 사립학교법 제52조는 "사립학교의 교원의 자격에 관하여는 국공립학교 교원의 자격에 관한 규정에 의한다"고 하고 있으므로 사립학교에서도 외국인은 일반교수가 될 수 없다고 판시하였다.[65]

다. 항소심[66]과 대법원의 판결

그러나 항소심과 대법원은 1심과 다른 판결을 내렸는데, 우선 총장선임결의 무효확인이나 교수자격무효확인 청구에 대해서는 원고들에게 이를 구할 법률상 이익이 없다는 이유로 그 청구 부분에 대해 각하하였고 원고들이 낸 송○ 연세대총장에 대한 위자료청구에 대해서는 다음과 같은 이유로 기각하였다. 즉 "사립대학도 공교육의 일익을 담당하고 있고 그 교원의 직무가 공공성을 가지는 점에서 국가가 법률에 의하여 외국인의 사립대학교수 임용에 제한을 가할 수 있다 할 것이나(물론 이를 제한하는 조약은 존재하지 않는다), 현행 교육법이나 사립학교법 기타 관계법령 어디에도 외국인은 사립대학의 교원이 될 수 없다는 명문의 제한은 존재하

---

64) 서울지법 1994.11.9. 선고 93가합13278 판결
65) 이 판결에 대해 반박하는 평석으로는 정인섭, "외국인 국내 사립대학교수 취임자격", 「서울국제법연구」 제2권 제1호, 서울국제법연구원, 1995, 132면 이하 참고
66) 서울고법 1995. 5. 17. 선고 94나41814 판결

지 않고, 나아가 소론이 지적하는 법 규정들이 외국인의 사립대학교수 임용 제한의 근거로 볼 수 있다고 해석되지도 아니한다. 즉, 사립대학 교원의 자격에 관하여 국·공립대학 교원의 자격에 관한 규정에 의하도록 한 사립학교법 제52조는 사립대학 교원은 공무원의 지위에 있지 아니한 점에 비추어 보거나 국·공립대학 교원에게 적용되는 교육공무원법 제6조, 제8조의 규정과 대비하여 볼 때, 사립대학 교원의 자격에 관하여 국적을 포함하여 모든 면에서 공무원인 국·공립대학 교원의 그것과 동일할 것을 요한다는 취지는 아니고 사립대학 교원도 국·공립대학 교원의 자격기준을 정한 교육법 제79조 제3항 및 같은 법 별표 3 소정의 학력, 연구 및 교육경력을 갖출 것을 요한다는 취지로 해석함이 상당하고, 또한 사립학교법 제57조 및 교육법 제77조 제1호의 각 규정도 반드시 내국인이 아니면 사립대학의 교원이 될 수 없음을 전제로 한 것이라고 보이지도 아니하며, 교육공무원법 제31조 제1항에 초빙교원 제도가 마련되어 있다 하여 외국인의 사립대학 교원임용이 허용되지 않는다고 보기도 어렵다 할 것이다."고 판시하였다.

나아가 대법원은 "이와 같이 외국인의 사립대학교수 임용을 제한하는 법령상의 근거가 존재하지 않는 이상, 그 정관에 외국인의 교원임용에 관한 별도의 제한을 두고 있지 않은 사립대학의 학교법인은 교육상의 필요에 따라 교육법 제79조 제3항 및 같은 법 별표 3 소정의 자격을 갖춘 외국인을 교원으로 자유로이 임용할 수 있다 할 것"이라고 하여 원고의 위자료 청구는 이유 없으므로 기각한다는 취지의 판결이 내려졌다.

(2) 입법적 해결

위 판결에 의해 교육공무원법의 직접적인 규율을 받는 국공립대와는 달리 적어도 사립대학에서는 그 학교법인의 정관 등에 특별한 제한 규정이 없는 한 외국인을 대학교원으로 임용하는 것에는 아무런 문제가 없다는 것이 법적으로 정리되었다. 이러한 배경 속에서 교육부는 더 나아가 1999년도에 대학교육의 국제화와 영어 강의 확대를 위해 그 동안 유지했던 대학교원에 있어서 외국인 임용 제한을 철폐하고 외국 국적자의 국·공립대학 교수 임용이 가능하도록 교육공무원법 제10조의 2(외국인교원)

를 신설하였다.67) 동조에 의하면 "대학은 교육이나 연구를 위하여 외국인을 교원으로 임용할 수 있다"고 하였다. 당시 개정이유로서는 대학교원임용에 있어서 개방적 풍토를 조성하고 객관성과 투명성을 제고함으로써 자질이 우수한 자가 선발될 수 있도록 하려는 것이라고 밝히고 그 일환으로서 첨단과학기술분야 또는 외국어분야 등에 우수한 외국인을 대학의 교원으로 임용할 수 있도록 하였다. 교육공무원법에서 외국인을 교육공무원인 대학교원으로 임용할 수 있도록 함으로써 사립대는 물론 국공립대에서도 외국인교원 임용의 제한은 사라지게 되었다. 또한 이때 내국인고용 우선과 관련한 별다른 전제조건을 붙이지 않았기 때문에 교육공무원법 제10조의 3(채용의 제한) 및 제10조의 4(결격사유)에 비추어 문제되지 않고 그밖에 다른 법령, 즉 고등교육법상 교원의 자격기준을 충족하고 출입국관리법상 체류자격 내지 취업자격에 문제가 없다면 외국인도 대학교원이 되는 데에는 제약이 없어졌다.

3) 전문외국인력에 대한 내국인 우선고용 원칙의 적용가능성 검토

(1) 외국인 교원 채용과 내국인 고용 우선 정책

앞의 아주대학교 외국국적 교수 사건에서 보았듯이 과거 1980년대 정부는 외국인을 국립대학 뿐만 아니라 사립대학에 대하여도 외국인이 아닌 내국인 교수를 채용하도록 적극적으로 유도한 것이 사실이다. 지금의 관점에서는 대학의 자율성과 대학자치에 비추어 이해되지 않지만 당시의 사회분위기에서는 각 대학들이 이러한 외국인교수관리방안이라는 정부방침을 마냥 무시할 수 없었다. 이러한 정부방침을 현재적 관점에서 본다면 한마디로 말해서 내국인 우선고용의 요청이라고 평가할 것이다.

(2) 단순기능인력 사용직종에서의 내국인 우선고용의 원칙의 확립

내국인고용 우선의 원칙을 포함한 노동시장 보완의 원칙은 외국인력의 도입이 국내 노동시장에 부정적 영향을 주어서는 안 된다는 것으로 국내 부족인력은 고령자, 여성 등 국내 유휴인력의 활용촉진을 우선으로 하여

---

67) 법률 제5717호, 1999.1.29. 개정

야 하며 보충적으로 외국인력을 활용하여야 한다는 원칙으로서 단순기능 외국인력에 대해 규율하는 「외국인근로자의 고용 등에 관한 법률」(이하 외국인고용법)은 '내국인 구인노력'을 외국인근로자 고용허가를 받으려는 사용자의 필수요건으로 명시하고 있다(동법 제6조[68] 및 제8조). 이와 관련하여 외국인근로자를 자유롭게 고용하고자 하는 사용자의 직업수행의 자유를 제한하고 있다는 취지에서 동조의 위헌성이 문제된 사건에서 헌법재판소[69]는 이를 (사업주의) 직업선택의 자유가 아닌 직업수행의 자유 침해 문제로 보고 완화된 심사기준을 적용하여 합헌결정을 한 바 있다. 즉 헌법재판소는 내국인 우선고용의 원칙을 외국인고용법의 외국인력 도입정책의 기본원칙의 하나로서 국내 노동시장 보완의 원칙을 인정함으로써 합헌결정을 한 것이다.

(3) 전문외국인력 직종에서의 내국인 우선고용의 원칙의 유무

그런데 현재 전문외국인력에 대해서만은 내국인고용 우선의 원칙을 명시하고 있지 않다. 그러므로 채용의 자유가 적용된다고 볼 여지가 높다. 그러나 어떤 근거에서 단순기능인력과 달리 정하는지 단순기능인력과 전문외국인력의 명확하고 구체적인 구별기준, 그리고 그 법적 근거는 분명하지 않다. 다만 출입국관리법은 이와 관련하여 간접적인 규정을 두고 있는데 동법 제21조(근무처의 변경·추가)에 의하면 제1항에서 "① 대한민국에 체류하는 외국인이 그 체류자격의 범위에서 그의 근무처를 변경하거나 추가하려면 대통령령으로 정하는 바에 따라 미리 법무부장관의 허가를 받아야 한다. 다만, 전문적인 지식·기술 또는 기능을 가진 사람으로서 대통령령으로 정하는 사람[70]은 근무처를 변경하거나 추가한 날부터

---

[68] 외국인근로자의 고용 등에 관한 법률 제6조(내국인 구인 노력) ① 외국인 근로자를 고용하려는 자는 「직업안정법」 제2조의2제1호에 따른 직업안정기관(이하 "직업안정기관"이라 한다)에 우선 내국인 구인 신청을 하여야 한다. 제8조(외국인근로자 고용허가) ① 제6조제1항에 따라 내국인 구인 신청을 한 사용자는 같은 조 제2항에 따른 직업소개를 받고도 인력을 채용하지 못한 경우에는 고용노동부령으로 정하는 바에 따라 직업안정기관의 장에게 외국인근로자 고용허가를 신청하여야 한다.
[69] 헌재 2009.9.24. 2006헌마1264
[70] 교수(E-1), 회화지도(E-2), 연구(E-3), 기술지도(E-4), 전문직업(E-5), 예술흥행(E-6), 특정활동(E-7) 까지의 체류자격 중 어느 하나의 체류자격을 가

15일 이내에 대통령령으로 정하는 바에 따라 법무부장관에게 신고하여야 한다"고 규정하는 한편 동조 제3항에서 "③ 제1항 단서에 해당하는 사람에 대하여는 제18조 제2항을 적용하지 아니한다"고 정하고 있다. 이때 동법 제18조 제2항이란 "제1항에 따른 체류자격을 가진 외국인은 지정된 근무처가 아닌 곳에서 근무하여서는 아니 된다"는 내용이다. 이를 간략히 종합하면 전문적인 지식·기술 또는 기능을 가진 것으로 보는 교수(E-1), 회화지도(E-2), 연구(E-3), 기술지도(E-4), 전문직업(E-5), 예술흥행(E-6), 특정활동(E-7)까지의 체류자격을 가진 외국인은 별도의 제한이 없는 한 15일 이내에 신고만 한다면 근무처의 변경이나 추가에 원칙적으로 구애를 받지 않는다는 것이다. 이를 고용하는 사업주 입장에서 보면 내국인 구인노력을 별도로 행할 필요 없이 구인직종에 적합한 체류자격을 가진 외국인을 원할 때 고용할 수 있는 것이다. 요컨대 전문적인 지식·기술 또는 기능을 가진 외국인이 취업하는 직종에 대해서는 실질적으로는 내국인 우선고용 원칙이 적용되지 않는다고 볼 수 있다.

그런데 내국인고용 우선의 원칙의 헌법적 근거는 헌법 제32조 제1항의 근로의 권리와 관련하여 "국가는 사회적·경제적 방법으로 근로자의 고용의 증진과 적정임금의 보장에 노력하여야 하며"와 관련성이 높다. 그렇다면 이는 단순기능 외국인력에 대해서뿐만이 아니라 교수를 포함한 전문 외국인력에 대해서도 적용될 문제이다.

(4) 교수(E-1) 체류자격의 분화 현상과 내국인 우선고용 배제에 대한 재검토 필요성

대학구조개혁 평가가 상시화되고 대학의 구조조정이 임박한 상황에서 각 대학은 전임교원 확보율이나 외국인교원 확보율을 위해 비정년트랙의 외국인교원을 외국어중점교원 등으로 충원하는 사례가 늘고 있다. 예컨대 외국어중점교원과 같이 외국언어계열 외국인교원의 임용자격은 석사학위 소지 이상이거나 심지어 학사학위자인 경우도 없지 않다. 이에 비추어 보면 외국인교원 모두가 항상 글로벌 고급인력이라고 말하기는 어려운 것

진 외국인으로서 법무부장관이 고시하는 요건을 갖춘 사람을 말한다(출입국관리법 시행령 제26조의2 제1항)

도 사실이다.

　전문외국인력을 일부 견해에서는 현행 E-1에서 E-7까지의 체류자격을 가진 자를 글로벌 고급인력, 전문인력, 준전문인력으로 나누기도 하는데 이렇게 전문외국인력을 나누는 이유는 노동시장테스트, 즉 내국인고용 우선의 원칙이 적용 배제되는 전문외국인력 중에서도 그 일부에 대해서는 내국인의 고용기회 침해를 방지하기 위하여 일정한 수준으로 여전히 적용될 필요가 있고 이에 맞추어 비자제도도 개선되어야 한다는 주장의 근거로 삼기 위한 것임이다. 그런데 이런 견해에 의하더라도 글로벌 고급인력 중에는 교수(E-1) 비자를 첫 손으로 꼽고 있고 이들에 대해서는 노동시장테스트를 적용할 필요가 없다고 한다.

　한편 전문인력으로서의 성격이 아주 높아서 노동시장 경쟁이 일어나기 어려운 글로벌 고급교수 요원이나 전문인력으로서의 자격은 약하지만 내국인으로의 대체성이 없는 원어민 회화 교수를 제외한 그 중간지대의 교원임용은 박사학위자 적체가 일상화된 국내 대학교원 임용에서 외국인교원의 임용확대정책은 필연적으로 내국인고용우선의 원칙과의 충돌문제가 제기될 소지가 있다. 이는 실업자의 법적 지위를 둘러싼 논쟁(인사이더드와 아웃사이더 모델)으로까지 확대될 수 있다. 단순기능 외국인력에 대해서는 사업주의 직업수행의 자유나 계약 자유를 제한하면서 아웃사이더(내국인 구인자)를 보호하는 정책을 취하고 있는 반면에, 전문외국인력에 대해서는 아웃사이더에 대한 고려는 없고 사업주(대학교법인이나 대기업)의 사업수행의 자유나 계약의 자유를 중시하는 정책을 추진함으로써 단순기능 내국인 구인자와 전문기능 내국인 구인자와의 상이한 취급을 야기함에도 불구하고 어떤 구체적인 법적 정당화 근거를 제시하지 못하다(대학교원 외에 대표적인 예가 E-7비자(특정활동)의 발급대상임). 따라서 앞으로는 단순히 정책적 필요성 차원이 아니라 그 법적 근거와 체계성에 대한 해명 위에서 좀 더 구체적 연구와 논의가 이루어져야 할 것이다.

4) 외국인교원의 체류자격 변경

(1) 대학교원의 자격기준

　고등교육법은 교원이나 조교가 될 수 있는 사람의 자격기준을 요구하는데 동법 제16조에서 "교원이나 조교가 될 수 있는 사람의 자격기준과 자격인정에 관한 사항은 대통령령으로 정한다"고 규정하고 있다. 이처럼 고등교육법에 따른 자격요건이란 고등교육법 제16조 및 별도의 시행령인 「대학교원 자격기준 등에 관한 규정」 제2조 제1호에 따른 별표의 자격기준이나 제2호[71)]의 어느 하나에 해당하는 사람을 말한다. 이 별표의 자격기준은 아래의 〈표 2〉와 같다.

〈표 2〉 교원 및 조교의 자격기준[72)]

(단위 : 년)

직명 \ 연구·교육 경력연수 \ 학력	대학졸업자·동등자격자			전문대학졸업자·동등자격자		
	연구실적연수	교육경력연수	계	연구실적연수	교육경력연수	계
교수	4	6	10	5	8	13
부교수	3	4	7	4	6	10
조교수	2	2	4	3	4	7
강사	1	1	2	1	2	3
조교	근무하려는 학교와 동등 이상의 학교를 졸업한 학력이 있는 사람					

---

71) 대학교원 자격기준 등에 관한 규정 제2조 제2호 : 「교육공무원법」 제5조에 따른 대학인사위원회 또는 「사립학교법」 제53조의3에 따른 교원인사위원회(이하 "각 위원회"라 한다)의 인정을 받은 사람(교원의 경우에 한한다)을 말한다.
72) 동 별표에 병기된 설명에 의하면 연구실적연수와 교육경력연수 중 어느 하나가 기준에 미달하더라도 연구실적연수와 교육경력연수의 합계가 해당 기준을 충족하면 자격기준을 갖춘 것으로 보도록 규정하고 있다.

(2) 원어민 회화지도 교수의 임용과 체류자격 변경허가

외국인은 과거 고시에 따르면 유치원과 초·중·고등학교에서 기간제 원어민 교사 등으로 근무하여도 대학교원 임용을 위한 교육경력이나 연구경력으로 인정되지 않았지만 2015년 8월 20일의 새로운 「대학교원 자격기준 등에 관한 규정 제4조에 따른 연구기관 등의 지정에 관한 고시」 (교육부 고시 제2015-67호)에 의하면 그 기간은 여전히 교육경력으로는 인정되지 않더라도 연구경력으로는 인정해 주었다. 또한「대학교원 자격기준 등에 관한 규정」 제2조 제1호에 따른 별표의 자격기준에 의하면 부족한 교육경력은 연구경력으로 보완할 수 있기 때문에 중등학교 이하 교육기관에서 회화지도로 국내에서 취업했던 외국인도 이러한 연구경력을 인정받은 것만으로 국내 대학에서 외국인교원으로 임용될 가능성(주로 외국어전담)이 높아졌다.

구체적으로 살펴보면 대학교원이 되려면 주지하다시피「고등교육법」과 「대학교원 자격기준 등에 관한 규정」에 따라 일정한 기간으로 표시되는 연구실적과 교육실적이 있어야 하는 바, 이때 「대학교원 자격기준 등에 관한 규정」제3조 제1항 제1호는 교원이 대학에서 담당할 학과목과 관련하여 '대학 기타 연구기관'에서 연구한 실적을 교원의 연구실적으로 볼 수 있도록 하면서도 동 규정 제4조(연구실적의 환산율)에서 이를 "대학·전문대학 또는 이와 동등정도의 학교의 장이 인정하는 학술연구를 대학·전문대학 또는 이와 동등정도의 학교에서 행한 연구실적"만으로 좁게 보지 않고 "국가 또는 공공단체가 설치한 연구기관이나 교육부장관이 인정하는 연구기관 또는 시설에서 전임으로 연구에 종사한 실적"의 전부 외에 국가 도는 공공단체의 기관이나 교육부장관이 정하는 기준에 적합한 기관 또는 시설에서 연구를 주로 하거나 전문학식을 필요로 하는 직무에 종사한 실적"의 일부 또는 전부까지 인정받을 수 있게 정하고 있다 (「대학교원 자격기준 등에 관한 규정」 제4조 제1항). 이를 받아 위 교육부 고시 제3조 제11호가 추가된 것으로서 "외국인으로서 유치원 및 초중고등학교에서 교육을 목적으로 전일제(주당 15시간 이상 시간제 포함)로 근무한 경력이 대학에서 담당할 전공과 연계되는 경우"에는 그 근무기간의 30~70%까지 연구실적으로 환산받을 수 있게 되었다. 이는 중등학교 이하의 회화지도를 담당했던 원어민 교사들이 인정받은 연구경력을 통해

국내 고등교육기관에서도 원어민 회화 지도교수로 임용될 수 있도록 촉진하기 위한 배려라고 할 수 있다.

이렇게 대학에 임용된 외국인교원의 업무가 외국어전담인 경우에 그 체류자격 또한 여전히 종전과 같이 회화지도(E-2)라면 별다른 문제가 없겠지만 당사자가 교수(E-1)가 여러모로 유리하다고 생각하여 기존 체류자격을 교수(E-1)로 변경하고자 하는 경우에 대학은 이에 협력할 의무가 있는가가 문제가 된다. 특히 다수의 대학교 외국인교원 규정에 보면 보편적으로 외국어담당교원의 경우 석사학위자 이상을 요구하지만 경우에 따라서는 학사학위자도 가능한 것으로 되어 있다. 이러한 사정 때문에 이 문제에 대해 대학은 소극적일 수도 있다. 생각건대 출입국관리법상 교수(E-1) 체류자격에 해당하는 사람 또는 활동범위는 "고등교육법"에 따른 자격요건을 갖춘 외국인으로서 전문대학 이상의 교육기관이나 이에 준하는 기관에서 전문분야의 교육 또는 연구·지도 활동에 종사하려는 사람"으로 규정하고 있고 고등교육법에 따른 자격요건에 따라 최소한 충족해야 하는 학위는 단지 전문대학 졸업자나 이와 동등자격자 이상이면 되므로 학사학위자인 외국어전담 외국인교원이 동 체류자격의 조건을 미달하는 것이 아님은 분명하다. 따라서 임용계약상 체류자격 취득에 대한 협력의무를 부담하는 대학은 외국인교원의 희망에 따라 교수(E-1)로의 체류자격 변경허가절차(출입국관리법 제24조)에 협력할 의무가 있다 할 것이다. 그러나 현행법상 법무부장관의 체류자격 변경허가를 위한 신청에 필요한 서류는 고용계약서 등 소수에 불과하기 때문에 특별히 대학측이 어떤 서류작성의무를 부담하는 것도 아니다. 어쩌면 그 의무의 핵심은 외국인교원에 의한 체류자격 변경허가신청을 방해하지 않을 의무라고 보는 것이 정확할 것이다.

3. 외국인교원의 고용상 지위를 둘러싼 법적 문제

우리 대법원은 앞 장에서도 보았듯이 대학전임교원의 법률관계의 성격을 사법상의 고용관계로 보는 데에 크게 이견이 없는 것으로 보인다. 물론 전임 대학교원과 관련해서는 앞으로 자유노동과 이에 대한 노동법의 포섭과 보호수준의 결정이라는 과제에 대한 논의도 심화될 필요는 존재한다. 그럼에도 불구하고 교원의 근로자성을 당연시하는 일본의 최고재판소의 일관된 입장과 같이 한국에서도 대학 교원의 근로자성을 부인하기는 어렵다.73) 한국과 일본 대학제도와 그 법적 규율 현황은 다른 어느 나라보다도 유사하다는 점에서 더욱 그러하다.

1) 근로자성 논의의 실익

특별법이 일반법에 우선한다는 원칙은 동일한 형식의 성문법규인 법률이 상호 모순 저촉되는 경우에 적용되는 것이고 법률이 상호 모순되는지 여부는 각 법률의 입법목적, 규정사항 및 그 적용범위 등을 종합적으로 검토하여 판단하여야 한다는 것이 대법원의 태도이다.74) 사립학교법은 교원의 자격, 임면, 복무, 신분보장, 징계 등에 대해 특별히 규정하고 있어서 사립학교법 및 사립학교교직원연금법과 같은 규정들의 한도 내에서 근로기준법 등의 노동법령의 적용이 배제된다는 것이 법원과 행정해석의 입장이다. 특히 교원의 신분보장과 관련하여 보건대 외국인교원의 징계와 해임은, 「교원의 지위 향상 및 교육활동 보호를 위한 특별법」과 「교원소청에 관한 규정」에 따라 교원소청의 대상이 된다고 할 것이다. 따라서 이 부분에 대한 외국인교원의 근로자성을 인정하는 논의의 실익은 그다지 크지 않고 실제 실익은 내국인 교원과의 국적을 이유로 한 차별금지(근로기준법 제6조)의 적용을 받을 수 있는가 여부에 달려 있다.

이하에서는 대학교원을 특별법이 규율하지 않는 한도에서 근로기준법이 적용되어야 할 근로자로 볼 수밖에 없다는 전제 하에서 그에 따른 몇 가지 중요한 법적 쟁점, 즉 근로조건에서의 국적차별과 특수한 포괄임금제의 인정 여부를 검토해 보고자 한다.

---

73) 이에 대해서는 전윤구, "대학구조조정의 영향과 교원의 법적 지위", 「계약과 책임」(하경효 교수 정년기념논문집), 박영사, 2017.9. 참고
74) 대법원 1990.3.13. 선고 89다카24780 판결; 대법원 1997.7.22. 선고 96다38995 판결 등

2) 근로자인 외국인교원에 대한 급여에서의 국적차별 금지

급여문제와 관련하여 외국인교원에 대한 국적차별의 금지에 관한 근로기준법 제6조의 적용 여부가 문제된다. 주지하다시피 국제적으로 수준급인 외국인 교수를 초빙하기 위해서는 상당한 연봉을 주어야 하지만 국내 대학의 여건상 현실적으로 그 정도의 연봉을 지급할 수 있는 능력을 갖춘 대학을 찾기는 쉽지 않다. 이처럼 국내 외국인 교수들이 받는 급여 수준은 외국인 교수가 외국에서 근무하는 경우 받는 급여 수준을 훨씬 하회하다 보니 적지 않은 대학에서는 내국인 교수 보다 낮은 대우를 받아도 큰 불만이 없는 국가 출신 외국인 교수를 충원하고 있는 실정이다. 앞에서 언급하였듯이 절대 다수를 차지하는 미국출신 외국인교원을 제외하면 중국과 인도, 러시아 출신 교수들이 외국인교원의 상위비중을 차지하고 있다는 점이 이를 반증한다. 결국 외국어중점교원이나 기타 비정년트랙 외국인전임교원을 활용하여 상대적으로 낮은 급여로 외국인교원을 충원한 한국의 현실에서 대학법인은 국적에 따른 근로조건 차별제기에 직면할 가능성이 있다. 교육관련 법령에서는 국적차별을 금지하는 조항은 존재하지 않기 때문에 근로기준법 제6조의 적용을 제도적으로 배제할 수는 없는 실정이다. 물론 외국인교원이 기간을 정해 임용되는 것이 일반적이라는 점을 고려하면「기간제 및 단시간근로자 보호 등에 관한 법률」차별금지규정이 적용될 가능성도 있으나 그 비교대상자는 기간의 정함이 없는 교원(주로 내국인 교원)이 되어야 하지만 정교수를 제외하고 그러한 교원을 발견하기는 힘들고 정교수는 일반적으로 경력이 짧은 외국인전임교원과 비교하여 연구경력이나 교육경력, 그 밖의 책임 등에서 우위에 있어서 비교대상자라고 보기 어렵기 때문에 기간제 차별금지를 원용하기는 어렵다. 결국 외국인 교원의 급여차별 문제는 근로조건에서의 국적차별 문제로 판단할 수밖에 없을 것이다. 이같은 외국인 대학교원에 대한 균등처우의 보장은 현실적으로 내국인 박사 학위 소지자와의 노동시장 경쟁에도 영향을 미칠 수 있는 문제가 될 수 있다.

통상 연봉에서 낮은 대우를 받는 것이 국적을 이유로 한 차별적 취급인지 여부는 비교대상자의 존재 및 차별의 합리적 이유가 존재하는지에 따라 판단되어야 할 문제이다. 이때 비교대상자와의 직무수행에서의 차이가 중요할 것인 바, 이는 결국 교육, 연구, 학생지도에서의 책임과 권한에서의 차이가 유의미한 것인지에 따라 결정되어야 할 것이다.

가령 외국어중점교원을 예로 들면 이들의 채용자격은 석사학위 이상으로 충분하지만 만약 박사학위를 가진 외국인교원이라면 이들과 내국인교원 사이에 학력이나 경력의 차이는 크지 않을 개연성이 높다. 이들의 비교대상인 내국인교원은 외국어 관련학과나 대학 산하 국제어학원에서 근무하는 경우가 많을 것인 바, 이들과의 비교대상기준에서는 단순히 원어민 회화를 담당하느냐 아니면 문법, 그 밖의 어학시험대비 등을 담당하느냐 등의 요소는 비교대상자를 결정하는 기준이 아니라 차별의 합리적 이유에서 직무의 난이도, 노력, 책임 등의 관점에서 검토되어야 할 것이다. 학력의 차이(학사 혹은 석사 혹은 박사)는 담당과목과 직무의 성격에 따라 비교대상자 선정에서 고려할 수도 있고, 차별의 합리적 이유에서 고려할 수도 있으므로 이를 선험적이고 획일적으로 판단하기는 어려울 것이다.

반대로 일반적인 예는 아니겠지만 내국인 교원보다 높은 급여를 주면서 임용한 외국인교원에 대한 내국인 교원의 국적차별 금지 주장이 가능한지 검토할 필요도 있다. 유리한 근로조건의 부여는 일종의 우대조치로서 그 조치 자체가 동시에 내국인 교원에 대한 차별행위가 되는 특별한 사정이 없는 한, 이는 근로기준법 제6조상의 국적차별 금지에 저촉되지 않는다. 근로기준법 제6조의 취지는 소수자의 차별로 쉽게 연결될 수 있는 특정한 인격적 사유를 이유로 한 불이익취급을 차별로 제재하기 위한 것으로 보아야 하기 때문이다. 대부분의 사례는 아마도 기존 내국인교원의 근로조건이 당사자 사이에 명시적이든 묵시적 합의에 의해 일단 성립한 뒤에(혹은 그러한 보수규정이 성립 시행된 이후에) 외국인교원에 대한 우대조치가 이루어지는 경우일 것이고 단지 그 결과 급여에서의 격차가 사후에 내외국인 교원 사이에 발생하게 되었다고 하더라도 이는 근로기준법 제6조가 금지하려는 불리한 취급으로서의 차별은 아니라고 보아야 할 것이기 때문이다. 설령 근로기준법이 강행법규라는 점을 고려할 때 결과적 격차 또한 동조의 금지대상이 된다고 보더라도 이 사례에서는 대부분 그러한 우대의 합리적 이유를 발견하기는 어렵지 않을 것이기 때문에 종국적으로 위반 문제는 발생하지 않을 것이다.

3) 포괄임금제의 인정 여부

외국인교원에게만 특수한 법적 문제는 아니지만 별도로 검토할 필요성이 있는 것이 대학교원의 포괄임금제 적용 문제일 것이다. 대학교원의 노동법적 지위가 근로자라면 과연 근로시간의 규제와 그에 따른 시간외근로 그리고 그 보상 문제에 대한 법적 처리가 해명이 되어야 할 것이기 때문이다.

보통의 대학교원은 주당 책임강의시수 6시간 내지 9시간의 부담을 갖는데 외국인교원, 특히 외국어담당 전임교원은 주당 12시간 내지 15시간의 강의를 맡는 경우도 많다. 책임강의시수는 근로기준법상 규정된 법정근로시간의 범위 내에서 당사자간에 근로하기로 합의한 소정근로시간이 아니다. 엄밀히 말해서 이는 대학교원의 최소한의 직무책임에 대한 합의에 불과할 뿐 실근로시간은 이보다 많다고 보아야 하기 때문이다. 이는 주당 15시간 근로시간 초과 여부가 쟁점이 되었던 대학 시간강사의 퇴직금청구 소송 등에서 시간강사의 근로시간에는 강의 자체에 소요되는 시간 외에도 강의준비를 위해 필요한 시간이 당연히 수반된다는 취지로 법원이 밝힌 입장에서도 확인할 수 있다.[75] 이 외에도 전임교원은 대학이 요구하는 연구실적과 학생상담 실적 등을 내기 위해서 별도의 시간을 투입할 것이 예정되어 있다. 여기에서 근로자인 대학교원의 법정기준근로시간과 연장근로에 대한 법적 취급 문제가 제기된다.

생각건대 대학교원의 직종은 근로시간의 산정이 어려운 대표적인 직종 중의 하나라고 볼 수 있다. 그러므로 대학교원은 임용계약 체결 당시 혹은 그 이후에 당사자 사이에 특수한 포괄임금제에 대해 묵시적 사전합의가 이루어진 것으로 보아야 한다. 그 이유를 국공립대와 사립대를 나누어 순서대로 설명하면 다음과 같다. 국립대학의 교원인 교육공무원에게 적용되는 법률은 「교육공무원법」, 「국가공무원법」·「지방공무원법」, 대통령령인 「공무원 보수규정」과 「공무원 수당 등에 관한 규정」 등이 있는데 이에 의하면 국립대학 교원에 대해서는 일반직 공무원에 대해 적용되는, 일

---

[75] 서울중앙지법 2016.11.24. 선고 2015가단5259109 판결 및 이 사건의 항소심인 서울중앙지법 2017.10.24. 선고 2016나84995 판결; 서울중앙지법 2016.6.7. 선고 2015가합522427 판결

정하게 산정되는 초과시간수의 계산에 기초한 초과근무수당은 적용되지 않는다. 다만 책임시수를 초과하는 강의에 대해 초과강의수당이 지급될 뿐이다. 이러한 법령과 그에 따른 관련 대학의 규정은 근로시간수의 산정 자체를 배제하거나 무의미하게 만드는 규정으로서 이러한 법령들은 교원에 대한 징계규정과 마찬가지로 근로기준법에 우선하는 특별법으로서의 성격을 갖는다. 따라서 보수의 문제뿐만 아니라 관련되는 근로시간 및 휴식에 대한 규정까지 포함하여 국립대학 교원에게는 근로기준법의 적용을 배제한 것으로 해석해야 한다. 이는 관련 법령이 대학교원에 대하여 사실상 '특수한 유형'의[76] 포괄임금제를 인정하고 있다고 평가할 수 있다.

다음으로 국립대학법인을 포함하여 사립대학의 교원에게도 이는 동일하게 판단할 수 있을 것이다. 왜냐하면 이들이 비록 근로자이긴 하지만 사립학교법은 제55조(복무) 제1항에서 "사립학교의 교원의 복무에 관하여는 국립학교·공립학교의 교원에 관한 규정을 준용한다."고 명시하고 있기 때문이다. 이때 복무의 의미는 직무의 수행, 즉 근로의 제공을 포함한다고 해석할 수 있으므로 근로시간에 대한 규제를 포함한 복무와 그 임금의 계산은 국립대학 교원에 준하는 것으로 보아 그 한도 내에서 일반법인 근로기준법은 적용을 배제할 수 있다고 해석된다. 따라서 특수한 포괄임금제는 국공립, 사립대학을 가리지 않고 대학의 전임교원 전체에게 모두 적용될 수 있다고 해석된다. 설령 당사자 사이에 명시적인 합의가 없다고 하더라도 학교법인의 정관이나 인사보수규정 내지 외국인교원규정 등을 통해 이러한 임금계산 및 지급 관행은 대학교원인 당사자들 사이에서 규범적으로 승인된 것으로 볼 수 있다. 따라서 이와 같이 근로시간과 연동된 특수한 포괄임금제를 시행한다는 것은 현행법상 아무런 충돌을 가져오지 않는다. 실제로 대다수 대학의 외국인전임교원에 관한 규정은 동 규정에 명시되지 아니한 사항은 전임교원에게 적용되는 제반 법규 또는 정관 또는 교원인사규정 등 관련 규정을 준용한다는 표현의 준용규정을 두고 있다. 따라서 사립대학의 경우에도 외국인교원과 학교법인 당사자 사이에는 임용 내지 고용계약시 그에 관한 포괄적 사전합의가 있었다

---

[76] 소정근로시간수와 시간외근로시간수를 구체적으로 따지지 않는다는 점에서는 포괄임금제와 동일하나 초과강의에 대해서는 별도의 초과강의수당을 지급한다는 점에서는 전형적인 포괄임금제와는 성격을 달리한다.

고 해석할 수 있거나 이러한 임금계산 및 지급 관행에 대한 규범적 승인이 이루어졌다고 해석할 수 있다.

4. 외국인교원의 고용종료를 둘러싼 법적 문제

1) 한국국적 취득과 당연퇴직

일부 대학의 외국인교원 인사규정 중에는 외국인교수가 한국국적을 취득할 경우 이를 당연퇴직사유로 규정하고 있는 경우가 있다.[77] 더 이상 외국인교수가 아닌 것은 더 이상 외국인교원의 인사규정의 적용을 받지 않게 된다는 것을 넘어 해당 교원의 고용관계의 당연종료사유가 된다는 것은 쉽게 납득하기 어렵다. 이런 조항의 목적은 아마도 대학의 외국인교원의 확보율 등 대외적 지표 유지를 위한 것으로 추정되지만 그러한 사정만으로 당연퇴직을 정당화할 수는 없을 것이다. 그런데 이러한 당연퇴직사유를 외국인교원과의 고용계약서의 특약으로 합의하였다면 어떻게 판단할 것인가? 이 경우 교원의 신분보장에 대한 별도의 교육법령(사립학교법, 교육공무원법, 교원지위향상법 등)이 있으므로 근로기준법의 제23조 해고제한규정은 적용되지 않는다고 보아야 하므로 특별법인 관련 교육법령의 규정에 비추어 판단해야 할 것이다.

사립학교 교원의 신분보장에 관하여 규율하고 있는 사립학교법 제57조(당연퇴직의 사유) 본문은 "사립학교의 교원이 교육공무원법 제10조의 4 각 호의 어느 하나에 해당하게 되면 당연히 퇴직한다"고 규정하고 있는 바, 이때 교육공무원 임용의 결격사유를 정한 교육공무원법 제10조의4(결격사유)에 따르면 ① 「국가공무원법」 제33조 각 호의 어느 하나에 해당하는 사람, ② 미성년자에 대하여 「성폭력범죄의 처벌 등에 관한 특례법」 제2조에 따른 성폭력범죄 행위 또는 「아동·청소년의 성보호에 관한 법률」에 따른 아동·청소년대상 성범죄 행위로 파면·해임되거나 형 또는

---

[77] 건양대학교 외국인교원 인사규정 제9조의 2(당연퇴직) 외국인교수가 한국국적을 취득할 경우, 그 사실이 확정된 날이 속하는 학기의 말일에 당연퇴직한다.

치료감호를 선고받아 그 형 또는 치료감호가 확정된 사람(집행유예를 선고받은 후 그 집행유예기간이 경과한 사람을 포함한다), ③ 성인에 대한 「성폭력범죄의 처벌 등에 관한 특례법」 제2조에 따른 성폭력범죄 행위로 파면·해임되거나 100만원 이상의 벌금형이나 그 이상의 형 또는 치료감호를 선고받아 그 형 또는 치료감호가 확정된 사람(집행유예를 선고받은 후 그 집행유예기간이 경과한 사람을 포함한다), ④ 마약·대마 또는 향정신성의약품 중독자 등이 이에 해당한다. 요컨대 국가공무원법상의 결격사유에 더해서 교육공무원법상 독자적인 결격사유(기간의 경과를 묻지 않는 성범죄 행위 전과)에 해당하는 자는 국공립대학의 교육공무원 혹은 사립대학의 교원 임용되지 못하므로 현행법상 당연퇴직사유가 된다고 명시하고 있다. 또한 사립학교법 제56조(의사에 반한 휴직·면직 등의 금지) 제1항은 "사립학교 교원은 형의 선고, 징계처분 또는 이 법에서 정하는 사유에 의하지 아니하고는 본인의 의사에 반하여 휴직이나 면직 등 불리한 처분을 받지 아니한다. 다만, 학급이나 학과의 개편 또는 폐지로 인하여 직책이 없어지거나 정원이 초과된 경우에는 그러하지 아니하다."고 규정하고 있다. 그렇다면 고용관계의 당연종료사유인 정년, 사망, 기간제교원78)에 관한 특별규정에서의 기간의 만료79), 앞에서 든 교육공무원법과 사립학교법상의 임용의 결격사유 내지 당연퇴직사유에 해당하지 않는 다른 사유로 당연퇴직시킬 수 없다. 그러한 내용을 담은 당사자간 합의 또한 효력이 없다고 보아야 할 것이다. 그러므로 법상 당연퇴직사유에 열거된 사유가 아닌 한국국적 취득은 당연퇴직사유가 될 수 없다고 보아야 한다. 그럼에도 불구하고 이를 이유로 당연퇴직시키는 것은 사립학교법과 교육공무원법의 위반이 됨과 동시에 근로기준법의 국적차별금지에도 저촉된다.

---

78) 교육공무원법이나 사립학교법에서 말하는 '기간제교원'이라는 명칭은 가령 어떤 교원의 휴직으로 후임자의 보충이 불가피한 때 기간을 정하여 임용하는 교원으로서 임시직으로서의 성격이 강한 교원을 말할 뿐이며 임기를 정해서 임용되는 전임 대학교원을 지칭하는 것이 아니다. 교육공무원법 제32조(기간제교원) 및 사립학교법 제54조의 4(기간제교원) 참고.
79) 교육공무원법 제32조 제3항과 사립학교법 제54조의 4 제2항은 모두 공통적으로 "기간제교원에 대해서는 … 임용기간이 만료되면 당연히 퇴직한다"고 규정하고 있다. 다만 재임용 거부처분은 소청심사의 대상이 된다(교원소청에 관한 규정 제2조 제1항).

다만 계약서상에 이러한 내용의 합의가 명시되어 있다면 그것이 당연퇴직사유로 인정할 수는 없겠지만 예외적으로 계약기간 만료 후 재임용거절의 사유가 될 수는 있을 것이다. 왜냐하면 외국인교원의 확보율이라는 지표관리의 필요성이 학교법인에게 없다 할 수는 없으며, 이것이 사전에 당사자간 양해되어 재임용갱신의 기본적인 조건에 합의한 것으로 볼 여지도 있기 때문이다. 이러한 경우라면 국적차별금지 위반은 문제되지 않는다. 해당 교원에게는 재임용거부가 불리한 처우임에는 분명하지만 지표관리의 필요성이 있다면 합리적 이유가 있다고 볼 여지도 있기 때문이다. 물론 그러한 시급성과 필요성이 처음부터 없었거나 기간만료 당시에 사라졌다면 다른 재임용조건을 충족한 외국인교원을 오직 한국국적 취득만을 이유로 재임용탈락시키는 것은 여전히 국적차별에 해당될 가능성이 높다고 할 것이다. 그러한 사전 합의해지사유 설정에 관한 업무상 필요성과 외국인교원의 동의의사의 진정성에 대한 증명책임은 원칙적으로 학교측이 부담해야 할 것이다.

2) 기간만료와 당연퇴직

외국인교원은 2년 내지 짧으면 1년의 임용기간을 정하여 임용되는 것이 일반적인데 대다수의 대학교 외국인교원 관련규정에는 기간만료 시 재임용절차를 밟아서 평가를 거쳐 재임용 여부를 결정하도록 하고 있으며 다만 이런 절차를 거친 결과 재계약임용하지 않았을 경우에는 임용기간 만료로 당연퇴직한다는 취지의 규정을 두고 있다. 이때의 당연퇴직은 재임용이 되지 않았을 때를 조건으로 하는 것이고 이 경우에는 단지 해고의 의사표시를 별도로 하지 않는다는 뜻으로 이해되므로 동 규정 자체가 문제될 것은 없다. 그러나 동 규정만으로 계약기간의 만료의 당연퇴직이 언제나 정당화되는 것은 아니다. 교원지위향상법 제7조(교원소청심사위원회 설치)와 제9조(소청심사의 청구 등) 및 대통령령인 「교원소청에 관한 규정」 제2조(소청심사청구)는 각급학교 교원의 징계처분과 그 밖에 의사에 반하는 불리한 처분에 대한 소청심사를 할 수 있도록 규정하고 있는데 이때 재임용 거부처분도 교원의 의사에 반하는 불리한 처분으로 보아 소청심사의 대상이 됨을 명시하고 있다. 따라서 기간을 정하여 임용되는 교원(대학교원을 포함하여 각급 학교의 교원이 모두 해당된다)은 재임용에 대한 기대권을 당연히 가진다는 점을 전제한다는 점에서 일반적인 계약직 근로자에 비해 훨씬 강한 존속보호를 받고 있다고 말할 수 있다. 대학교원이 전임교원이라면 이들에 대해서 단순히 기간만료가 당연퇴직 사유라고 말하는 것은 불명료하고 오히려 정당한 재임용거부에 따른 기간만료만이 당연퇴직 사유에 해당한다고 보아야 할 것이다.[80] 외국인교원도 전임교원이라면 재임용 거부 시에 소청심사를 청구할 수 있다고 말할 수 있다.

다만 문제는 외국인교원이 재임용거부에 대해 그 취소를 구하는 소청심사나 행정소송을 청구했다고 하더라도 그 사정만으로 교원임용기간에 맞추어진 교수(E-1) 등의 체류자격 기간이 만료되는 것을 막을 수는 없고 재임용거부의 당부에 대한 판단이 그 만료 전에 이루어질 가능성도 낮은 것이 예상되는데, 이때 그 체류자격을 상실했다는 것을 이유로 청구가 부적법하다 하여 각하할 것인가가 하는 문제이다. 생각건대 이러한 부적법 각하를 인정한다면 외국인교원의 재임용거부는 법적인 구제를 받을 가능성이 없어져서 언제나 대학의 자의에 따라 좌우된다는 점, 그러한 결과는 교원지위향상특별법의 입법취지에 반한다는 점, 외국인교원과 내국인교원은 모두 교원지위향상특별법이 보호하는 동등한 교원이라는 점, 비록 체류자격을 일시적으로 잃었다고 하더라도 학교법인이나 대학이 재임용거부를 취소하고 재임용을 한다면 새로운 체류자격을 얻는 것이 어렵지 않다는 점, 설령 상당한 시간이 경과됨으로써 외국인교원이 복직의사가 사라졌을 가능성이 높아진다 하더라도 당해 외국인교원은 그 소청의 결정이나 소송의 결과에 터잡아 대학측으로부터 금전적 손해배상을 받아 일자리상실의 손해를 보전받을 기회를 갖도록 하는 것이 타당하다는 점 등을 고려하면 체류자격 만료만으로 당해 결정을 부적법 각하할 수는 없다고 본다.

---

[80] 다만 전임교원이 아닌 시간강사 등 비전임교원의 재임용거부는 현행법상 교원소청심사청구권의 대상이 아니라 노동위원회 부당해고구제신청의 대상이 된다는 점에 유의할 필요가 있다.

5. 소결

 학령인구가 감소하는 대학구조조정기와 함께 4차 산업혁명으로 대변되는 산업 대전환 시대를 앞두고 고등교육의 질적 개혁의 목소리가 높아지고 있다. 이와 관련하여 고등교육의 발전을 위해서는 우수한 해외연구인력을 국내대학에 교수로 채용하는 노력을 경주해야 한다는 견해가 많다. 그러나 외국우수인력을 대학교원으로 유치하기 위해서는 국가차원의 많은 정책적 지원이 필요하다는 것은 긴 설명을 요하지 않는다. 이 장에서는 이러한 배경 아래에서 외국인 대학교원을 둘러싼 법적 문제들을 그 채용, 고용 중 그리고 종료의 단계별로 몇 가지 쟁점들에 집중하여 살펴보았다. 이를 종합적으로 요약하면 다음과 같다.
 우선 교육공무원법 제10조의 2(외국인교원)는 명시적으로 외국인을 대학의 교원으로 임용할 수 있도록 하고 있어서 국공립대학이든 사립대학이든 외국인교원의 임용에는 법적 장애는 없다. 또한 외국적자가 국내대학에서 취업하기 위해서는 출입국관리법상 체류 및 취업자격의 취득이 필요한 바, 이때 그 임용주체인 대학은 그 체류자격 취득에 협력할 의무가 있다는 것은 긴 설명을 요하지 않는다. 다만 출입국관리법은 체류 및 취업자격 없는 자를 고용하지 못하도록 하고 있는데 이때 대학의 협력의무 경우를 나누어 판단해야 할 것이다. 즉 체류 및 취업자격 미취득의 원인이 외국인의 영향범위에서 발생했다면 대학은 임용계약을 유효하게 취소하거나 재임용을 정당하게 거부할 수 있다. 그렇지 않고 체류 및 취업자격 취득에 협력할 의무가 있는 대학 측의 사정으로 그러한 사태가 발생했다면 그 자격 없음만을 이유로 외국인교원을 퇴직시킬 수는 없다고 본다. 가령 정당한 이유 없는 재임용 거부를 다투는 것은 외국인교원에게 법이 보장한 교원으로서의 권리이기 때문에 교원소청심사청구나 행정소송에서 판정기관은 본안판단 없이 기간만료에 따른 체류자격 없음을 이유로 청구를 부적법 각하해서는 아니 될 것이다. 외국인교원은 재임용 거부처분의 취소에 따라 적법한 체류자격을 재취득해 계속 고용될 수 있다는 정당한 법률상의 이익을 가지고 있기 때문이다. 설령 출입국관리법상의 고유한 입법목적에 비추어 임용계약의 효력 여부와 상관없이 취업 및 체류자격 획득이 객관적으로 불가능하게 된 특별한 사정이 발생했다고 하더라도 본문에서 소개한 아주대사건 판결에서 보았듯이 일자리상실에 따른 손해배상책임 문제는 여전히 남아 있다고 할 것이다.

한편 대학교원의 근로자로서의 지위는 부인하기 어렵다. 다만 이 경우에도 교육공무원법이나 사립학교법 등 교육관련 법령에는 교원의 복무나 신분보장과 관련한 다양한 규정을 두고 있는 바, 동 법령들은 특별법으로서 근로기준법에 대하여 우선 적용된다. 그러나 특별법 우선의 원칙이 적용된다고 해도 교육관련 법령에 상충하는 규정이 없거나 아무런 규정을 두고 있지 않은 경우에는 근로기준법의 관련 규정은 여전히 적용될 수 있다. 이 경우 외국인교원의 근로자성 논의의 인정실익은 무엇보다 근로기준법 제6조의 국적차별금지의 적용 문제일 것이다. 국적차별금지 조항은 일부 대학에서 외국인교원을 합리적인 이유 없이 낮은 급여로 임용하고 있는 실태를 시정하는 판단준거가 될 수 있을 것이다. 한편 대학교원의 경우 책임강의시수는 소정근로시간이 아니며 실근로시간의 산정이 곤란한 직종이라고 할 것이다. 교육관련법령까지 종합하여 보면 외국인교원을 포함한 일반 대학교원, 특히 사립대학교 교원의 임금체계는 비록 그것이 전통적인 포괄임금제라고 말하기는 어렵더라도 특수한 유형의 포괄임금제에 가깝다고 말할 수 있다. 이러한 법적 성격의 규명이 가지는 의의는 근로자인 대학교원에게도 근로기준법이 적용된다고 할 때 발생할 수 있는 법정근로시간 및 연장근로에 대한 규제와 그에 따른 보상문제를 둘러싼 법적 분쟁을 사전에 예방하는 데에 기여할 수 있다는 점일 것이다.

다음으로 교육관련 법령은 근로기준법의 해고제한과 구제절차와는 다른 수준과 방식으로 대학교원의 징계 등 불이익처분으로부터의 신분보장에 관한 비교적 두터운 보호장치를 두고 있다. 그 대표적인 내용이 재임용거부처분에 대하여 교원은 당연히 소청심사청구권을 가진다는 것이다. 이는 전임교원은 재임용에 대한 기대권을 당연히 가진다는 것을 전제한 것이기 때문에 여전히 계약갱신 기대권의 존부를 둘러싸고 사례마다 각기 다른 판결이 나오는 일반 기간제 근로자의 경우보다는 강한 보호가 주어지고 있다는 것이다. 이는 헌법 제31조가 규정한 교육의 자주성, 전문성, 정치적 중립성 보장과 교원지위 법정주의의 요청과 밀접한 관련이 있다. 그러므로 당연퇴직사유로서 기간의 만료를 규정한 각 대학의 외국인교원의 관련 규정은 적법한 재임용심사절차를 거쳐 외국인교원의 재임용이 거부될 때에 그러하다라는 조건이 당연히 포함된 것으로 해석해야 할 것이고 결코 교원소청심사 등 법적 구제수단의 강구를 사전에 포기하기로 합의한 것으로 해석해서는 아니 될 것이다.

   마지막으로 한국의 고등교육기관은 현재 대학구조조정기를 맞아 어려운 시기를 보내고 있으며 일부 대학들은 폐교되거나 폐교위기에 몰림으로써 많은 교수와 직원들이 일자리 상실의 위기감을 느끼고 있다. 이러한 국내대학의 현실에서 고등교육의 발전이라는 명분을 내세워 정부지원을 대가로 외국인교원 채용에 적극적으로 나서도록 대학을 독려하는 것은 또 다른 분란을 야기할지 모른다. 대학정책에서 무엇보다도 중요한 것은 대학의 자치가 존중되어야 한다는 점일 것이다. 오로지 외부평가에 대한 대비나 대학국제화 홍보의 방편으로 일시적으로 외국인교원 확보율의 수치만을 경쟁적으로 높이도록 몰아가는 현재의 분위기는 문제가 있다. 대학이 스스로 자체 필요성을 판단하여 장기적인 관점에서 능력 있는 외국인교원을 임용할 수 있도록 유도하고 교육당국은 이것이 제도적으로 안정화될 수 있도록 경제적 및 법적 측면에서 측면지원을 해 주는 것이 필요하다.

에듀컨텐츠·휴피아
CH Educontents·Huepia

제4장. 대학교수노조의 설립과 단체교섭

1. 교원노조법과 관련 법률과의 관계

1) 노동조합및노동관계조정법과의 관계

  헌법 제33조 제2항에 따라 노조법 제5조에서는 근로자의 자주적인 노동조합 결성권을 선언하면서, 그 단서에서 "다만, 공무원과 교원에 대하여는 따로 법률로 정한다."라고 규정하고 있고, 교원노조법 제1조에서는 "「노동조합 및 노동관계조정법」 제5조 제1항 단서에 따라 교원의 노동조합 및 설립에 관한 사항을 정하고, 교원에 적용할 「노동조합 및 노동관계조정법」에 대한 특례를 규정함을 목적으로 한다"고 규정하고 있다. 즉, 교원노조법은 노조법에 대한 관계에서 특별법의 지위에 있다. 교원노조법에서 규정하고 있는 교원노조의 설립, 단체교섭, 노동쟁의에 관한 사항 등의 특례 외의 사항에 대하여는 일반법인 노조법이 적용된다(교원노조법 제14조 제1항).

2) 국가공무원법 및 사립학교법과의 관계

  국립학교 교원은 국가공무원법(이하 국공법) 제2조 제2항 제2호에 따라 경력직 공무원 중 특정직 공무원의 하나로 분류되는 교육공무원에 해당하므로, 국공법의 적용대상이 된다. 공립대학의 교원도 지방공무원법의 관계에서 마찬가지이다. 사립학교 교원 또한 사립학교법 제55조에서 사립학교의 교원의 복무에 관하여는 국립학교·공립학교의 교원에 관한 규정을 준용한다고 규정함으로써 복무와 관련하여서는 국공법이 준용된다. 교원의 노동기본권 보장과 관련하여서는 "공무원은 노동운동이나 그 밖에 공무 외의 일을 위한 집단 행위를 하여서는 아니 된다"고 규정하고 있는 국공법 제66조가 교원에게 적용되는지가 그 단결활동 보장과 관련하여 중요하다. 이에 관하여는 교원노조법 제1조에서 "국가공무원법 제66조 제1항 및 사립학교법 제55조의 규정에 불구하고" 교원에 적용할 노조법에 대한 특례를 규정함을 목적으로 한다고 선언하고 있어 교원노조법이 적용되는 사안, 즉 교원노조의 정당한 활동에 대하여는 국가공무원법이 적용되거나 준용될 여지는 없다.

3) 공무원노조법과의 관계

국립학교·공립학교의 교원은 공무원인 동시에 교원이다. 따라서 교원노조법 외에 공무원노조법의 적용대상인지가 문제될 수 있지만 공무원노조법 제2조는 교원인 공무원을 적용대상에서 제외함으로써 교원인 공무원에 대하여는 교원노조법이 적용됨을 명백히 하였다. 특정직 공무원으로서 교육공무원 중에서 교원이 아닌 공무원, 예컨대 국립대학·공립대학의 조교[81]와 교육기관, 교육행정기관 또는 교육연구기관에 근무하는 교육전문직원[82]과 같은 교육공무원은 공무원노조법의 적용대상이다. 종전에는 이들이 자격이 있음에도 불구하고 최근까지 공무원노조 설립이나 가입에 제한을 받았는데, 2021. 1. 5. 공무원노조법의 개정으로 현재는 공무원노조의 가입범위에 포함되었다.

공무원노조법과 교원노조법의 규정을 쟁점별로 표로 정리하면 다음과 같다.

---

[81] 「교육공무원법」 제2조 제1항 제1호에 따른 교육공무원인 국립대학·공립대학 조교가 이에 해당한다. 이들은 고등교육법 제15조 제4항에 따라 교육·연구·학사 관련 사무보조에 종사하는 사람들이다. 다만 교육공무원이 아닌 대학회계직원인 조교는 여기에 포함되지 않으며 노조법의 적용을 받는다.

[82] 「교육공무원법」 제2조에 따라 교육행정기관에 근무하는 장학관 및 장학사와 교육기관, 교육행정기관 또는 교육연구기관에 근무하는 교육연구관 및 교육연구사가 이에 해당한다.

범주	법률(일부 발췌)	
	공무원노조법	교원노조법
노동조합	제4조(정치활동의 금지) 노동조합과 그 조합원의 정치활동 금지	제3조(정치활동의 금지) 교원의 노동조합은 어떠한 정치활동도 금지
	제5조(노동조합의 설립) ① 행정부, 자치구 및 자치구의 교육청을 최소단위로 설립	제4조(노동조합의 설립) ② 교원은 개별학교단위, 시도단위, 전국단위로 설립가능
	제6조(가입범위) ① 교원 제외한 교육공무원 가입/ 공무원이었던 자	제4조의2(가입범위) 고등교육법상 교원(강사제외)/ 교원이었던 자
	제7조(노조전임자 지위) ① 임용권자의 동의, 휴직명령 ② 전임자 보수지급금지	제5조(노조 전임자 지위) ① 임용권자의 허가, ② 휴직명령 간주, ③ 전임자 보수지급 금지
사용자측 교섭 담당자	제8조(교섭 및 체결권한) ① 정부교섭대표 : 인사혁신처장(행정부), 국회사무총장, 법원행정처장, 헌법재판소사무처장, 중앙선관위 사무총장 및 지자체장, 자치 지자체의의 교육감 ③ 정부교섭대표는 다른 정부교섭대표와 공동교섭 또는 교섭 및 체결권한 위임 가능 ④ 정부교섭대표는 관계기관의 장이 교섭참여하게 할 수 있고, 다른 기관의 장이 관	제6조(교섭 및 체결권한) ① 2호 : 교육부장관, 지자체 시도지사, 국공립학교의 장, 사립학교 설립경영자

	리, 결정권한이 있는 사항에 대한 교섭 및 체결권한 위임 가능 ⑤ 소속 공무원이 교섭 및 협약 체결 가능	
창구 단일 화	제9조(교섭의 절차) ④ 교섭 요구 노동조합이 둘 이상인 경우에는 교섭창구를 단일화하도록 요청 가능	제6조(교섭 및 체결권한) ⑥ 교섭 요구 노동조합이 둘 이상인 경우에는 교섭창구를 단일화하도록 요청 가능
단체 교섭 대상	제8조(교섭 및 체결권한 등) ① <u>노동조합에 관한 사항, 조합원의 보수, 복지 그 밖의 근무조건</u> (단서) 법령, 국가나 지자체 권한의 정책결정, 임용권 등 그 기관의 관리·운영에 관한 사항으로 근무조건과 직접 관련되지 아니하는 사항은 <u>교섭의 대상이 될 수 없음</u>	제6조(교섭 및 체결권한 등) ① <u>노동조합 또는 조합원의 임금, 근무조건, 후생복지 등 경제적·사회적 지위 향상</u> ※<u>교섭대상이 아니라는 규정은 없음. 다만 제7조에서 협약으로서의 효력 부인</u>
단체 행동	제11조(쟁의행위 금지) 파업, 태업 또는 그 밖에 업무의 정상적인 운영을 방해하는 행위 금지	제8조(쟁의행위의 금지) 파업, 태업 또는 그 밖에 업무의 정상적인 운영을 방해하는 행위 금지
단체 협약	제10조(단체협약의 효력) ① <u>법령, 조례, 예산 내용과 그 위임받은 내용은 단체협약의 효력 부인</u> ② 정부교섭대표는 제1항에 따라 단체협약으로서 효력을	제7조(단체협약의 효력) ① <u>법령, 조례, 예산에 의해 규정되는 내용과 그 위임받은 내용은 단체협약의 효력 부인</u> ② 상대방(교육부장관, 시·도지사, 시·도교육감, 국·공립

가지지 아니하는 내용이라도 그 내용이 이행될 수 있도록 성실하게 노력해야 함	학교의 장 및 사립학교 설립·경영자)는 단체협약으로서 효력을 가지지 아니하는 내용에 대하여는 그 내용이 이행될 수 있도록 성실하게 노력하여야 함

4) 교원지위법과의 관계

교원노조법이 제정된 이상 교원지위법상 교섭·협의 관련규정은 존립이유를 상실한다는 견해가 있으나,[83] 한국교총이 현재에도 교원지위법에 의한 교섭을 계속하고 있고 다만 그러한 교섭·협의는 노동법상 의미의 교섭으로 볼 수는 없으므로 현재 상황에서 양법의 관계는 병렬적으로 존재하는 것으로 파악하는 것이 옳다.[84]

한편 구 교원노조법 제13조는 교원이 부당노동행위 구제신청을 한 경우에는 소청심사를 청구할 수 없도록 규정하고 있었으나 교원의 권리구제 강화를 위해 2022. 6. 10. 개정을 통해 이 조항을 삭제하였다(시행일은 2023. 12. 11). 따라서 교원노조의 조합원이 조합활동을 이유로 해고 등 불이익처분을 받은 경우에는 노조법 제81조에 따라 노동위원회에 부당노동행위 구제신청을 할 수도 있고 교원지위법 제9조에 의한 교원소청심사위원회에도 소청심사를 청구할 수 있다.

5) 대학교원 노동관계의 특수성

교원노조 중에서도 대학교원 노조는 초·중등 이하 교원노조와 구별되는 또 다른 특수성을 가진다는 점에 유의할 필요가 있다. 우선 대학교원의 고용관계는 수직적 관료체제와 다르게 대학교원 상호간의 관계는 원

---

83) 허종렬, "교원노조법 더 보완해야", 「국회보」 통권 387호, 국회사무처, 1999, 73면.
84) 이준호, "교원노조법의 입법체계 분석", 법정논총 35권(통권 49집), 중앙대학교, 1999, 113면.

칙적으로 수평적, 유동적 관계라는 점을 고려해야 한다. 수평적 관계란 대학교원 상호간 그리고 교원과 직원 사이에서도 대학교원의 권한이 법적으로 대등하다는 것이며, 유동적인 관계란 교원의 기본 의무인 교육과 연구 외에 대학본부의 보직이나 위원회 등 대학행정에 참가하는 것은 일정한 기간을 전제로 한 것으로서 재임 당시에만 그에 해당하는 권한이 별도로 부여될 뿐, 그 임기가 끝나면 평교원의 지위로 돌아온다는 것이다. 이러한 점은 가령 교장·교감이라는 직위가 일반적으로 관리직 승진의 결과로 볼 수 있는 초·중등학교 교원과도 다른 특성이다. 이 문제가 가진 의의는 대학교원 노조의 조합원 가입대상에서 근로자에 관한 사항에 관하여 사용자를 위하여 행동하는 자 혹은 항상 사용자의 이익을 대표하는 자(이하 사용자이익대표자)의 가입이나 자격유지가 허용될 수 있느냐 하는 문제와 맞물려 논쟁이 될 수 있다. 한편 대학교원 노조는 대학교원이 헌법 제22조 학문의 자유에 대한 직접적인 기본권 주체성을 가진다는 점도 고려해야 한다. 초·중등교육은, 모든 국민은 능력에 따라 균등하게 교육을 받을 권리를 가진다는 헌법 제31조 제1항의 취지에 따라 도출되는 교육대상자의 학습권을 최우선시할 수밖에 없겠지만(특히 제31조 제6항 전단), 대학은 그에 못지않은 중요한 헌법적 가치, 즉 학문의 자유(헌법 제22조 제1항)의 다른 표현으로 받아들여지는 대학의 자율성 내지 대학자치(헌법 제31조 제4항)를 향유하는 주체이고, 그런 점에서 대학교육은 공교육과 의무교육의 직접적 담당자로서의 의무를 1차적으로 부여받고 있는 초·중등교육(유아교육 포함)과는 성격을 달리한다는 것을 이해할 필요가 있다. 따라서 교원의 복무자세와 공교육에의 헌신 및 책임 정도나 교수의 자유의 향유 정도, 그리고 교육대상자의 자율적인 교육 선택권의 존중 정도에서 초·중등 교원과 대학교원 사이에는 일정한 차이가 있다는 점을 고려할 필요가 있다.[85] 이러한 특성은 대학교원 노조의 정당한 조합활동의 범위와 한계 판단에 있어서 함께 고려될 필요가 있다.

---

85) 헌법재판소는 교원노조법에 대한 헌법불합치결정에서 "초·중등교원의 경우 근로조건이 거의 법정되어 있어 안정적으로 근무할 수 있음에 반해, 교수 계약임용제 도입과 대학 구조조정 및 기업의 대학 진출 등 사회의 변화로 교육공무원인 대학 교원의 신분 및 임금 등 근로조건이 초·중등교원에 비하여 법적으로 강하게 보장되고 있다고 보기 어렵다"고 밝히고 있다. 헌재 2018. 8. 30. 2015헌가38 결정.

2. 교원노조법상 대학교수노조의 설립

1) 설립의 단위

대학교원의 경우에는 국립학교·공립학교이든 사립학교이든 구별 없이 전국 단위 또는 시·도 단위 외에도 개별학교 단위까지 노동조합을 설립할 수 있다(교원노조법 제4조 제2항).

전국이나 시·도 단위의 대학교원 노조가 결성된다고 할 때에는 각 지역이나 대학에는 지부나 지회, 분회가 설치될 것이고 이때의 지부나 분회가 개별학교 단위로 별도의 노동조합 설립신고를 할 수도 있다(교원노조법 시행령 제2조 제2호 및 제3호).

2) 설립신고

대학교원이든 초·중등학교 이하 교원이든 교원노동조합의 설립신고는 고용노동부장관에게 하여야 하는데(교원노조법 제4조 제3항), 이는 교원노조에 대한 행정의 전문성과 일관성 확보를 위하여 교원노조업무를 고용노동부장관으로 일원화하기 위해서이다.[86]

교원노조법 시행령에 따르면 대학교원의 단위노동조합이 2 이상의 특별시·광역시·도·특별자치도에 걸치는 경우에는 그 지부·분회 등 산하조직은 개별학교 단위 또는 시·도 단위로 설립신고를 할 수 있고(제2조 제2호), 하나의 시·도 단위로 설립된 노동조합의 경우에는 산하조직은 개별학교 단위로 설립신고를 할 수 있다(2조 3호). 어느 경우이든 설립신고는 고용노동부장관에게 해야 한다는 것은 공통사항이다.

3) 대학교원의 가입 범위

대학교원은 고등교육법 제14조 제2항 및 제4항에 따라 학교에 두는

---

[86] 국회환경노동위원회, 「교원의 노동조합 설립 및 운영 등에 관한 법률안 심사보고서」, 1998, 4면.

교원을 말한다. 고등교육법 제2조에 따르면 고등교육을 실시하는 학교의 종류로서는 대학, 산업대학, 교육대학, 전문대학, 원격대학(방송대학·통신대학·방송통신대학 및 사이버대학), 기술대학, 각종학교를 열거하고 있다. 고등교육법 제14조 제2항은 학교에 두는 교원은 "총장이나 학장 외에 교수·부교수·조교수 및 강사로 구분한다"고 명시하고 있지만 교원노조법 제2조 제3호는 단서를 통해 강사를 교원에서 제외하고 있으므로 대학교원의 노동조합의 조합원에는 강사가 포함되지 않는다. 강사는 노조법이 적용되어 단체행동권이 보장되는 일반 노동조합을 따로 결성할 수 있다.[87] 한편 고등교육법 제14조 제2항의 문언상 표현 탓에("총장이나 학장 외에")[88] 학교의 장을 뜻하는 총장이나 학장이 고등교육법상 교원에 포함되는가 하는 의문이 제기될 수 있지만 교육부의 입장과 같이 총장과 학장도 교원에 포함된다고 보는 것이 타당할 것이다. 그럼에도 불구하고 교원노조법 제14조 1항에 따라 적용되는 노조법 제2조 제4호 가목에 의하면 사용자 또는 항상 그의 이익을 대표하여 행동하는 자의 참가를 허용하는 경우에는 노동조합으로 보지 않는다고 명시하고 있기 때문에 학교의 장으로서 학장이나 총장은 대학교원 노조의 조합원이 될 수 없다는 것은 큰 이론이 없을 것이다.

문제는 대학본부의 보직교원이 교원노조에 가입할 수 있는지 여부이다. 초·중등학교에서 교장 외에 교감도 관리직으로 승진된 자로서 평교사와는 애초 구분되기 때문에 사용자이익대표자라고 보더라도 문제가 없다. 그렇지만 대학교원의 보직은 그것이 유동적 지위에 불과하므로 이들을 언제나 사용자이익대표자로 보아서 만약 조합원자격을 허용하면 그 노동조합의 자주성을 침해할 우려가 큰 자들인가에 대해서는 이견이 있을 수 있다. 그만큼 대학교원 노조는 일반 초·중등 교원의 노조와는 구별되는 특성이 있는 것이 사실이다.[89] 대학본부의 처장급 보직교원 등은 그 재

---

87) 김장식, "강사의 근로3권 보장", 「노동법률」 307호, 중앙경제(2016. 12.), 112면.
88) 초·중등교육법 제19조(교직원의 구분) 1항은 "학교에는 다음 각 호의 교원을 둔다"고 하면서 수석교사 및 교사와 함께 교장·교감을 명시하고 있다.
89) 따라서 개별대학단위의 대학교원 노조에서 그 조합원인 교원 중에서 총장이 배출될 가능성이 없다고 할 수 없다.

임기간 중 당연히 노동조합 조합원 자격을 상실하는가 아니면 그 기간 동안 조합원 자격을 유지할 수 있는가가 문제될 수 있다. 이 문제가 현실적인 분쟁으로 비화될 개연성이 있는 것은 부총장 또는 학장, 기타 보직 교원이 된 조합원에 대하여 조합원 신분은 유지시키되, 그 보직기간 동안 조합원으로서의 권리의무를 정지시키는(이러한 규약 내용은 관련교원의 보직기간이 끝난 다음에는 별도의 조치가 없더라도 조합원신분을 자동으로 회복하도록 하는 데에 의미가 있을 것이다) 대학교원 노조의 규약이 허용될 수 있느냐[90]로 귀결될 것이다.[91] 즉 행정관청이 이러한 내용을 담고 있는 규약(혹은 결의처분)에 대하여 노조법 제21조에 따라 시정명령을 내릴 수 있느냐 하는 것이다. 사용자이익 대표자에 해당하는지 여부는 그가 수행하는 직무상 책임과 의무를 중심으로 판단해야 한다는 점과 대학본부의 주요보직자들은 법인이사회의 내부위임에 따라 총장 혹은 학장과 함께 단체교섭위원으로 참석할 수도 있다는 점에서 본다면 사용자 측 단체교섭위원이 되거나 이를 지원해야 하는 보직교원은 조합원자격을 유지할 수는 없을 것으로 판단된다. 반면에 사용자 측 교섭위원에 포함되지 않는 보직교원의 경우에는 그 보직기간에 조합원신분을 박탈하지 않고 조합원으로서의 권리의무만을 정지시킨다면 이를 당연히 법령위반으로서 시정명령의 대상이 된다고 보기는 어렵다. 조합원의 자격은 조합이 자주적으로 결정하는 것이 원칙이고 대학교원의 고용관계가 수평적·유동적 관계라는 특성이 있기 때문이다.[92]

한편 구 교원노조법에서는 면직·파면 또는 해임 등으로 근로관계가 종료된 교원이 그 불이익처분이 부당노동행위임을 이유로 노동위원회에 구제신청을 한 경우에는 중앙노동위원회의 재심판정이 있을 때까지만 교

---

90) 이것이 허용될 수 있다고 보는 견해로는 김인재, "공무원노조와 교수노조의 결성과 합법화방향", 노동법연구 11호, 서울대학교 노동법연구회(2001), 322면.
91) 노조법 제21조(규약 및 결의처분의 시정) ① 행정관청은 노동조합의 규약이 노동관계법령에 위반한 경우에는 노동위원회의 의결을 얻어 그 시정을 명할 수 있다.
92) 마찬가지로 학교의 장인 총장이 따로 있는 대학에서 단과대학의 교원을 대표하는 학장이라는 신분은 그가 교섭위원으로 활동하는 것이 아니라면 당연히 사용자 내지 사용자이익대표자에 해당한다고 보기는 어렵다.

원으로 보았다(구 교원노조법 제2조 단서). 그러나 애초 부당노동행위구제 신청을 하지 않았거나, 해임의 정당성을 다투더라도 일단 재심판정이 내려진 이후의 단계에서는 해직교원은 조합원자격이 없다고 볼 수밖에 없는 취약점 때문에 2021. 1. 5. 개정된 교원노조법(법률 제17861호)은 구 교원노조법 2조 단서를 삭제하고 제4조의2를 신설하여 교원으로 임용되어 근무하였던 사람으로서 노동조합 규약으로 정하는 사람(제4조의2 제2호)은 노동조합에 가입할 수 있도록 변경되었다. 개정된 현행 교원노조법 제4조의2는, 해직자의 조합원 가입자격 문제를 입법적으로 해결했다는 데에 의의가 있다.

4) 노조 전임자

교원노조법 제5조에 따르면 교원이 노동조합의 전임자로 종사하기 위해서는 임용권자의 허가나 동의[93]를 얻어야 한다. 공무원노조의 경우 임용권자가 전임자에 대하여 휴직명령을 하도록 규정하고 있음에 비하여 교원노조의 경우에는 임용권자의 허가나 동의가 있는 경우 그 기간동안 휴직명령을 받은 것으로 간주되므로(교원노조법 제5조 제2항), 임용권자의 별도의 휴직명령 조치가 필요 없다.[94] 국립학교·공립학교의 경우는 교육부장관이나 시·도교육감 또는 시·도지사, 사립학교는 재단 등 임용권자의 허가를 받아야 한다. 이때 국·공립 초·중등 이하 학교의 교장·교감·원감·수석교사 및 교사의 경우와 국립대 조교수의 경우에는 교육부장관이 임용권자이고 국립대 교수·부교수의 경우는 대통령이 임용권자이며(교육공무원법 제25조), 공립대학의 경우에는 교수·부교수·조교수 모두 지방자치단체의 장이 임용권자이다(교육공무원법 제55조). 그러나 대통령과 교육부장관의 임용권은 다시 교육공무원법 제33조 및 교육공무원임용

---

[93] 임용권자의 허가이든 동의이든 간에 실질상의 차이는 없는 것으로 보인다. 현행 교원노조법은 임용권자의 허가를 받도록 하고 있으나 2022. 6. 10. 개정된 교원노조법 제5조는 임용권자의 동의를 받도록 하고 있다(시행일 2022. 12. 11.).
[94] 김헌수, 「복수 노동조합과 노동조합 전임자」, 법원사, 2011, 199면. 다만 교육공무원법 제44조 제1항은 교원노동조합 전임자로 종사하게 된 경우에는 임용권자로 하여금 본인의사와 관계없이 휴직을 명하도록 명시하고 있다.

령 제3조 및 제3조의2에 따라 최종적으로 시·도교육감, 대학의 장과 해당 초·중등학교의 장에게 각각 위임되어 있다. 교육부의 「교원노조 전임자 허가지침」95)은 전임기간은 재직기간 중 통산 6년 이내에서만 허가한다. 한편 대법원은 산별 노동조합의 전임자가 노동조합 활동과 무관한 해외 유학을 4년간 다녀온 사안에서 회사의 인사규정, 위탁교육훈련규정 등의 절차를 전혀 거치지 아니하고 임의로 출국한 것은 무단결근 및 직장이탈에 해당한다고 보아 해고의 정당성을 인정한 적이 있는데,96) 위 판례가 시사하는 바와 같이 교원노조 전임자에게도 전임제도 취지로부터 현저히 벗어나는 행동을 하지 아니할 신의칙상의 의무는 존재한다고 볼 것이다.

교원노조법 제5조는 단체협약과의 관계에서도 준수되어야 한다. 그러므로 단체협약에서 전임자에 관한 규정을 두었다 하더라도 별도로 임용권자의 허가나 동의를 받는 절차를 거쳐야 하는 것으로 해석된다. 다만 임용권자가 단체협약을 통해 전임자에 대한 구체적 합의를 했음에도 불구하고 정당한 이유 없이 허가나 동의를 하지 않는 행위는 단체협약 위반에 해당하는 것은 물론 경우에 따라서는 부당노동행위가 될 수 있다.

교원노조 전임자는 휴직명령을 받은 것으로 보긴 하지만 교원의 지위는 그대로 유지하므로, 형의 선고·징계처분 등의 사유에 의하지 아니하고는 그 의사에 반하여 강임 또는 면직을 당하지 아니한다(교공법 제43조). 나아가 전임자가 되면 그 전임기간 중 봉급을 받지 못하는 것이 원칙이나,97) 전임자임을 이유로 승급 그 밖의 신분상의 불이익은 받지 아니한다(교원노조법 제5조 제3항, 제4항). 예컨대 교육공무원인 교원에게도 적용되는 공무원연금법 제28조 제4호에 따른 퇴직수당을 산정하기 위한 재직기간을 계산할 때 휴직기간은, 해당 기간의 2분의 1을 빼는 것이 원칙이나, 노조 전임으로 인하여 휴직할 경우에는 이 원칙이 적용되지 아니한다(공연법 제25조 제5항). 승진을 위한 경력평정의 평정기간 중에 휴직

---

95) 2021년 교원노조 전임자 허가지침
96) 대법원 2005. 6. 23. 선고 2003두12790 판결 참조
97) 교원노조는 자신의 재정으로 전임자의 생계를 책임져야 하는 상황인데 실제로 전교조는 조합 재정의 33%를 전임자 급여에 사용하고 있다고 한다(박재윤 외 15, 앞의 책, 52면).

기간이 있는 때에는 그 기간을 평정에서 제외하는 것이 원칙이나, 노조 전임으로 인한 휴직기간은 재직기간으로 보아 평정한다(교육공무원 승진 규정 제11조).

한편 2022. 6. 10. 개정된 교원노조법 제5조는, 노조전임자는 노동조합으로부터 급여를 지급받는다고 명시하는 대신에 봉급을 받지 못한다는 제3항을 삭제하였다(시행일 2023. 12. 11.). 국립·공립학교 교원으로서 휴직명령을 받은 것으로 보는 노조전임자는 처음부터 휴직기간 봉급의 일부(감액)지급 대상이 되지 못하므로(공무원보수규정 제28조 제4항), 제3항이 삭제되었다고 해서 봉급이나 수당과 관련하여 급여상 대우에서 실제로 크게 달라질 것은 없다.98) 반면에 공무원보수규정이나 공무원수당 등에 관한 규정의 적용을 받지 않는 사립대학 교원인 전임자의 경우에는 조금 달리 볼 수도 있다. 즉, 종전 제3항의 입법취지가 전임자에 대한 일체의 급여지급을 금지하는 것으로 엄격하게 해석했던 입장에서는 제3항 봉급 금지의 삭제는 전임자 금품지급에서 다소간 유연한 해석을 가능하게 한다는 것이다. 예컨대 봉급을 구성하는 항목과 유사한 특정수당(연구비나 연구장려금)을 대학이 전임자에게 지급하도록 단체협약에서 정했더라도 그 자체만으로는 법률위반이 되지는 않을 뿐더러 그 금액이 크지 않은 이상 경비원조의 부당노동행위라고 보기도 어려울 것이다.

3. 교원노조법상 대학교수노조의 단체교섭

1) 단체교섭의 당사자 및 담당자

(1) 단체교섭의 당사자
단체교섭의 노동조합 측 당사자는 개별학교 단위로 조직되어 있는 경우(대학교원 노조의 경우)에는 개별학교 단위 노조가, 시·도 단위로 조

---

98) 다만 전년도 업무실적의 평가 결과를 반영하여 지급되는 급여의 연간 금액인 성과연봉은 당해 년도에 휴직자인 노조전임자에게도 지급될 수는 있다(공무원보수규정 제47조 제4항).

직되어 있는 경우에는 시·도별 단위노조가, 전국단위로 조직되어 있는 경우에는 전국단위 노조가 된다. 전국단위 노조라도 최소단위 이상으로 조직된 지부는 설립신고를 함으로써 독자적인 단체교섭권을 향유하므로 단체교섭의 당사자가 될 수 있다.

　사용자 측 당사자는 국립학교의 경우에는 그 교원노조가 전국 단위로 설립되었든 시·도 단위로 설립되었든 국가가, 시·도 단위의 공립학교의 경우에는 해당 지방자치단체가 되며, 개별학교 단위로 설립할 수 있는 국립·공립대학의 교원노조의 경우에도 국립 또는 공립대학 여부에 따라 국가 또는 지방자치단체가 사용자 측 단체교섭 당사자가 된다.[99] 개별학교단위로 설립된 사립대학교원 노조가 있는 경우를 포함하여 사립학교의 경우에는 이를 설립·경영하는 학교법인을 포함한 개개의 사립학교 설립·경영자가 사용자 측 당사자가 된다.[100]

(2) 단체교섭의 담당자

가) 노동조합 측 교섭담당자

　단체교섭을 수행하는 노동조합 측 담당자는 당해 노동조합의 대표자와 그 조합원이다(교원노조법 제6조 제2항). 단체교섭의 담당자의 지위를 조합원이 아닌 제3자에게 위임할 수 있는지의 여부와 관련하여, 첫째 교원노조법 제6조 제2항은 단체교섭의 담당자를 '당해 노조대표자와 그 조합원'만으로 규정하고 있을 뿐, 노조법 제29조 제3항과 달리 단체교섭 권한의 위임에 관한 사항을 규정하고 있지 아니하는 점, 둘째 교원노조법 제14조 제2항은 노조법 제29조 제3항에 규정된 단체교섭 권한의 위임의 적용을 배제하고 있는 점을 고려하면 단체교섭 권한의 제3자 위임은 허용되지 아니한다.[101] 즉, 교원노조의 경우 교원지위의 특수성과 교원직무의 전문성·공공성 등을 고려하여 노조법의 적용대상인 일반조합과는 달

---

99) 국·공립대학노조의 조정신청의 경우 사용자측은 통상 국립·공립대학을 기재하고 대표자가 그 학교의 장이 되겠지만 이는 교섭당사자인 국가나 지방자치단체의 권한을 위임받은 자로 이해할 수 있다.
100) 남경래 외 3, 공무원·교원노동조합운영실무, 중앙경제, 2006, 305면.
101) 박순영, "복수의 교원 노조 사이에 교섭권한 위임 등에 관한 교섭창구 단일화의 가능성", 대법원판례해설 83호, 법원도서관, 2010, 744면.

리 단체교섭 및 단체협약 체결에서 교섭당사자가 아닌 제3자의 관여를 배제하고 있다.102)

외부위임이 아닌 교원노조 내부에서 단체교섭 권한의 위임이 가능한지에 관하여는 긍정설과 부정설이 대립하고 있다. 긍정설은 교원노조법 제6조 제2항과 제14조 제2항은 단체교섭권의 외부적 권한 위임만을 적용대상으로 하고 내부적 권한위임은 그 범주에 포함되지 아니한다는 입장103)인 반면, 부정설은 교원노조법 제6조 제2항은 교섭위원에 반드시 노동조합의 대표자를 포함하도록 한정하고 있고, 교원노조의 특수성과 복수노조의 설립 허용, 교섭단위의 단일화 요건 등 교원노조의 차별성 때문에 제3자뿐만 아니라 내부위임까지도 포함하여 노조법 제29조 제3항의 적용이 배제되는 것이며, 전국단위 노조의 내부조직인 시·도 단위의 지부·분회도 설립신고만으로 단위노조의 지위를 획득하게 할 수 있게 한 교원노조법 시행령 제2조의 입법취지와 내부위임이 가능할 경우 실질적으로 시·군·구 단위 또는 학교 단위의 노조활동을 가능케 하여 교원노조법 질서를 근본적으로 교란시키게 되는 정책적 고려에 비추어도 내부위임은 가능하지 않다는 입장이다.104)

---

102) 대법원 2010. 4. 29. 선고 2007두11542 판결.
103) 내부위임이 허용된다는 입장으로서는 박종희("교원노사관계에 있어서의 교섭당사자, 교섭단위 및 교섭창구 단일화", 32면 이하)와 이상윤("교원노조의 단체교섭권", 노동법의 쟁점과 과제(김유성 교수 화갑 기념), 법문사, 2000, 426면)이 있다. 다만 이상윤 교수는 시·도 단위의 지부.지회가 시·도 단위의 사항에 관하여 단체교섭을 하면서 전국 단위의 교원노조로부터 위임을 받아 전국 단위 노조의 명의로 하는 것은 허용되지 아니한다고 해석한다. 이렇게 되면 시·도 단위의 지부.지회가 단체교섭권한을 행사하고 있다고 하나 전국 단위 노조의 명의로 단체교섭이 수행하는 것이 되어 상부단체가 하부단체의 단체교섭에 직접 개입하는 결과가 되기 때문이라고 한다.
104) 이철수 교수 또한 합헌성 여부는 별론으로 하더라도 입법취지에 비추어 지부, 분회 등의 하부조직에 대한 권한 위임이 가능하지 않고, 다만 독자적인 활동을 수행할 만한 집행조직을 가지고 있는지의 여부 등 객관적 실태를 종합적으로 고려하여 조직적 실태를 갖추었으면 지부, 분회는 내부 위임 여부와 관계없이 자신의 이름으로 단체교섭을 요구할 수 있다는 해석을 하고 있다(이철수, "교원노동조합의 단체교섭 구도", 노동법학 10호, 한국노동법학회, 2000, 94면). 교육부도 초기에는 지부·분회로의 내부위임이 허용되지 않는다고 보았다. 그러나 최근에는 노조대표자의 명시적인 위임장 제출을 조건으로 내부위임이 가능하다는 입장이다.

대법원은 복수의 노조가 단체교섭을 요구할 경우 교섭요구의 단계에서부터 자율적인 교섭창구단일화를 하도록 규정하고 있던 구 교원노조법 시행 당시 "교섭창구단일화 방식에는 아무런 제한이 없으므로, 복수의 교원노조가 단체교섭 이전에 단일한 교섭주체를 구성하기 위하여 위임 등의 형식으로 교섭창구를 단일화하는 것도 가능하다"고 판시한 적이 있으나,105) 이는 대법원이 긍정설의 입장을 명시적으로 표명한 것이라기보다는 교섭창구단일화라는 실질에 비추어 위임의 방식도 허용된다는 정도로만 이해하여야 할 것이다.

생각건대, 전국 단위의 교원노조가 그 소속 지부·지회에 단체교섭의 권한을 위임하더라도 그 교원노조의 대표자가 교섭위원에서 배제되는 것이 아니라 지부·지회 소속 교섭위원과 병렬적으로 교섭위원의 지위가 유지되는 경우라면 교원노조법 제6조 제2항 위반의 문제는 발생하지 않는 것이고, 노동조합 내부의 단체교섭 권한 위임이 노조법 제29조 제3항에 의하여 창설적으로 부여된 권능이라기보다는 노동조합의 당연한 자율적 권능이라는 점을 고려한다면 교원노조법 제14조 제2항에 의하여 노조법 제29조 제3항의 적용이 배제된다고 하더라도 그로 인하여 노동조합 내부에서의 위임이 어떤 경우에도 금지되는 것으로 해석하는 것은 노동조합 자치의 원칙에 위배되는 해석이라고 본다. 사용자측인 학교법인과 그 이사회가 직접 교섭에 나서기보다는 대학경영담당자인 총장에게 교섭권을 내부위임하는 것이 일반적인 모습이라는 점과 균형을 맞추기 위해서라도 노조대표자가 협약체결권을 포기하지 않는 것이라면 내부위임으로서 그 교섭권을 지부나 분회장에게 위임할 수 있다고 볼 것이다.106)

나) 사용자 측 교섭담당자

현행 교원노조법이, 교섭권의 위임을 인정하는 노조법의 제29조 제3항

---

105) 대법원 2010. 4. 29. 선고 2007두11542 판결.
106) 고용노동부 질의회시 행정지원팀-171, 2021.3.16. "노동조합의 대표자가 단체협약을 체결할 권한을 가지므로 원칙적으로 노동조합 설립신고증이 교부된 한국사립대학교수노동조합의 위원장이 노동조합의 대표자로서 단체협약 체결권을 가지나, 한국사립대학교수노동조합위원장이 ○○○○대학교 지회장에게 단체협약 체결권을 위임한 경우에는 ○○○○대학교 지회장이 단체협약을 체결할 수 있다."

및 제4항의 적용을 배제하면서도 - 국공립대학의 경우에는 국공립학교의 장이 사용자 측 교섭상대방이 될 수 있도록 명시하고 있는 것과 달리 - 사립대학의 사용자 측 교섭상대방으로서는 사립학교 설립·경영자란 용어를 사용하고 있다. 따라서 사용자 측 교섭당사자가 학교법인인 경우에 법인 이사장 내지 이사가 교섭의 담당자로서 교섭위원으로 참가해야 하는지는 논쟁의 소지가 있다. 이처럼 대학교원 노조의 경우 사용자 측 교섭담당자가 문제되는 것은 특히 사립대학 교섭에서 단체교섭의 담당자 내지 교섭위원의 구성 문제이다.

교원노조법상 사립학교 설립·경영자의 정의는 별도로 없다. 사립학교법 제2조 제3호의 정의에 따르면 사립학교경영자란 "유아교육법, 초·중등교육법, 고등교육법 및 이 법에 따라 사립학교를 설치·경영하는 공공단체 외의 법인(학교법인은 제외한다) 또는 사인을 말한다"고 하고, 학교법인에 대해서는 "사립학교만을 설치·경영할 목적으로 이 법에 따라 설립되는 법인"이라고 정의하고 있다(사립학교법 제2조 제2호).[107] 따라서 교원노조법에서 말하는 사립학교 설립·경영자 중 사립학교 설립자란 사립학교를 설치·경영하는 학교법인을 지칭하는 것이고 사립학교경영자란 사립학교를 설치·경영하는 (학교법인이 아닌) 공공단체 외의 법인과 사인을 말한다고 볼 수 있다. 교원노조법상 사립학교 설립·경영자란 사립학교 설립자와 사립학교경영자를 아우르는 용어로 사용된 것이므로 학교법인을 포함하여 법인의 형식을 취하는 경우에는 그 법인이 사립학교 설립·경영자가 되는 것이고, 유치원과 각종학교, 공민학교, 고등공민학교, 고등기술학교처럼 학교법인이 아닌 사인이 학교를 설립한 경우에는 그 사인이 바로 사립학교 설립·경영자가 된다. 결국 교원노조법상 대학교원 노조의 교섭당사자로서 교섭상대방은 학교법인 자체이다. 한편 사립학교법은 법인 이사장의 직무에 관한 규정인 제19조 제1항에서 "이사장은 학교법인을 대표하고 이 법과 정관에 규정된 직무를 행하며, 기타 학교법인 내부의 사무를 통할한다"고 규정하고 있으므로[108] 교섭상대방이자 교섭

---

107) 사립학교법 제2조 제2호
108) 사립학교법은 학교법인이 설치한 사립학교의 경영에 관한 중요사항, 학교법인이 설치한 사립학교의 장 및 교원의 임용에 관한 사항, 학교법인의 예산, 결산, 차입금 및 재산의 취득, 처분과 관리에 관한 사항 등등은 이사회

당사자로서의 학교법인을 대표하는 교섭담당자는 법인 이사장이다. 이때 학교법인의 대표인 이사장은 학교의 장에게 교섭권한을 내부위임할 수 있다고 보아야 할 것이므로[109] 총장이나 학장 등 학교의 장이 법인이사회로부터 내부위임을 받아 대학 측 교섭위원으로 나서는 것에 법적 제약은 없다.[110] 나아가 학교법인 설립·경영자가 대학교 총장에게 교섭권한을 위임한 경우에 총장이 그 교섭권한을 다시 보직교원·직원에게 위임할 것을 허용할지는 학교법인 설립·경영자가 자신의 권한 내에서 자율적으로 정할 수 있다.[111] 따라서 총장의 복위임도 가능하다고 본다. 요컨대 교원노조법 제6조 제1항이 노동조합의 교섭상대방으로서 언급하고 있는 자들에는, 교섭당사자만이 아니라 경우에 따라서 교섭담당자도 포함된 것으로 복합적으로 이해해야 한다.[112]

의 권한에 속하는 것으로 규정하고 있다(사립학교법 제16조 1항).
[109] 전주지법 2020.9.25.자 2020카합1080 결정. 채권자인 대학교원 노조가, 학교법인 이사장이 대학총장에게 단체협약 및 체결권한을 위임한 것은 교원노조법 제14조 2항에 반하여 위법하다고 주장하면서 채무자인 재단이사장이 단체교섭에 직접 참여할 것을 요구한 단체교섭응낙가처분 신청에 대하여 법원은 이를 받아들이지 않고 기각하였다.
[110] 고용노동부도 교섭권한을 위임받은 학교장 또는 행정실장이 본 교섭위원으로 나갈 수 있는지를 묻는 질의에 대한 회시에서 사립학교 교원의 경우 교원노동조합의 교섭요구에 응하여 단체협약을 체결하여야 할 사용자 측 당사자는 학교 설립·경영자라고 하면서도 "학교 설립·경영자가 교원노조법 제6조 1항 및 시행령 3조에 따라 교섭단을 구성하고 교섭위원을 선정함에 있어서 그 소속원 중에서 교섭위원을 선정할 수 있다 할 것인 바, 학교의 장 등을 교섭위원으로 선정할 수도 있다"고 한 바 있다. 이는 사립학교의 법인 이사장이 당연히 본인 대신에 학교의 장 등에게 단체교섭권을 위임하여 교섭을 할 수 있다는 입장으로 보인다. 고용노동부, 2012년 고용노동백서, 2012, 162면 이하 참고.
[111] 고용노동부 질의회시 행정지원팀-617, 2021.4.15.
[112] 박종희, "교원노사관계에 있어서의 교섭당사자, 교섭단위 및 교섭창구 단일화", 노동연구 23호, 고려대학교 노동문제연구소, 2012.4., 9면 이하 및 29면 참고.

2) 단체교섭의 절차

(1) 단체교섭의 요구

교원노조의 대표자는 그 노동조합 또는 조합원의 임금, 근무 조건, 후생복지 등 경제적·사회적 지위 향상에 관하여 교섭하고자 하는 때에는 교섭상대방인 교육부장관, 시·도지사, 시·도교육감, 국립학교·공립학교의 장 또는 사립학교 설립·경영자에게 서면[113]으로 교섭을 요구해야 한다(교원노조법 제6조 제4항). 교원노조가 유아·초·중등 교원노조이냐 대학교원 노조이냐에 따라 구체적인 교섭상대방에 차이가 있다. 즉, 유아·초·중등 교원노조의 대표자는 교육부장관, 시·도교육감, 전국 또는 시·도 단위로 연합한 사립학교 설립·경영자의 연합체를 상대방으로 하여 교섭을 요구할 수 있고, 대학교원 노조의 대표자는 교육부장관, 시·도지사, 국·공립학교의 장 또는 사립학교 설립·경영자를 상대방으로 하여 교섭을 요구할 수 있다(교원노조법 제6조 제1항).

교원노조법이 단체교섭 방식이자 구조로서 수평교섭을 원칙으로 삼고 있는지 문제된다. 수평교섭이란 전국단위로 설립된 교원노조는 교육부장관 혹은 전국단위의 사립학교 설립·경영자 연합체(가령 사단법인 한국사학법인연합회)와, 시·도 단위 교원노조는 시·도교육감 혹은 시·도 단위의 사립학교 설립·경영자 연합체와 교섭하는 것을 전형적인 교섭형태로 보는 것이다.[114] 이 문제는 사용자 측이 수평교섭원칙에 위배된다는 것을 내세워 교섭을 거부할 수 있는지와 관련되기 때문에 중요하다. 생각건대 현행 교원노조법은 노동조합의 대표자가 교육부장관, 시·도지사, 시·도 교육감, 국·공립학교의 장 또는 사립학교 설립·경영자와 단체교섭을 하려는 경우에는 "교섭하려는 사항에 대하여 권한을 가진 자에게"

---

[113] 이때의 서면에는 노동조합의 명칭, 대표자의 성명, 주된 사무소의 소재지, 교섭 요구 사항 및 조합원 수(단체교섭을 요구하는 날을 기준으로 한다) 등이 포함되어야 한다(영 제3조 1항).
[114] 구 교원노조법 시행령 제2조는 전국단위 혹은 적어도 2개 이상의 시·도에 걸치는 단위노동조합은 시·도 단위의 지부·분회 등에 한정하여 노동조합 설립신고를 할 수 있었는데, 이 경우에도 시·도단위 지부는 시·도교육감이나 시·도 단위의 사립학교 설립·경영자 연합체와 교섭하는 것을 예정하고 있었다. 따라서 이 또한 수평교섭방식이라고 할 수 있다.

서면으로 교섭을 요구하도록 명시하고 있다(교원노조법 제6조 제4항). 이에 비추어 보면 현행 교원노조법 제6조는 수평교섭만을 허용하는 것이 아니므로[115] 교섭구조와 방식은 수평교섭이든 대각선교섭이든 문제될 것이 없다. 따라서 전국단위 교원노조가 교섭을 요구한 사항에 대하여 권한을 가지고 있다면 시·도지사, 시·도교육감 내지 시·도 단위 사립학교 설립·경영자 연합체와 곧바로 대각선교섭을 요구할 수도 있고 그 반대로 시·도 단위 교원노조가 교육부장관과 대각선교섭을 요구할 수도 있다고 볼 것이다. 요컨대 교육부장관이나 시·도지사, 시·도 교육감 등 교섭상대방이 과연 교섭에 응할지 여부는 수평교섭 여부가 아니라 노동조합의 요구사항이 교섭사항이 되는지와 교섭사항이 그 권한 범위에 속하는 것인지 여부에 달려 있다.

(2) 교섭노동조합의 확정과 교섭사전협의

사용자 측 교섭상대방이 특정 노동조합으로부터 단체교섭을 요구받은 때에는 지체없이 자신의 인터넷 홈페이지 또는 게시판에 교섭을 요구받은 사실을 관련된 노동조합이 알 수 있도록 공고해야 하고(교원노조법 제6조 제5항, 영 제3조 제3항), 이 공고를 접한 관련된 노동조합이 단체교섭에 참여하려면 위 공고일(최초교섭요구사실 공고일)부터 7일 이내에 서면으로 사용자 측 교섭상대방에게 교섭을 요구해야 한다(영 제3조 제4항). 사용자 측 교섭상대방은 교섭 요구 기한(최초교섭요구사실 공고일부터 7일 이내)이 지나면 지체 없이 교섭을 요구한 노동조합("교섭노동조합"이라 한다)을 자신의 인터넷 홈페이지 또는 게시판에 공고하고, 교섭노동조합에 그 공고한 사항을 알려야 한다(영 3조 제5항). 교섭상대방은 교섭 요구 기간에 교섭 요구를 하지 않은 노동조합의 교섭 요구를 거부할 수 있으며 단체협약이 체결된 경우 그 유효기간 중에는 그 단체협약의 체결에 참여하지 아니한 노동조합이 교섭을 요구하여도 이를 거부할 수 있다(교원노조법 제6조 제7항, 영 제3조 제7항). 반대로 교섭상대방인

---

[115] 同旨 : 임종률, 노동법, 339면. 초·중등 교원노조만 설립이 허용되었던 구법 하에서 검토한 과거 논문이긴 하지만 이철수 교수도 이를 긍정한다. 이철수, "교원노동조합의 단체교섭 구도", 노동법학 10호, 한국노동법학회, 2000, 104면

사용자 측이 교섭공고를 게을리하여 공고를 지연하거나 법령상 기한을 지키지 않은 결과로 법령상 교섭요구기한이 지나 교섭을 요구한 노동조합을 교섭요구 노동조합에 포함시켜 교섭노동조합으로 공고하더라도 다른 노동조합이 이를 다투기가 쉽지 않다.116) 왜냐하면 교원노조법이 노조법상 노동위원회에의 시정요청을 포함한 교섭창구 단일화절차 관련규정의 적용을 전부 제외하고 있기 때문이다(교원노조법 제14조 제2항). 이 경우에는 사용자 측에 이의제기를 하고, 그럼에도 불구하고 사용자가 거부한다면 노동위원회에 부당노동행위구제신청을 제기하거나 법원에 가처분을 포함하여 공고의 무효확인을 위한 소송을 제기할 수 있을 것이다.

한편 교섭노동조합의 확정공고(교섭참여요구사실 공고)가 있는 경우는 교섭노동조합과 상대방인 노동관계 당사자는 그 소속원 중에서 지명한 사람에게 교섭내용, 교섭일시·장소, 그 밖에 교섭에 필요한 사항에 관하여 협의하도록 하고, 교섭을 시작하도록 하고 있다(교원노조법 영 제3조 제6항). 공무원노조법에서는 교섭위원으로 하여금 교섭의 준비, 즉 예비교섭을 하도록 하는 것과는 달리(공무원노조법 영 제9조) 교원노조법에서는 그 소속원 중에서 지명한 자가 교섭준비를 하도록 한 것이다. 교원노조법에서는 교섭위원의 숫자를 10명 이내로 하되, 교섭노동조합의 조직규모 등을 고려하여 정하도록 하고 있으므로(영 제3조의2 제2항) 교섭위원의 수도 예비교섭의 협의 대상이 된다. 시행령 규정상의 '교섭내용'이 구체적으로 무엇을 의미하는가에 관하여는 요구안건을 언제 제시하고, 어떻게 다룰 것인가 하는 정도의 의미라는 교원노조 측의 입장과 요구안건 중 교섭의제를 선정하는 것까지 의미하는 것이라는 사용자 측의 입장이 대립하고 있다. 교원노조법에서 정한 단체교섭의 대상, 즉 교원의 근로조건과 관계가 있는지 여부를 예비교섭에서 정하는 것이 단체교섭의 효율적 진행을 위해 보다 바람직할 것이나,117) 요구안건의 근로조건 관련성에 대한 쌍방의 의견이 팽팽히 대립되어 있는 경우가 적지 않고, 임의적

---

116) 유사한 이유로 부당노동행위구제신청이 있었던 사례로서 중노위 2021.11.25. 중앙2021부노212. 다만 부당노동행위 쟁점은 제척기간 도과로 초심부터 각하결정을 받았다.
117) 최학종·박근석, 공무원.교원.일반노조법 비교실무해설, 도서출판 서락, 2010, 154면.

교섭사항에 속하는 사항을 의제로 삼을지 여부 자체가 교섭의 대상이 되기도 하는 점에 비추어 보면 대표권이 없는 예비교섭 담당자 사이에서 의제선정에 관한 합의가 이루어지지 않았다고 해서 사용자가 합의가 이루어질 때까지 일체의 교섭을 거부하는 것은 부당하다.118) 구 교원노조법 시행령은 노동조합의 대표자가 단체교섭을 하려는 경우에는 교섭 시작 예정일 30일 전까지 상대방에게 서면으로 통보하도록 하고 있었기 때문에(제3조 제1항) 교섭요구일부터 30일이 경과하면 예비교섭을 종료하고 본교섭을 진행하여야 하는가에 관하여 논란이 있었는데, 현행 교원노조법 시행령에서는 교섭 시작 예정일 30일이라는 기준 자체가 사라졌기 때문에 논란은 큰 의미가 없어졌다. 예비교섭에서 더 이상 협의하여도 교섭일정 등에 관한 합의를 이루는 것이 어렵다면 교섭위원이 선임된 이상 본교섭으로 이행되어야 할 것이다.

3) 교섭창구단일화 절차와 교섭위원 선임

종전에는 교섭위원의 선임은 교섭예정일까지 이루어져야 한다고 규정했었지만(구 영 제3조 제4항), 현행 시행령에서는 교섭노동조합을 확정공고한 날(교섭참여요구사실 공고일)부터 20일 이내에 노동조합의 교섭위원을 선임하여 상대방에게 교섭노동조합의 대표자가 서명 또는 날인한 서면으로 그 사실을 알리도록 하는 것으로 바뀌었다(영 제3조의2 제1항).119) 만약 교섭을 요구하는 노동조합이 둘 이상인 경우에는 사용자 측

---

118) 전교조가 교육부장관에게 단체교섭 실시를 위한 예비교섭을 요청한 이래 수개월이 경과하였음에도 수차례의 사전협의만이 실시되었을 뿐 단체협약 내용에 관한 실질적인 교섭은 개시조차 되지 않은 사안에서, 법원은 "원활한 단체교섭 실시를 위해서는 교섭개시 예정일 전까지 단체교섭을 실시하기 위하여 필요한 제반 사항에 관하여 상호간의 의사합치를 통해 미리 합의를 해 두는 것이 필요할 것이지만, 관련 법령의 내용에 비추어 볼 때 단지 위와 같은 사항에 관하여 완전한 합의가 이루어지지 않았다는 사정만으로는 단체협약 내용을 대상으로 하는 교섭개시 자체를 거부할 수 있는 정당한 사유가 될 수 없으므로, 국가에게 전국교직원노동조합의 단체교섭 요구에 따라 단체교섭에 필요한 사항에 관한 협의절차에서 더 나아가 단체협약 내용을 대상으로 하는 단체교섭을 개시할 의무가 있다"고 판시하였다(서울중앙지법 2010. 6. 4.자 2010카합182 결정).
119) 만약 교섭노동조합이 둘 이상인 경우에는 서명 또는 날인은 교섭노동조합

교섭상대방은 해당 노동조합에 교섭창구를 단일화하도록 요청할 수 있다(교원노조법 제6조 제6항). 그런데 교원노조법은 교섭창구단일화와 관련하여 교섭대표노동조합 제도가 아니라 공동교섭제도를 원칙으로 하고 있다. 따라서 조직대상을 같이 하는 둘 이상의 노동조합이 설립되어 있는 경우에는 교섭노동조합 확정공고일(교섭참여요구사실 공고일)부터 20일 이내(교섭위원 1차 선임기간)에 교섭노동조합 사이의 합의에 따라 교섭위원을 선임하여 교섭창구를 단일화하도록 하고, 그 기간에 자율적으로 합의하지 못했을 때에는 그로부터 다시 20일 이내(교섭위원 2차 선임기간)에 교섭노동조합의 조합원 수에 비례하여 교섭위원을 선임한다(영 제3조의2 제3항 및 제4항).120)

교섭노동조합이 조합원 수의 산정과 관련하여 노동조합 간에 이견이 있는 경우 그 조합원의 수는 교섭참여요구사실 공고일 이전 1개월 동안 「전자금융거래법」 제2조 11호에 따른 전자지급수단의 방법으로 조합비를 납부한 조합원의 수로 하되, 둘 이상의 노동조합에 가입한 조합원과 관련한 계산방식으로서는 조합비를 납부하는 노동조합이 1개이면 조합비를 납부하는 노동조합의 조합원 수에만 숫자 1을 더하고 조합비를 납부하는 노동조합도 둘 이상이면 숫자 1을 조합비를 납부하는 노동조합의 수로 나눈 후에 그 산출된 숫자를 조합비를 납부하는 노동조합의 조합원 수에 각각 더하여 해당 조합원 1명에 대한 조합원 수를 산정한다(영 제3조의2 제5항). 이 경우 교섭노동조합은 임금에서 조합비를 공제한 명단을 상대방에게 요청할 수 있고, 상대방은 지체 없이 해당 교섭노동조합에 이를 제공하도록 하고 있다(영 제3조의2 제5항 후문).121)

의 대표자가 연명으로 해야 한다(영 제3조의2 제1항).
120) 이때 산출된 교섭위원 수의 소수점 이하의 수는 0으로 본다고 규정하고 있다.
121) 시행령 제32조의2 제3항 후문은 이러한 조합비 공제 확인단계에 앞서 이미 교섭노동조합의 조합원 수에 비례하여 교섭위원을 선임할 때 교섭노동조합은 조합원 수를 확인하는데 필요한 기준과 방법 등에 대하여 성실히 협의하고 필요한 자료를 제공하는 등 교섭위원의 선임을 위하여 적극 협조해야 한다고 규정하고 있다. 그렇다면 이때 필요한 자료에는 협의결과에 따라서는 조합원명단이나 더 나아가서는 조합비를 납부한 조합원명단 및 그 납부사실을 증빙할 수 있는 자료가 포함될 수도 있다. 그러나 어느 확인단계이든 노동조합은 조합원명단을 스스로 공개하는 데에는 소극적인 태도를 보이

그럼에도 불구하고 교섭노동조합 사이에 조합원 수에 대하여 이견이 계속되거나 '교섭위원 2차 선임기간'[122]에 교섭위원을 선임하지 못한 경우 교섭노동조합은 고용노동부장관 또는 노동조합의 주된 사무소의 소재지를 관할하는 지방고용노동관서의 장에게 조합원 수의 확인을 신청할 수 있다. 이 경우 고용노동부장관 또는 해당 지방고용노동관서의 장은 조합원 수의 확인을 위한 자료가 불충분하여 그 확인이 어려운 경우 등 특별한 사정이 없으면 신청일부터 10일 이내에 조합원 수를 확인하여 교섭노동조합에 알리도록 하고 있다(영 제3조의2 제6항). 이러한 과정을 거쳐 최종적으로 교섭위원이 선임되어 교섭창구가 단일화되면 교섭상대방인 사용자 측은 교섭에 응하여야 한다(교원노조법 제6조 제6항 후문).

그런데 교섭창구단일화 절차와 관련한 자세한 규정에도 불구하고 실무에서는 경쟁관계에 놓인 복수 노동조합 사이에서 교섭위원 선임이 합의되지 못함으로써 교섭이 장기간 지연될 가능성이 있다.[123] 교섭위원 선임의 장기지연과 그에 따른 교섭지연 가능성의 원인은 크게 두 가지이다. 첫째는 현행 시행령이 교섭위원의 수를 10명 이내로만 정할 뿐 구체적인 전체 교섭위원의 수를 정해두지 않았고 조합원의 수에 비례하여 산출된 교섭위원 수의 소수점 이하의 수는 0으로 본다고 정하고 있는 탓에 교섭위원의 총수를 애초 몇 명 기준으로 삼느냐에 따라 각 노동조합이 차지할 수 있는 조합출신 교섭위원의 수가 서로 다를 수 있다.[124] 그 결과 각 교섭노

는 것이 현실이고 더구나 교섭노동조합들은 경쟁관계일 수밖에 없다는 점을 고려하면 교섭노동조합간 자료제공 협조가 현실적으로 원활하게 이루어질 수 있을지는 의문이다.

[122] 이는 시행령 제3조의2 제4항에 따른 기간으로서 교섭노동조합 확정공고일(교섭참여요구사실 공고일)로부터 20일이 끝난 날부터 다시 20일 이내의 기간을 말한다.

[123] 2020.5. 교원노조법 개정 직후에 교섭상대방인 사용자 측이 교섭창구단일화를 요구할 수 있도록 한 탓에 교섭불능이나 교섭지연이 지속될 수 있다는 우려가 이미 제기된 바 있다. 고전, "교수노동조합 법제화의 쟁점과 과제", 교육행정학연구 38(4), 한국교육행정학회, 2020. 10, 41면

[124] 가령 A노조와 B노조의 조합원수의 비율이 61%:39%라고 할 때 전체 교섭위원 기준을 10명으로 잡을 때에는 각 교섭위원은 6명:3명이고 전체 교섭위원 기준을 9명으로 잡을 때에는 각 교섭위원은 5명:3명이며, 전체 교섭위원 기준을 8명으로 잡을 때에는 각 교섭위원은 4명:3명이 된다. 따라서 A노조에게 가장 유리한 기준은 전체 교섭위원 수가 10명일 때(교섭위원 격차

동조합은 10명 이내라는 교섭위원의 총수 중에서 자기 조합출신 교섭위원의 비율이 가장 높게 나오는 유리한 교섭위원 총수를 고집하기 쉽다. 이런 경우에는 복수의 교섭노동조합의 각 조합원수가 이의 없이 확인이 된다고 하더라도, 즉 고용노동부장관 또는 지방고용노동관서의 장에 의해 조합원수가 각각 확인되었다고 해서 교섭위원 선임도 당연히 완료된다는 보장이 없다. 둘째는 이렇듯 교섭위원 선임을 둘러싸고 분쟁이 장기화되더라도 이에 대비하여 교섭위원의 수를 결정할 수 있는 기관과 절차가 없다. 공동교섭제도를 채택한 현행 교원노조법 시행령이 노동위원회 결정으로 공동교섭대표단에 참여하는 인원수를 결정하도록 한 노조법 시행령 규정(제14조의9)의 적용을 배제하면서도125) 이를 보완할 아무런 규정을 마련하지 않은 것은 입법적 흠결이라고 할 수밖에 없다. 이렇게 교섭위원 선임이 계속 지연된다면 교섭이 교섭참여요구사실 공고일 이후 1년 이상 이루어지지 않더라도 그 원인은 교섭노동조합 간의 내부적인 사정에 기인한 것이므로 다른 특별한 사정이 없는 한 창구단일화를 요청한 사용자에게 교섭거부나 해태의 책임을 물을 수도 없다.126)

4) 단체교섭의 대상

교원노조법 제6조에서는 단체교섭의 대상으로 '노동조합127) 또는 조합원의 임금·근무조건·후생복지 등 경제적·사회적 지위향상에 관한 사항'이라고 규정하고 있다. 노동조합에 관한 사항으로는 노조 전임자,128)

    가 3명)이지만, B노조에게 가장 유리한 기준은 전체 교섭위원 수가 8명일 때(교섭위원 격차가 1명)이다.
125) 교원노조법 시행령 제9조 2항.
126) 이에 해당하는 사례로서 중노위 2021.11.25. 중앙2021부노212 결정.
127) 노조법 제2조 제5호에서는 근로자의 근로조건만이 노동쟁의의 대상, 즉 단체교섭대상으로 명시하고 있을 뿐이며 노동조합의 조직 및 활동에 관하여는 해석에 의하여 단체교섭대상으로 인정하여 왔으나, 교원노조법은 양자 모두를 명문으로 규정하고 있다. 이런 태도는 공무원노조법 제8조도 마찬가지이다.
128) 일반 노조의 경우 노조 전임은 노동조합에 대한 편의제공의 한 형태로서 사용자가 단체협약 등을 통하여 승인하는 경우에 인정되는 것일 뿐, 사용자와 근로자 사이의 근로계약관계에 있어서 근로자의 대우에 관하여 정한 근로조건이라고 할 수 없으므로, 임의적 교섭사항에 불과하다는 것이 대법원

조합비 일괄징수, 노조 사무실 제공, 근로시간 중의 노조활동 등이 대표적인 예이다. 교원이 어느 특정 교원노조에 조합원이 될 것을 임용조건으로 하는 단체협약, 즉 유니언 숍 조항은 교원노조법 제14조 제2항에서 이를 허용하는 노조법 규정인 제81조 제1항 제2호 단서의 적용을 배제하고 있기 때문에 교섭대상이 되지 아니한다. 조합원에 관한 사항으로는 봉급·수당, 근로시간·휴게·휴일·휴가, 산업안전보건, 재해보상, 여비, 사무환경 등이 대표적인 예이다. 구속자 석방, 임원 퇴진 등은 조합원의 경제적·사회적 지위 향상과 직접적 관련이 없어 단체교섭의 대상이 되지 아니한다.

경제적·사회적 지위 향상에 관한 사항이라도 그것이 법령·조례 및 예산에 의하여 규정되는 내용 또는 법령·조례에 의한 위임을 받아 규정되는 내용인 경우에는 효력이 발생하지 아니하므로(교원노조법 제7조 제2항) 이 경우에도 단체교섭의 대상이 되는지에 관하여는 논란이 있으나, 노사 간의 합의 자체가 무효가 되는 것이 아니라 단체협약으로서 효력이 없을 뿐이고, 사용자 또한 교원노조법 제7조 제2항에 따라 그 이행을 위하여 성실히 노력하여야 할 의무가 있는 점에 비추어 교섭사항에 해당한다.[129]

5) 단체협약의 체결과 효력

(1) 단체협약의 체결

교원노조는 근무조건 등에 관하여 단체교섭으로 합의한 사항을 단체협약으로 체결할 권한을 갖는다. 체결된 단체협약의 형식 및 절차에 관하여는 노조법의 규정이 적용된다. 즉, 단체협약은 서면으로 작성하여 당사자 쌍방이 서명 또는 날인하여야 하고, 단체협약의 당사자는 단체협약의 체결일로부터 15일 이내에 이를 고용노동부장관에게 신고하여야 한다.

의 입장이다(대법원 1996. 2. 23. 선고 94누9177 판결).
129) 이상윤, "교원노조의 단체교섭권", 노동법의 쟁점과 과제(김유성 교수 화갑 기념), 법문사, 2000, 429면.

(2) 효력의 제한

단체협약의 내용 중 법령·조례·예산에 의하여 규정되는 내용과 법령·조례에 의한 위임을 받아 규정되는 내용(이하 비효력사항이라 한다)은 단체협약의 효력이 인정되지 아니한다(교원노조법 제7조 제1항). 이는 교원의 임금 및 대부분 근로조건이 법정화되거나 예산에 의해 결정되고 있어, 이 경우에 단체협약의 효력을 인정하게 되면 국회의 입법권과 예산권을 침해할 우려가 있기 때문이다.130) 공무원노조법에서도 같은 효력제한 규정을 두고 있는데, 이에 대하여는 헌법재판소가 합헌성을 인정하고 있다.131)

교원노사관계에서 문제될 수 있는 법령으로는 국공법, 교육기본법, 초·중등교육법, 사립학교법, 교공법, 유아교육법, 지방교육자치에 관한 법률, 학교급식법, 학교보건법 및 이에 대한 각 시행령 및 시행규칙을 들 수 있다. 시·도지사 또는 교육감이 제정하여 시행하는 조례와 자치법규인 교육규칙도 여기에 해당한다. 그러나 비효력사항이라고 하여 단체협약 체결의 법률적 효과가 전혀 없는 것은 아니다. 사용자 측은 이러한 비효력사항이 이행될 수 있도록 성실히 노력하여야 하고(교원노조법 제7조 제2항), 그 이행결과를 다음 교섭시까지 상대방에게 서면으로 통보하여야 한다(교원노조법 영 제5조).

비효력사항에 대한 성실이행의무의 내용으로는 관련된 사항이 최대한 예산·법령·조례에 반영될 수 있도록 예산 및 입법안을 관계기관과 사전협의를 거쳐 입법권자에게 제출하고 반영될 수 있는 노력을 다하는 것이다. 비록 법령·조례·예산에 관한 사항일지라도 단체협약으로서 그 효력이 전면 부인되어서는 아니 되며, 많지는 않더라도 법령·조례에서 사용자에게 단체교섭대상이 된 사항에 관한 재량적 결정권을 부여하고 있거나, 예산에 관하여 재량적 처분권이 인정되는 경우에는 그 효력을 인정하는 것이 타당하다.132)

---

130) 국회환경노동위원회, 8면.
131) 헌재 2008. 12. 26. 선고 2005헌마971 등 결정.
132) 이상윤, "교원노조의 단체교섭권", 노동법의 쟁점과 과제(김유성 교수 화갑 기념), 법문사, 2000, 431면.

4. 교수노조의 조정 및 중재절차

통상적으로 노동조합과 사용자 간의 단체교섭이 결렬된 경우 노동조합 측의 가장 강력한 수단은 쟁의행위이나, 교원노조는 쟁의행위가 금지되므로, 단체교섭이 결렬되는 경우에도 자신의 주장을 관철할 수 있는 수단을 갖고 있지 못하다. 교원노조법은 쟁의행위의 대상적 수단으로서 조정 및 중재절차를 규정하고 있다.

(1) 조정절차

단체교섭이 결렬될 경우 당사자의 일방 또는 쌍방은 중앙노동위원회에 조정을 신청할 수 있다(교원노조법 제9조 제1항). 중앙노동위원회는 조정 신청에 따라 조정을 하게 되었으면 지체 없이 관계당사자에게 그 사실을 서면으로 통보하고, 이를 다루기 위한 교원 노동관계 조정위원회를 구성하여야 한다. 공무원의 경우에는 공무원 노동관계 조정위원회를 설치하고 이를 담당하는 위원을 별도로 두도록 하는 특별규정이 공무원노조법에 있으나 교원노조법에는 이러한 규정이 없으므로 중앙노동위원회 위원장이 지명하는 조정담당 공익위원 3인으로 교원 노동관계 조정위원회를 구성한다.133) 다만, 관계당사자의 합의로 중앙노동위원회의 조정담당 공익위원이 아닌 자를 추천하는 경우에는 그 추천된 자를 지명하여야 한다(교원노조법 제11조 제1항).

만일 조정의 대상이 아니라고 인정할 경우에는 신청인에게 그 사유와 다른 해결방법을 알려줄 의무가 있다(교원노조법 영 제6조). 교원 노동관계 조정위원회에서는 관계 당사자를 출석시켜 주장의 요점을 확인하고, 필요시 현지조사를 병행하여 조정안을 작성하고 이를 의결한다. 위원장은 조정안을 관계당사자에게 제시하고 그 수락을 권고하는 동시에, 그 조정안에 이유를 붙여 공표할 수도 있으며, 교원 노동관계 조정위원회는 필요한 때에는 신문·방송에 보도 등 협조를 요청할 수도 있다(교원노조법 제14조 제1항; 노조법 제60조).134) 양 당사자가 조정안을 수락하면 그 조

---

133) 이러한 이유에서 교원 노동관계 조정위원회는 중앙노동위원회 산하 부문별 위원회의 성격을 갖는다. 이와 달리 공무원 노동관계 조정위원회는 별도로 위촉되는 공익위원 7인으로 구성되므로, 특별위원회의 성격을 갖는다.

정안은 단체협약과 동일한 효력을 갖는다.

노조법상 조정기간은 민간부문에서 10일(일반사업), 15일(공익사업)로 하고 있는 것과 달리 교원노조법의 조정기간은 단일하게 30일로 한정하고 있다(교원노조법 9조 3항). 이와 달리 공무원노조법에서는 당사자들이 합의한 경우에는 30일 이내의 범위에서 조정기간을 연장할 수 있다(공무원노조법 제12조 제3항).

(2) 중재절차

중재절차는 단체교섭이 결렬되어 당사자 쌍방이 중재신청을 한 경우(임의중재), 중앙노동위원회가 제시한 조정안을 당사자 일방 또는 쌍방이 거부한 경우, 중앙노동위원회 위원장이 직권 또는 고용노동부장관의 요청에 의하여 중재회부결정을 한 경우(이상 강제중재) 중재절차가 개시된다(교원노조법 10조). 당사자 쌍방의 신청 또는 공무원 노동관계 조정위원회의 중재회부 결정에 의하여 중재절차가 개시되는 공무원노조법과는 달리 조정안을 한쪽이라도 거부한 경우나 중앙노동위원회 위원장의 결정만으로도 중재절차가 개시된다. 이와 관련해서는 쟁의행위 금지와 강제중재의 확대에 대응하여 합리적인 대상조치로서 균형성을 갖추었는지는 의문이 든다.

교원노조의 경우 원천적으로 쟁의행위가 금지되어 있어 교원노조법에서 별도로 중재기간에 관한 규정을 두고 있지는 아니하나, 중재기간이 과도하게 길어질 경우 노사관계의 불안정을 초래하므로 중재기간을 정하는 입법적 보완이 필요하다.135)

한편 중재를 진행하는 교원 노동관계 위원회는 기일을 정하여 관계 당사자 쌍방 또는 일방을 출석하게 하여 주장의 요점을 확인하고 중재재정을 하게 된다. 위원회가 한 중재재정은 관계당사자에게 구속력이 있으며, 그 중재재정이 위법하거나 월권에 의한 것인 경우에 한하여 이에 대한 행정소송을 제기할 수 있다(교원노조법 제12조). 15일 이내 행정소송을

---

134) 공무원노조법도 같은 제도를 두고 있으나, 그 주체가 중앙노동위원회로 규정되어 있다(공노법 제12조 제3항).
135) 남경래 외 3, 공무원.교원노동조합운영실무, 중앙경제, 2006, 335면.

제기하지 아니하여 중재재정이 확정된 경우에는 단체협약과 동일한 효력을 가진다. 행정소송을 할 경우에는 중앙노동위원회 위원장을 피고로 하여야 하며, 행정소송의 제기가 있더라도 중재재정의 효력이 정지되지 아니한다(교원노조법 제12조). 이처럼 중재재정에 대하여 행정소송을 제기한 경우에도 공정력이 있고, 현행 교원노조법은 노조법 제68조 제1항과 제92조 제3호를 준용하므로 중재재정서의 내용을 준수하지 아니하면 1천만원 이하의 벌금에 처할 수 있다(노조법 제92조 제3호). 나아가 확정된 중재재정을 따르지 않은 경우에는 그 보다 강한 2년 이하의 징역 또는 2천만원 이하의 벌금에 처한다(노조법 제90조).

5. 조정대상 관련 쟁점과 해석

1) 조합의 경비원조와 교수시간

(1) 근무시간 면제

2022. 6. 10. 개정 교원노조법(시행 2023.12.11.)의 주된 내용 중 하나는, 제5조의2 신설을 통해 단체협약으로 정하거나 임용권자가 동의하는 경우에는 근무시간 면제 한도를 초과하지 아니하는 범위에서 보수의 손실 없이 교섭상대방과의 협의·교섭, 고충처리, 안전·보건활동 등 교원노조법 또는 다른 법률에서 정하는 업무와 건전한 노사관계 발전을 위한 노동조합의 유지·관리업무를 할 수 있도록 한 것이다(제5조의2 제1항).

근무시간 면제제도를 적극적으로 활용해서 근무시간 중 상당부분을 면제받을 수 있다면 노동조합의 업무에만 종사할 수 있는 제5조의 노조전임자의 신분과 크게 다를 바 없으면서도 보수는 지급받을 수 있는 장점이 있다. 따라서 대학교원은 물론 초·중등교원의 경우에도, 휴직상태가 상대적으로 불리한 측면이 없지 않으므로 다른 조건이 동일하다면 노조전임자 보다는 근무시간면제를 선호할 수밖에 없다. 이런 장점이 있기 때문에 개별 학교 단위에서 설립된 대학교원 노조와 초·중등 교원노조의 지회장 등 집행부나 조합원은 근무시간 면제방식을 적극적으로 활용하게 될 것이다.

그러나 전국적 혹은 적어도 시·도 단위 광역차원에서 활동해야 하는, - 출근의무나 복무상 별도의 보고의무를 피하고 싶은 - 전국단위 또는 시·도 단위의 초·중등학교 교원노조의 임원에게는 휴직으로 취급되는 노동조합 전임 방식도 여전히 의미가 있다.136) 여기에서 제5조의 실익을 찾을 수 있다.

이처럼 근무시간면제나 노조전임 중에서 무엇을 선택하고 적극적으로 활용할 것인지는 교원노조의 조직형태, 교섭구조·범위 등 구체적 사정에 따라 달라질 것이다. 나아가 대학교원과 초·중등 교원의 근무형태가 다른 탓에 노조전임이 아닌 근무시간 면제의 구체적인 유형과 양상은 양자 사이에서 달리 나타난다. 즉, 시업 및 종업시각의 통제를 받는 초·중등 교원의 경우에는 오로지 근무시간 자체의 면제로 나타나지만 대학 교원의 근무시간 면제는 대체로 교수시간(강의책임시수)의 전부 또는 일부 감면 형태로 나타나게 된다.

(2) 대학강의 책임시수 감면

교원노조법 제14조는 부당노동행위에 관한 노조법 제81조의 규정 중 제81조 제1항 제2호 단서(유니온 숍 인정)만 제외한 채 나머지 부분은 그대로 적용된다. 따라서 노조전임자가 아닌 대학교원 노조의 임원 등 집행부137)에 대한 강의책임시수 면제는 조정대상과 관련하여 두 가지 쟁점을 제기한다. 첫째는 책임시수 감면이 고등교육법 시행령에 위반되는지 여부이다. 둘째는 이것이 지배개입행위의 일환인 부당한 경비원조로서 노조법이 금지하는 부당노동행위(제81조 제1항 제4호)에 해당하는가가 검

---

136) 노조법과 달리 교원노조법은 노조전임자(제5조)와 근무시간면제자(제5조의 2)를 법조문상 구분하고 있는데 구별의 실익을 찾는다면 이처럼 전국 또는 시·도 단위 노동조합의 전임활동에서 찾을 수 있다.
137) 대학교원은 강의시간의 구속을 받을 뿐 일반적인 시업시각과 종업시각의 통제를 받지 않기 때문에 대학교원 노조의 집행부, 특히 개별 학교 단위의 대학교원 노조 집행부가 전임자로서 노동조합의 업무에만 종사할 실익은 그다지 크지 않다. 따라서 이들 집행부에 대한 근로시간 면제란 일반 보직교원과 같이 강의책임시수의 일부감축으로 나타날 수 있다.

토되어야 한다.

　전자의 쟁점과 관련해서는 논란의 여지가 크지 않다. 즉, 고등교육법 시행령 제6조 제1항138)은 최근 개정되었는데 과거에는 교원의 교수시간은 매주 9시간을 '원칙'으로 한다고 규정하면서 같은 항 단서를 통해 학교의 장이 필요하다고 인정하는 경우에는 학칙으로 다르게 정할 수 있다고 규정하고 있었지만 현재는 변경되어 교원의 교수시간은 학칙으로 정한다고 하고 있어서 현재로서는 책임시수 감면이 고등교육법 시행령에 위반되는지 논란 자체가 발생할 여지가 없다. 구 시행령 제6조 제1항도 임의규정일 뿐이었으며 현 시행령 제6조 제1항에서 말하는 교수시간을 정한 학칙이란 것도 그 부분과 관련해서는 근무조건을 정한 것으로서 그 성질을 취업규칙으로 보아야 하기 때문이다.

　다음으로 후자의 부당노동행위의 문제는 두 가지 시기, 즉 근무시간 면제에 관한 조항이 시행되는 향후 2023. 12. 11. 이후의 시기와 그 이전 시기로 나누어 살펴볼 수 있다. 현재는 2023. 12. 11. 개정법의 시행 이후이므로 책임시수 감면이 근무시간 면제한도를 초과하지 않는 한 부당노동행위가 되지 않는다는 것은 명백하다.

　또한 2023. 12. 11. 이전의 책임시수 감면이 부당한 경비원조로 볼 수 있는가 하는 것은 과거의 문제라서 검토의 실익이 크지 않다. 하지만 법적 다툼은 대개 과거의 일을 기반으로 벌어지므로 이를 간략히 정리해 둘 필요가 없지는 않다. 생각건대 구 교원노조법이 노조법 제24조를 적용제외하고 있었다고 하더라도 이것이 대학교원 노조 조합원에 대한 여하한 형태의 근로시간 면제도 금지하는 것이라고 해석하기는 어렵다.139) 따라서 신설된 교원노조법 제5조의2의 시행일(2023. 12. 11) 이전 기간

---

138) 구 시행령 제6조(교원 등의 교수시간) ① 대학·산업대학·교육대학 및 전문대학의 교원(학교의 장과 강사는 제외한다)의 교수시간은 매 학년도 30주를 기준으로 매주 9시간을 원칙으로 한다. 다만, 학교의 장이 필요하다고 인정하는 경우에는 학칙으로 다르게 정할 수 있다.

139) 이러한 해석은 초·중등학교 이하의 교원노조의 집행부에게도 이론적으로는 적용될 수 있겠지만 실제로는 실현되기 어려울 것이다. 즉, 초·중등학교의 경우에는 대학과 달리 주당 표준수업시수가 법제화 혹은 규정화되어 있지 않고 초·중등 교원노조는 개별학교단위로는 설립되지 않기에 그러한 운용이 현실적으로 용이하지 않다. 초·중등 교원은 기본적으로 일반사업장의 근로자와 유사하게 시업시각과 종업시각의 통제를 받기 때문이다.

에서도 대학교원노조의 전임자가 아닌 이상 그 책임시수 감면은 경비원조의 부당노동행위가 되지 않고 현행 교원노조법 제5조 제3항도 위반하는 것이 아니다.

2) 인사경영사항과 법령·조례·예산 사항

(1) 교육과정, 교육기관 및 교육행정기관의 관리·운영 사항

교육정책, 즉 교육과정, 교육기관 및 교육행정기관의 관리·운영에 관한 사항 등은 관련법령에 의하여 행정기관이 권한과 책임을 가지고 집행되는 사항이기 때문에 단체교섭이 금지되는 사항이라는 견해[140]도 있고, 이와 달리 교원은 교육정책에 관한 전문가집단으로서 교육정책의 결정에 가장 합리적이고 공정한 견해를 제시할 수 있으므로 의무적 교섭대상에 해당한다는 견해가 있다. 그 외에 절충적 견해로서 교육정책은 임의적 교섭사항이라고 보는 견해도 있다.[141]

그러나 이러한 견해들은 모두 초·중등 교원노조만이 허용되던 때의 해석론이라는 한계가 있다. 고등교육에 있어서 교육정책, 교육과정, 교육기관 및 교육행정기관의 관리·운영에 관한 사항이기만 하면 그 모든 것이 공교육의 전형인 초·중등교육과 마찬가지로 고등교육기관에 있어서도 고유한 경영사항으로 보아야 하는지는 의문이다. 우선 교육과정과 교육기관 및 교육행정기관의 관리·운영에 관한 사항이라는 표현은 교원지위법 제12조에서 언급되어 온 것인데 이에 의하면 이러한 사항은 교원단체와 시·도 교육감 또는 교육부장관 사이의 교섭·협의의 대상이 될 수 없다고 명시하고 있다. 그러나 교원지위법 제12조 제1항에 따른 교섭·협의는 교원노조법상 단체교섭이 아니다. 따라서 이를 논거로 교육과정을 포함한 교육정책이 교섭대상이 아니라고 하기에는 부족하다.

---

140) 고용노동부 질의회신 노조 01254-186, 2003. 3. 3. 다만 이 행정해석에서도 교육정책에 관한 사항 중 근로자의 임금·근무조건·후생복지 등과 직접적으로 관련되는 사항은 단체교섭의 대상이 될 수 있다고 한다.
141) 이상윤, "교원노조의 단체교섭권", 노동법의 쟁점과 과제(김유성 교수 화갑 기념), 법문사, 2000, 429면.

결국 교육정책에 관련한 사항이라고 하더라도 헌법상 학문의 자유와 대학자치가 보장되는 고등교육기관에서는 그것이 본질적인 경영사항에 관련된 것이 아니라면 교섭대상 및 조정대상이 될 수 있다고 할 것이다. 가령 교육정책에 관련한 사항 중 교수의 임금·근무조건·후생복지 등과 직접적으로 관련되는 사항은 그 범위 내에서 단체교섭사항이 될 수 있고 나아가 전공 및 교양 교육과정위원회나 연구윤리위원회 등 관련 위원회에의 참여권도 경영권의 본질을 침해하지 않는다면 단체교섭 내지 조정대상으로 삼을 수 있을 것이다. 초중등교원과는 달리 대학의 경우에는 교수회를 통해 총장선출 혹은 학교경영에의 참가가 이미 상당부분 확대되어 있다는 점도 고려할 필요가 있다.

다만 헌법 등 관련법령에 의거하여 행정기관이 고유한 법률적인 권한과 책임을 가지고 집행하는 교육정책·교육과정에 관한 사항, 국가 및 지방자치단체의 고유한 경영권에 관한 교육기관과 교육행정기관의 관리·운영에 관한 사항 등을 교섭사항으로 하는 단체교섭요구에 대하여는 사용자가 이를 거부하더라도 부당노동행위에 해당하지 않는다고 해석된다.[142]

(2) 법령·조례 및 예산에 의하여 규정되는 사항

교원노조법 제7조에 의하면 단체협약의 내용 중 법령·조례 및 예산에 의하여 규정되는 내용과 법령 또는 조례에 의하여 위임을 받아 규정되는 내용은 단체협약으로서의 효력을 가지지 아니한다고 정하고 있다. 이를 고려하여 법령·조례 및 예산에 관한 사항은 모두 교섭이나 조정대상이 아니라고 할 수 있는지가 문제된다. 앞에서도 지적하였듯이 법령·조례 및 예산에 의하여 규정되는 내용에 관해 정한 사항도 임의적으로 협약을 체결하였다면 효력이 없을 뿐 단체협약이 아닌 것은 아니므로 처음부터 이를 교섭 및 조정대상이 아닌 것으로 볼 필요는 없다. 실제로 전국단위 국공립 대학교 교원노조의 경우에는 교육부장관과의 교섭을 통해서 교원의 근무조건을 정한 시행령이나 시행규칙 차원의 조항을 직접 변경하는 것도 가능할 것이다. 국립대학 교원의 대우에 관한 사항은 국회에서 제정

---

[142] 고용노동부 질의회신 노조 01254-186, 2000. 3. 3.

되는 법률만이 아니라 대통령령이나 교육부령에 의해 규율되는 것이 상당한 것이 현실이다. 따라서 그러한 사항에 대하여 "~도록(개정하도록) 노력한다."라는 식의 단체협약 체결이 가능하고 실제 이루어지고 있는 이상, 그러한 내용을 담은 조정안의 제시도 불가능하지는 않다.

나아가 교원지위법의 위임에 따라 대통령령으로 제정된 '교원지위 향상을 위한 교섭·협의에 관한 규정' 제6조에서는 한국교총과 같은 교육회와 교육부장관 등과 사이에 합의된 사항에 관하여 성실이행의무를 규정하면서 법령의 제정·개정 또는 폐지, 예산의 편성·집행 등에 의하여 이행될 수 있는 사항에 관하여는 쌍방이 적법한 절차와 방법에 의하여 그 이행을 위한 노력을 하도록 하고 있는 점도 고려할 필요가 있다.

6. 중재재정의 효력과 관련한 쟁점과 해석

1) 중재재정의 효력과 관련한 문제점

교원노조법은 중재재정 등의 확정에 관한 노조법 제69조의 적용을 배제하면서 독자적으로 제12조에서 중재재정서를 송달받은 날부터 15일 이내에 중앙노동위원회 위원장을 피고로 하여 행정소송을 제기할 수 있도록 정하고 있다. 동시에 중재재정은 이러한 15일 기간 이내에 행정소송을 제기하지 않을 때 확정되고 중재재정이 확정되면 관계 당사자는 이에 따라야 한다고 하면서 확정된 중재재정의 내용이 단체협약과 같은 효력을 가진다고 명시하고 있다. 특이한 점은 노조법은 제70조에서 중재재정과 관련하여 효력발생 기일을 명시하여 서면으로 작성하도록 한 중재재정의 내용은 - 행정소송의 대상이 될 수 있다고 정한 점은 같아도 - 단체협약과 동일한 효력을 가진다고 명시하고 있지만 교원노조법은 노조법과 달리 서면 중재재정서에 곧바로 단체협약과 동일한 효력이 있음을 명시하지 않고 문언상으로는 오로지 행정소송을 제기하지 않아 확정된 중재재정의 내용만이 단체협약과 같은 효력을 가진다고 함으로써(교원노조법 제12조 제5항) 노조법의 방식과는 다르게 규정하고 있다. 문언상으로는 중재재정에 대해서 행정소송을 제기한 동안에는 확정되지 않았기 때문에 단체협약으로서의 효력을 가지지 않도록 정한 것처럼 보인다.

문제는 교원노조법이 제12조 제5항에서는 확정된 중재재정이 단체협약으로서의 효력을 가진다는 입법태도를 보이는 한편으로 제12조 제4항에서는 중앙노동위원회의 중재재정은 행정소송의 제기에 의하여 효력이 정지되지 아니한다고 하고 있다는 점이다. 제12조 제4항의 내용이 단순한 오류라고 할 수는 없는 것이 교원노조법은 노조법 제68조와 그 위반에 대한 벌칙인 제92조를 준용하고 있어서 제68조 1항에 따라 서면작성된 중재재정서의 내용을 준수하지 아니한 자는 1천만원 이하의 벌금에 처할 수 있기 때문이다. 요컨대 현행 교원노조법에 의하면 중재재정은 행정소송 제기에 의하여 효력이 정지되지 않기에 그 내용을 준수하지 않으면 노조법상 벌칙(1천만원 이하의 벌금)이 적용되도록 하면서도 실상은 행정소송을 기간 내에 제기하지 않아 확정되어야 비로소 관계 당사자들로 하여금 이를 따르도록 하고 만약 이에 따르지 않는 자는 교원노조법상 2년 이하의 징역 또는 2천만원 이하의 벌금에 처하도록 하고 있는 것이다. 문제는 행정소송 제기로 인해 단체협약으로서의 효력이 아직 발생하지 않았다면 과연 그러한 중재재정을 따르지 않았다고 해서 1천만원 이하의 벌금에 처하는 것이 타당한가라는 의문이 제기된다는 것이다.

이러한 관계를 상호 모순되지 않게 해석하고 운용하는 것이 과제가 된다.

2) 합리적인 해석방안

우선 첫 번째 해석방법으로서는 일단 중재재정이라는 처분은 공정력이 있어서 관계 당사자에게 여전히 구속력이 있다는 점에 주목해서, 비록 중재재정이 확정되지 않았다고 하더라도 이를 준수하지 않은 자에게는 여전히 노조법상 벌칙을 적용하되, 다만 확정된 중재재정을 따르지 않은 경우보다는 가벼운 벌금형에 처하려는 것이 교원노조법의 취지라고 이해하는 것이다. 물론 이 경우에는 현행 노조법 제92조 제3호와 관련해서는 헌법재판소가 확정되지 않은 부당노동행위 구제명령에 대한 벌칙을 위헌으로 본 점(헌재 1995.3.23., 96헌가20)을 고려할 때, 중재재정의 효력이 정지된 것이 아니라는 점만으로 관계 당사자가 이를 준수해야 한다고 선언하는 것에서 더 나아가 미확정 단계의 중재재정 위반에 대해서조차 벌칙부과가 가능하다는 것에는 의문이 드는 것이 사실이다.143) 그러나 일반 노조법도 중재재정이 확정된 경우에 이를 따르지 않는다면 가중하여 2년 이하의 징역 또는 2천만원 이하의 벌금에 처하는 제90조 규정을 두고 있다는 점에서 교원노조법 제15조와 전혀 다르지 않은 입법태도를 취하고 있다는 점을 고려할 때, 헌법재판소의 헌법불합치 결정이 나지 않은 현재 상황에서 미리 명문의 교원노조법과 노조법의 해당 규정을 자의적으로 축소해석하여 적용할 수는 없을 것이다. 요컨대 중재재정이 내려진 이상 행정소송을 제기하였더라도 효력이 정지되지 않아서 관계 당사자는 여전히 이에 구속되므로 확정여부와 상관없이 따라야 하고 그렇지 않으면 부득이 교원노조법 1천만원 이하의 벌금이 부과되는 노조법 제92조의 벌칙이 적용될 수밖에 없다. 그렇다면 중재재정이 확정되면 관계 당사자로 하여금 이에 따르도록 한 교원노조법 제12조 제3항은, 비로소 준수의무를 창설하는 규정이 아니고 다만 더 이상 논란의 여지없이 확정된 중재재정의 이행은 더욱 강력히 담보되어야 하기 때문에 그 위반에 대하여는 더 강력한 벌칙(2년 이하의 징역 또는 2천만원 이하의 벌금)을 부과하는 근거를 마련하기 위한 것으로 이해할 수 있다. 마찬가지로 확정된 중재재정은 단체협약과 같은 효력을 가진다는 교원노조법 제12조 5항도 동조 제3항과 같이 새로운 효력부여의 근거규정이 아니고 단순히 이를 따라야 함을 확인해 주는 규정으로 이해해야 할 것이다.

두 번째 해석방법은 교원노조법 제12조의 규정은 중재재정서의 내용 전부가 위법, 월권이 아니라 그 중 일부만이 위법, 월권임을 이유로 불복하는 행정소송이 제기되는 경우에 대비해 마련된 규정으로 이해하는 것이다. 따라서 행정소송으로 불복이 이루어진 일부 중재재정 내용만이 그것이 확정될 때까지는 단체협약으로서의 효력이 없어서 당사자가 따르지 않을 수 있으나, 그 외에 다투지 않은 나머지 중재재정은 교원노조법 제12조 제4항에 따라 효력이 정지되지 않을뿐더러 적어도 그 부분은 확정된 것으로 보아서 5항에 따라 단체협약과 같은 효력을 가지기 때문에 관계 당사자는 이에 따라야 하며, 이를 위반하는 경우에는 강한 처벌인 2

---

143) 부정적인 견해로는 임종률, 「노동법」, 박영사, 2022, 210면.

년 이하의 징역 또는 2천만원 이하의 벌금에 처하는 것이라고 이해할 수 있다. 이 해석방법은 확정되지 않은 중재재정의 일부 내용을 따르지 않았다는 이유만으로 과태료도 아닌 벌칙을 적용하는 것이 불복하는 자의 헌법상 재판청구권을 침해하는 것이라는 비판을 피할 수 있다는 장점이 있다. 그러나 이런 해석방법은, 불복하는 자가 이런 상황을 피하기 위해 언제나 전체 중재재정에 대해 행정소송을 제기하는 우회로(가령 중재재정의 절차 자체가 위법하다는 주장을 하는 경우를 생각할 수 있다)를 활용한다면 그 취지가 무력화될 수 있다는 약점도 있다.

어느 경우이든 중재재정의 준수 분위기를 정착시키는 것이 교원노동관계의 안정뿐만 아니라 중노위의 조정·중재기능의 신뢰성을 확보하는 데에 기여할 것이다. 그렇다면 위 양자의 해석방법 중 하나를 선택하여 일관된 방침을 결정할 필요가 있을 것이다. 다만 어느 방법을 채택하든지간에 교원노조법 제12조 5항(제2항에 따라 확정된 중재재정의 내용은 단체협약과 같은 효력을 가진다)은, 그러한 해석시도를 다소간 곤란하게 만들고 불필요한 해석상 혼란을 가져 오는 부작용을 줄 수 있기 때문에 노조법 제70조와 실질적으로 같은 내용이 되도록 시급히 변경할 필요가 있다.

7. 교원노조법의 입법적 개선사항

1) 교섭창구단일화 관련 개선사항

복수노조가 존재하여 교섭창구단일화를 사용자측이 요구할 경우에 교섭위원 구성에서 교수노조 사이에 합의가 이루어지지 않아 교섭이 이루어지지 못하는 경우가 종종 벌어지고 있다. 현행 교원노조법 시행령은 교섭위원의 자율적 구성에 합의하지 못한 경우에 교섭노동조합의 조합원수에 비례하여 교섭위원을 선임하는 것을 원칙으로 하면서 지방노동관서의 장을 통한 조합원수의 확인 가능성을 열어두었다(영 제3조의2). 그러나 교섭위원 구성에 관한 외부 판정기관을 두지 않은 현행 교원노조법 및 시행령 하에서는 조합원수가 확인 통보되어도 교섭위원의 수를 몇 명으로 기준으로 삼느냐에 따라 노동조합 간 유불 리가 발생하여 교섭위원 구성을 둘러싼 분쟁이 종국적으로 해결되지 못하는 한계가 있다. 이러한 운용상의 한계를 보완하기 위한 기준을 설정할 필요가 있다. 요컨대 현 시행령 제3조의2 제6항에 추가하여 지방노동관서의 장에 의한 교섭노동조합의 조합원 수가 확인된 경우에는 10명의 교섭위원 수를 기준으로 하여 그 조합원 수에 비례하여 교섭위원을 배분한다는 규정을 마련할 필요가 있다. 물론 교섭노동조합 사이에 교섭위원 수에 대해 다른 합의가 있는 경우에는 그 합의에 따르도록 하면 자율성도 보장될 수 있을 것이다. 이러한 추가적인 보완조치를 두지 않는다면 차라리 공동교섭단 구성에 관해 노동위원회의 결정을 받을 수 있는 현행 노조법이 적용되도록 하는 것이 더 낫다고 본다.

2) 교원 노동관계위원회의 특별위원회 제도화

공무원노조법에서는 공무원 노동관계 조정위원회를 설치하고 이를 담당하는 7인의 공익위원을 별도로 위촉하도록 하고 있으나 교원노조법에는 이러한 규정이 없다. 현재는 중앙노동위원회 위원장이 지명하는 조정담당 공익위원 3인으로 교원 노동관계 조정위원회를 구성한다.[144] 교원 노동관계 조정위원회는 중앙노동위원회 산하 부문별 위원회의 성격을 갖는 것에 그친다. 대학을 포함한 학교는 일반 사기업과는 다른 조직적 특성이 있고 그 운영도 복잡한 교육관련 법령의 적용을 받고 있다. 따라서 대학교수노조의 조정이나 중재를 담당하는 교원 노동관계 조정위원회는 조정 및 중재의 전문성이 필수적으로 요청된다. 현재의 부문별 위원회의 성격에 그치는 교원 노동관계 조정위원회는 별도로 위촉되는 전담 공익위원으로 구성되는 특별위원회로 운영할 필요가 있다.

---

[144] 이러한 이유에서 교원 노동관계 조정위원회는 중앙노동위원회 산하 부문별 위원회의 성격을 갖는다. 이와 달리 공무원 노동관계 조정위원회는 별도로 위촉되는 공익위원 7인으로 구성되므로, 특별위원회의 성격을 갖는다.

3) 중재기간의 설정 필요성

현행 교원노조법에 의하면 조정기간과는 달리 별도의 중재기간을 설정하고 있지 않다. 대학교원노조의 쟁의행위는 금지되어 있는 상황에서 조정안 거부로 중재로 이행된 경우에 당사자들은 중재결과에 관심을 기울일 수밖에 없으므로 중재기간을 설정하여 당사자의 시기적 예측을 높일 필요가 있다. 따라서 절차적 예측가능성을 높이기 위하여 30일을 초과하지 않는 범위에서 중재기간을 설정하는 것이 바람직하다.

4) 확정여부를 불문한 중재재정에 대한 단체협약 효력 부여

앞에서 언급하였듯이 교원노조법 제12조 제5항은, 중재재정이 확정된 경우에만 단체협약으로서 효력을 가질 뿐이어서 관계 당사자는 이를 따를 필요가 없다는 식으로 해석상 혼란을 가져 올 수 있다. 따라서 현행 교원노조법 제12조(중재재정의 확정 등) 제5항은 삭제하고 제1항 내지 제4항은 한 조항씩 순연을 시키되, "서면으로 작성된 중재재정의 내용은 단체협약과 동일한 효력을 가진다"는 내용으로 새로운 제1항을 신설하여 삽입하는 것이 필요하다. 이로써 중재재정이 내려진 다음부터는 그것은 단체협약으로서의 효력이 있기에 당사자는 이를 따라야 하는 것이 원칙이고, 예외적으로 위법, 월권이 있는 경우에 한하여 행정소송을 통해 불복할 여지를 부여하는 것이 바람직하다. 그에 따라 위반시 벌칙의 운용이 균형을 갖추게 되면 집단적 교원노동관계의 법적 안정성 및 예측가능성도 확보될 수 있다.

5) 조정 · 중재의 대상

(1) 교섭대상

교원노조법이 준용하는 노조법 제2조 5호는 노동쟁의라 함은 노동관계 당사자간에 임금 · 근로시간 · 복지 · 해고 기타 대우등 근로조건의 결정에 관한 주장의 불일치로 인하여 발생한 분쟁상태를 말한다고 정의하고 있다. 이는 소위 근로조건의 결정에 대한 주장과 관련해서는 교섭의 대상으로서 소위 교섭 대상 3분설의 입장에서 근로조건과 관련된 대상을 의무적 교섭대상으로 이해하고, 단체협약에서는 이를 규범적 부분(노조법 제33조)으로 이해하며, 쟁의행위에서는 교섭의 대상이 될 수 있도록 요구되어야 한다는 목적의 정당성145)에 대한 문제이다.

물론 교섭의 대상이 되는 사항이라도 노동쟁의를 전제로 할 때 조정의 대상은 근로조건의 결정에 관한 주장의 불일치를 전제로 한다고 해석할 여지도 있다. 이에 따라 당사자의 의사결정 분쟁을 의미하는 "이익분쟁" 사항이 대상이고 권리분쟁 사항은 제외된다. 따라서 특별한 사정이 없는 한 권리분쟁 사항은 중재재정의 대상이 되지 않는다는 해석이 가능하다. 교원노조법이 아닌 일반 노조법과 관련한 사안이긴 하지만 판례도 일찍이 "근로조건 이외의 사항에 관한 노동관계 당사자 사이의 주장의 불일치로 인한 분쟁상태는 근로조건에 관한 분쟁이 아니어서 현행법상의 노동쟁의라고 할 수 없고, 특별한 사정이 없는 한 이러한 사항은 중재재정의 대상으로 할 수 없다"고 한 바 있다.146) 다시 말해서 판례는 일반 노조법 사안에서 주장의 불일치 부분이 임의적 교섭사항에 불과하다면 이에 관한 분쟁 역시 노동쟁의라 할 수 없으므로 특별한 사정이 없는 한 이것 또한 중재재정의 대상으로 할 수 없다고 한 바 있다.147) 결국 문제는 근무시간 중 조합활동 허용과 같이 단체협약의 채무적 부분에 해당하는 임의적 교섭사항에 대해서는 중재를 할 수 없는 지로 귀결된다.

생각건대 일반 노조법에서는 노동쟁의의 대상이 아닌 사항, 즉 근로조건의 결정에 관한 주장의 불일치 사항 외에 대하여 중재재정이 이루어진 경우에는 월권이라고 하는 견해148)가 없지 않으나149) 이를 교원노조법에 그대로 관철시킬 수는 없다고 본다. 왜냐하면 교원노조법은 노조법 제2조 제5호의 노동쟁의 개념을 준용하고 있지만 동시에 교원노조법은 제6조에

---

145) 대법원 2001. 4. 24 선고 99도4893 판결
146) 대법원 1996.2.23. 선고 94누9177
147) 물론 최근 노동쟁의 개념을 "노동관계 당사자의 노동관계에 관한 주장의 불일치"로 확장하여 입법화하여야 한다는 비판은 있다. 이준희, 단체교섭법론, 271면
148) 임종률, 「노동법」, 박영사, 2022, 210면
149) 그러나 이에 대한 비판적 견해로는 최홍엽, "중재재정의 대상", 「노동법학」 13호, 한국노동법학회, 1999, 273면 이하 참고

서 노동조합의 대표자는 "그 노동조합 또는 조합원의 임금, 근무 조건, 후생복지 등 경제적·사회적 지위 향상에 관한 사항"을 교섭하고 단체협약을 체결할 수 있도록 하고 명시하고 있기 때문이다. 즉 교원노조법에서는 근로조건의 결정에 관한 의무적 교섭사항을 포함하여 임의적 교섭사항이라고 할 수 있는 노동조합과의 채무적 사항에 대해서도 폭넓게 교섭의 대상임을 인정한 것으로 볼 수 있기 때문이다. 따라서 조합사무소 등 편의제공, 노조전임자, 조합비공제, 조합교육시간 등 조합활동 보장 등은 교섭대상이기에 이에 관한 주장의 불일치는 적어도 교원노조법상 노동쟁의에 포함된다고 해석되고 따라서 조정·중재의 대상도 된다고 할 것이다. 이러한 해석이 쟁의행위를 금지하는 대신에 취해야 한다는 대상조치의 필요성과 요청에도 부합한다.

물론 교섭의 대상이 된다는 것은 당사자의 처분가능성을 전제로 한다는 것은 이론의 여지가 없다. 교원노조법에는 이러한 사항이 처음부터 교섭대상이 아니라는 비교섭사항에 대한 규정은 없고 다만 제7조에서 체결된 단체협약의 내용 중 법령, 조례, 예산에 의해 규정되는 내용과 그 위임받은 내용은 단체협약으로서의 효력을 부인할 뿐이고 교섭상대방으로 하여금 단체협약으로서 효력을 가지지 아니하는 내용에 대하여는 그 내용이 이행될 수 있도록 성실하게 노력하도록 하고 있다. 그럼에도 불구하고 중앙노동위원회의 교원 노동관계 조정위원회나 중재위원회는 법령, 조례, 예산에 의해 규정되는 내용과 그 위임받은 내용이 분명하고 처분가능성이 없는 것이 확실한 사항에 대해서는 적어도 단체협약 체결이 아닌 조정·중재로서는 그 대상으로 삼을 수는 없다.

(2) 조정·중재에서의 공무원노조법의 준용 문제[150]

공무원노조법은 제8조 제1항 단서에서 노동관계 당사자가 "노동조합에 관한 사항, 조합원의 보수·복지 그 밖의 근무조건에 관한 사항"을 교섭할 수 있다고 하면서도, 법령 등에 의한 국가 또는 지방자치단체의 정책결정에 관한 사항이나 임용권의 행사 등 기관의 관리, 운영에 관한 사항으로서 근무조건과 "직접" 관련되지 아니하는 사항은 교섭할 수 없도록

---

[150] 이하의 검토에서는 중앙노동위원회 조정담당 이석진 공익위원의 견해도 반영하였음을 밝힌다.

규정하고 있다. 이를 "비교섭 사항"이라고 하는데 동법 시행령은 "1. 정책의 기획 또는 계획의 입안 등 정책결정에 관한 사항 2. 공무원의 채용·승진 및 전보 등 임용권의 행사에 관한 사항 3. 기관의 조직 및 정원에 관한 사항 4. 예산·기금의 편성 및 집행에 관한 사항 5. 행정기관이 당사자인 쟁송(불복신청을 포함한다)에 관한 사항 6. 기관의 관리·운영에 관한 그 밖의 사항"에 대해서 교섭의 대상으로 할 수 없도록 명시하고 있다. 다만 공무원노조법은 제8조 제2항에서 정부교섭대표에게 "법령 등에 따라 스스로 관리하거나 결정할 수 있는 권한을 가진 사항에 대하여 노동조합이 교섭을 요구할 때에는 정당한 사유가 없으면 그 요구에 따라야 한다"고 성실교섭의무를 정하고 있다.

문제는 이러한 공무원노조법의 규정을 이러한 명시적인 비교섭사항을 두고 있지 않은 교원노조법의 적용을 받는 고등교육기관(대학)의 교원에게 중첩적으로 적용할 수 있는 것인가의 문제가 있다.

가. 하급심 판결의 입장

대전교육청-전교조 중재재정 취소청구사건(대전고등법원 2022. 7. 14. 선고2022누10618 판결)을 배경으로 한다. 동 중재재정 취소청구사건에서 법원은 국·공립학교 유치원·초·중등 교원으로 구성된 노동조합과의 단체교섭 사항은 공무원노조법과 교원노조법이 중첩적으로 적용된다는 해석을 하였다.

나. 비판적 검토

유치원·초·중등 교육기관의 교원은 신분상 교육공무원의 지위와 교원의 지위가 중첩될 수 있다고 하지만 교원노사관계에 대해서는 헌법 제33조 제2항이 아닌 제1항의 노동3권을 교원노조법에 의해 형성하고 있는 만큼 공무원노조법과 교원노조법을 중첩적으로 적용하는 것은 문제이다.

노조법이 공무원과 교원에 대하여는 따로 법률로 정한다고 하고 있고 이에 따라 교원노조법도 제1조(목적) 조항에서 밝힌 것처럼 교원의 노동조합 설립에 관한 사항을 정하고 교원에 적용할 노동조합 및 노동관계조정법에 대한 특례를 규정함을 목적으로 함을 명시하고 있기 때문이다. 또한 공무원노조법도 헌법 제33조 제2항에 따른 공무원의 노동기본권을 보장하기 위하여 노동조합 및 노동관계조정법 제5조 제1항 단서에 따른 특별법임을 명시하고 있다. 즉 특별법의 목적 조항에도 불구하고 2개의 특별법을 교원에게 동시에 적용하는 것은 일반법과 특별법 관계를 무시한 해석이다.

또한, 이러한 판례의 입장은 신분상으로 공무원의 지위에 있지 않은 사립학교법에 따른 사립학교 교원은 일반 사인의 지위임에도 불구하고 공법적 의무를 이중으로 지게 하는 것인데 법률간 체계적 해석으로서도 타당하지 않다. 하급심 판결은 사립학교법 제55조 "사립학교 교원의 복무에 관하여는 국립학교·공립학교 교원에 관한 규정을 준용한다"라는 규정을 근거로 하는 것으로 보이나, 교원노조법 제1조 자체가 "사립학교법 제55조에도 불구하고"라고 하여 교원노조법이 독자적인 교원노동관계에 적용되는 법률임을 명시하고 있어 이를 근거로 할 수는 없다. 나아가 공무원노조법 제2조의 정의규정에서도 이 법에서 공무원이란 교원노조법의 적용을 받는 교원인 공무원은 제외한다는 취지를 명시적으로 밝히고 있다. 이처럼 공무원노조법의 적용범위를 밝히는 기능을 하는 것으로 볼 수 있는 동조의 정의규정에 따르면 교육공무원 중 교원은 공무원노조법의 적용대상이 아니고 교원노조법의 적용대상이라는 것을 밝힌 것이므로 교육공무원인 교원에 대해서는 공무원노조법의 규정이 준용될 수 있다는 근거는 도출되지 않는다고 보아야 한다.

이상과 같이 교육공무원신분이든 사인의 신분이든 교원의 노동관계에 대한 기본권 제한은 교원노조법에 의해 이미 이루어지고 있음에도 공무원 노조법상 제한까지 확장 적용하는 것은 법률의 준용이라고 하기에는 명시적 근거가 없고 해석을 통해 확장해석하는 것으로 위헌적 해석으로 보인다.

6) 쟁의행위 제한에 따른 대상적(代償的) 관점의 합헌적 운영 요청

교원노조법은 노동조합과 그 조합원이 파업, 태업 또는 그 밖에 업무의 정상적인 운영을 방해하는 어떠한 쟁의행위도 할 수 없도록 하고 이를 위반하는 경우 5년 이하의 징역 또는 5천만원 이하의 벌금형에 처하도록 하고 있다. 헌법 제33조는 근로자는 근로조건의 향상을 위하여 자주적인 단결권·단체교섭권 및 단체행동권을 가진다고 하면서, 공무원인 근로자는 특별히 법률이 정하는 자에 한하여 단결권·단체교섭권 및 단체행동권을 가지도록 하고 있다.

그런데, 이러한 헌법유보에 따른 기본권 제한은 "교원"은 제외되어 있음에도 특별한 근거 없이 사립학교 교원에 대한 노동3권을 제한하고 있다. 즉 교원노조법은 공무원인 교원의 경우 헌법유보를 근거로 정당한 기본권 제한으로 볼 여지가 있으나, 이와 달리 사립학교 교원의 경우에는 이러한 헌법유보에 근거한 것이 아니며, 헌법 제37조 제2항에 따른 일반적 법률유보에 의한 기본권의 제한으로 이해된다.

그렇다면 사립학교 교원의 경우에는 기본권 제한의 합헌성을 유지하기 위한 전제 조건인 "비례의 원칙"(목적의 정당성, 수단의 적정성, 침해의 최소성, 법익의 균형성)을 준수하여야 하고 이러한 헌법합치적 법해석이 필요하다.

이러한 관점에서 보면 교원노조법이 사립학교 교원의 단체행동권을 제한하는 규정을 두고 있는 점은 자칫 위헌적 과잉입법으로 해석될 가능성이 있으므로 노동위원회가 이러한 위험성을 낮추기 위한 대상조치를 모색하는 것이 정당화될 수 있다. 즉, 노동위원회는 교원노조의 쟁의행위를 금지하는 법률적 제한에 대한 대상적 조치로서 조정·중재 제도의 운영과정에서 적극적인 조정·중재 활동을 하는 것이 필요하다는 해석이 가능하다.

8. 소결

대학은 추구하는 목적이 일반 사업장과는 다른 헌법상의 지위를 가지기 때문에 고등교육법과 사립학교법 등 교육관련 법령의 강한 영향을 받는 곳이다. 대학의 고용관계는 대학구조조정기를 거치며 급속히 변화하는 와중에 대학교수노조가 합법화되면서 그 이전에는 경험하지 못했던 대학 고용관계의 양상이 전개되고 있다. 특히 현재까지 상황을 보면 주로 사립대학 교수노조와 학교법인 사이에 노동쟁의가 발생하여 조정신청이 들어오고 있는 비율이 높은데, 우리나라와 같이 사립대학의 비율이 매우 높은 사정 아래에서는 앞으로도 그러한 경향이 유지될 것으로 예상된다. 따라서 원활하고 효율적인 조정·중재가 이루어지기 위해서는 교원노조법의 이해도 필요하지만 무엇보다 사립대학의 운영체계와 관련 법제도, 보수수준에 대한 이해가 선행될 필요가 있다. 그러한 이해 하에서 좀 더 통일적인 관점에서 조정 및 중재대상에 대한 접근이 요청된다.

교원지위법정주의(제31조 제6항)를 채택하고 있는 우리 헌법은 그 하위 법령인 교원지위향상법이나 사립학교법 등을 통해 교원의 신분보장, 교원 보수의 우대, 교원의 불체포특권, 교원에 대한 예우를 하도록 하고 있다. 더 나아가 대학교원은 학문의 자유와 대학의 자율성이라는 기본권 보장의 직접적인 향유자이자 단결권 보장의 향유자라는 이중적인 지위를 갖는다는 점에서 대학교수노조가 추구하는 경제적·사회적 지위 향상에는 일반노조법과는 달리 광범위한 교섭사항을 담을 수 있다고 해석하는 것이 합헌적 해석이 될 것이다.

조정은 노사가 노동쟁의를 자주적으로 해결할 수 없는 상태에서 관계당사자의 신청에 의해 이를 조정하여 권고하고 당사자가 수락하여 노동쟁의를 해결하는 제도이다. 기본적으로 노사의 자주적 해결정신을 기초로 하고 있으므로 조정위원회의 조정을 통한 조정안의 제시는 교섭대상이 되었던 사항에 관한 것이라면 원칙적으로 제한은 없다고 할 수 있다.

중재는 노동위원회의 중재 처분(중재재정)에 의해 노동쟁의를 종결시키는 제도이다. 노동관계 당사자의 자주적 해결이라는 노사자치 원칙과는 배치되는 제도이다. 교원노조법은 이에 대해 당사자 양쪽이 함께 중재를 신청한 경우, 중앙노동위원회가 제시한 조정안을 당사자의 어느 한쪽이라도 거부한 경우, 그리고 중앙노동위원회 위원장이 직권으로 또는 고용노동부장관의 요청에 따라 중재에 회부한다는 결정에 의한 경우로 한정하지만 교원노조법의 규정상 노동관계 당사자는 중재 이외에는 노동쟁의를 해결할 수단이 없기 때문에 대학교원노동관계는 결국 중재에 의존할 수밖에 없는 구조이다.

교원의 노동쟁의에서 노사자치 원칙에 배치되는 중재에 의한 조정을 노동쟁의 종결을 위한 제도로 둔 것은 교원의 신분적 특수성과 공익의 보호를 목적으로 한 기본권 제한이라고 이해해야 한다. 그 결과 노동위원회가 직접 중재자로 개입하는 것이므로 헌법합치적 중재제도 운영으로 노사자치의 당사자 균형성 회복을 도모할 필요가 있다. 즉, 중재에서는 교섭의 경위를 충분히 고려할 필요가 있고 쟁의행위금지의 대상적 관점에서 적극적 중재가 필요하다. 그만큼 대학교수노조의 노동쟁의 조정을 담당하는 중앙노동위원회의 교원노동관계 조정위원회의 전문성 확보가 중요하다. 이러한 점들을 고려하면 대학교수노조 조정신청은 현재와 같이 중앙노동위원회 조정·중재 체제를 유지하되, 교원노동관계 조정위원회의 조정·중재를 지원하는 지원체계를 좀 더 확대·확충할 필요가 있다. 동시에 대학교수노조의 합법화와 함께 마땅히 함께 정비되어야 했음에도 불구하고 시간적 촉박성 때문에 실시되지 못했던 현행 교원노조법 취약한 일부 규정들을 시급히 정비해야 할 것이다.

제5장. 대학구조조정과 관련한 법적 문제

1. 대학통폐합에서의 쟁점

1) 대학 통폐합의 유형

'학교법인'이 설립·경영 주체로서 존재하는 국내 고등교육체제 하에서 대학 통폐합은 ① 상이한 학교법인 간에 이루어지는 합병의 경우나 ② 상이한 학교법인 사이에 그 산하 대학교를 양도하는 경우, 그리고 ③ 동일한 학교법인이 운영하는 복수의 대학교간 통폐합을 모두 지칭한다.

다만 현재 논의되는 대학통폐합은 구조개혁의 압박에 의해 실시될 개연성이 크다는 점에서 일반적인 상황에서 대학들의 자발적인 통폐합을 기대하기는 쉽지 않다. 경영위기대학이 구조개선명령을 이행하거나 회생계획을 제출함에 있어서 가장 큰 관심을 가져야 하는 분야는 재정기여자 공모를 포함하여 적극적 인수통합 추진일 것이다.

그러나 폐교 및 법인해산과 같이 급박한 상황에 이르렀을 때에는 외부에서 가해지는 효과적인 구조조정의 방법으로 대학통폐합, 구체적으로는 일부 통폐합이 시도될 여지가 있다.

2) 대학 통폐합에 따른 고용승계 문제

대학 통폐합은 그 세부 유형을 불문하고 대학 내 교직원의 고용관계와 법적 지위에 결정적인 영향을 미치는 의사결정이다.

동일한 학교법인 산하의 대학이 통폐합되는 경우에는 학교법인인 사용자는 변동이 없으므로 원칙적으로 고용승계의 논란은 애초부터 불거지지 않고, 다만 근무조건이나 교육 및 연구환경의 변화만이 문제될 것이다.

그런데 나머지 다른 유형의 경우151)에는 무엇보다 교직원의 고용승계

---

151) 한 가지는 상이한 학교법인 간에 이루어지는 합병의 경우이고 다른 한 가

가 인정되는 지가 문제된다. 구조개혁의 압박에 의해 대학통폐합이 실시될 개연성이 크다는 점에서 신규 채용형식을 통해 일부 교직원을 탈락시키는 방식으로 이루어지는 경우에는 그 효력을 둘러싸고 법적 분쟁이 발생할 가능성이 크지만 아직 이를 정면으로 다룬 법적 분쟁은 대학통폐합에서는 많지 않다.

제1장에서도 잠깐 언급했듯이 대학 통폐합이 가지는 노동법적 문제는 무엇보다 통폐합되는 대학의 자산과 부채 외에 '교직원'들도 통합하는 대학으로 승계되는지 여부이다.

대학통폐합의 유형에 따라서는 그것이 비록 상법상의 합병이나 영업양도는 아닐지라도 사립학교법상의 합병이나 노동법상의 사업양도로 보아서 계약당사자인 법인 사이의 합의 여부와 상관없이 인정되는 법률효과의 일환으로서 고용승계가 된다고 볼 것인지가 관건이 된다.

특히 사업양도의 경우에는 합병과 달리 권리의무의 포괄승계에 관한 법적 근거가 없기 때문에 고용승계라는 법률효과에 대해서는 논쟁이 존재한다. 이에 대해 사업양도시 고용승계와 관련한 우리 대법원의 입장은 '원칙승계설'을 취한다.

원칙승계설은 당연승계설과 달리 영업양수도 계약당사자 사이에는 근로자를 승계한다는 합의가 있는 것으로 추정할 수 있지만 종전 근로자의 일부를 승계 배제하는 특약이 가능하다는 입장이다. 다만 이러한 승계배제 특약은 해당 근로자에게 있어서는 실질적으로 해고에 해당하기 때문에 해고의 정당한 이유가 있어야 하는 바, 영업양도 그 자체는 해고의 정당한 사유가 될 수 없다는 것이다.

3) 폐교대학 학부(학과)단위 일부사업양도의 장애요소

대학폐교가 현실화된 경영위기대학이나 이미 대학이 폐교된 경우에는 그 폐교대학 전체를 다른 대학이 인수자로 나서 통폐합하는 것을 기대하기는 어렵고 현실적으로는 일부 통폐합만이 그나마 실현가능성 있는 대안이라고 할 것이다.

지는 상이한 학교법인 사이에 그 산하의 대학교만을 양도하는 경우가 된다.

물론 학부·학과단위에서의 사업양도는 학부단위의 사업양도의 간이화·원활화를 위한 아이디어로 검토해 볼 수 있지만, 대학의 설치자 변경과는 달리 현실적으로 넘어야 할 장벽이 높아서 제한적으로 활용을 검토할 수 있다.

가령 파산이나 해산, 혹은 회생절차 진행과 같은 비상시 상황에 처한 학교법인이 산하 대학 전체에 대한 인수자(재정적 기여자)를 찾기 어려운 상황에서 재정위기극복과 학생교육권의 보호를 위해 최후의 수단으로서 특정 학부·학과단위(예컨대 대학병원을 포함한 의과대학)만의 양도가 그나마 인정될 가능성이 있을 것이다.

이런 경우에는 폐교나 법인해산 시 일부 사업성이 있는 학과 및 단과대학만이라도 양도양수하는 방법으로 부분적 대학통폐합을 활용할 수 있도록 지원할 필요가 있다.

타 대학(인수대학) 입장에서는 학령인구의 급격한 감소에 대응해 가기 위해서 각 학교법인의 강점을 살리고, 약점을 보완하는 방법의 구축이 중요하다. 따라서 학교법인이나 대학 단위에서의 연대·통합 외에 학부·학과 단위를 포함한 좀더 원활한 사업양도의 방법도 고려할 필요가 있다.

한편 통·폐합이 아니라 해당 교지, 교사 및 기자재 자산만을 양수·양도하는 방식으로 다른 대학에서 해당 학과를 증설하는 방안(이 경우는 원칙적으로 고용승계의 대상이 아니며, 교직원이 필요한 경우 신규채용 형식을 취하게 됨)의 현실성을 살펴보면, 우리 사립학교법 제28조(재산의 관리 및 보호) 제2항은 학교교육에 직접 사용되는 학교법인의 재산 중 대통령령으로 정하는 교지(校地), 교사(校舍), 체육장 등은 이를 매도하거나 담보에 제공할 수 없다고 규정하고 있어서 법인이 아닌 그 산하 대학교만의 양도가 가능한지를 둘러싸고 논란이 있을 수 있다.

물론 사립학교법 시행령 제12조 제2항은 "교육·연구의 경쟁력 강화 및 특성화를 위하여 학교법인 간에 교환의 방법으로 처분하는" 교지 등의 재산의 경우에는 학교법인이 매도하거나 담보로 제공할 수 없는 재산에서 제외하고 있기 때문에 교육부장관의 허가를 받는다면 상이한 학교법인 사이에 산하 학교기관의 자산을 매각하는 것이 불가능한 것은 아니라고 할 것이다.

다만 이 같은 상호교환 방식이 아니라 일방이 상대방에게 매도하는 방식(결국, 이것이 현실성이 있는 구조조정방안)인 경우에는 현행법상 교육부장관의 허가를 받기가 곤란한 측면이 있다.152)

요컨대 구조조정의 급박한 상황에서 특정 학부·학과단위(예컨대 대학병원을 포함한 의과대학)만을 양도할 수 있도록 하기 위해서도 법적 정비가 필요한 상황이다. 또한 대학 통폐합의 유형에 따라 그 법률효과로서의 고용승계 법리에 대한 근거 및 이론 개발도 법 제정을 준비하는 과정에서 면밀하게 검토하여 반영할 필요가 있다.

4) 학교법인 산하 기관 관련 사업양도 사례

학교법인 산하에 두었던 병원을 경영이 어려워지자 그 이후에 별도 법인으로 설립한 다른 의료법인에게 산하 병원과 관련된 자산과 부채를 모두 이전시킨 사례153)에서 우리 대법원은 이러한 이전을 영업양도로 보았다.154)

이 사건은 그 산하에 甲병원(포항선린병원)을 운영하던 乙학교법인(현동

---

152) 우리 대법원 판결 중에는 이를 인정한 사례가 전혀 없는 것도 아니다. 가령 원고(학교법인 A)가 그 임시이사회의 결의에 따라 그 학교를 원고(학교법인)로부터 분리하여 그 운영권을 피고(학교법인 B)에게 양도하고, 부산시 교육감의 인가를 받아 원고의 정관 제3조의 설치학교에서 위 학교를 삭제한 다음, 교육감의 허가를 받아 이 사건 부동산을 피고에게 증여한 사건에서 대법원은 "… 사실관계가 위와 같다면, 원고(학교법인)가 사립학교법 제34조 이하 소정의 해산절차를 밟아 잔존하는 재산에 대하여 원고의 정관 제32조의 규정에 따라 다른 학교법인이나 기타 교육사업을 경영하는 자에게 귀속시키지 아니하고, 위 학교의 운영권을 타인에게 양도하고 이 사건 부동산을 처분하였다고 하여 이를 무효라고 볼 수는 없다"고 하였다(대법원 1998.4.24. 선고 97다54284 판결).
153) 이 사건의 경위를 조금 더 살펴보면 원래 재단법인 포항선린병원(선린대학교와 함께 설립자가 동일)과 한동대학교를 운영하는 학교법인 현동학원이 협정을 체결하여 의대설립을 목표로 1997년경 선린병원재단을 해산하고 그 재산(선린병원)을 한동대에 기증하였으나(대신에 재단법인 이사장이 재정기여자로서 현동학원 이사장으로 취임) 의대설립이 무산되고 병원재정도 악화되자 해당 병원을 다시 학교법인에서 분리한 사건이라고 할 수 있다. 실제로 甲병원을 영업양수한 신설 丙의료법인의 이름은 해당 이사장의 호를 딴 것으로 보인다.
154) 대법원 2012.5.10. 선고 2011다45217 판결

학원)이 2008년경 丙의료법인(인산의료재단)을 새로 설립하여 甲병원 영업을 양도하면서도 甲병원 근로자들에게 그 사실을 고지하지 않았다가, 나중에 영업양도 사실을 알게 된 丁 등 甲병원 근로자 일부(원고)가 퇴사하면서 乙법인을 상대로 퇴직금 지급을 구한 사안이다.

물론 동 판결은 대학교 자체의 이전이 아니라 산하 병원의 이전이 문제된 것이고 인수한 의료법인의 경영부실을 우려한 근로자가 승계를 거부하고 종전 학교법인에 대하여 퇴직금을 청구한 사건으로서 고용승계의 확인을 직접적으로 다툰 사례는 아니다.

그러나 학교법인 산하 병원의 이전을 영업양도로 보고 그 고용승계를 원칙적으로 인정하고 있다는 점이 이 판결에서 주목할 부분이다.[155]

5) 사업의 일부양도시 승계되는 인적 범위와 근무조건

일부 학부단위 이하의 사업양도는 사업의 일부양도라고 할 수 있으므로 법적 정비를 통해 이를 허용한다고 하더라도 그 승계되는 인력에는 해당 학부단위나 학과에 근무하는 교원과 직원만이 해당한다고 보아야 할 것이다.

나아가 대학통폐합에 따라 원칙적으로 고용승계가 인정된다고 하더라도 교원과 직원들에 대한 종전 근무조건에 대한 권리의무는 어디까지 승계되느냐 하는 문제도 중요하다.

특히 교원의 경우에는 종전 급여수준과 같은 일반적인 근로조건의 승계뿐만 아니라, 종전의 소속 대학에서 보장받았던 연구 및 교육조건들도 승계된다고 볼 수 있는지 여부 등이 특수하게 제기되는 문제이다. 다만 포괄적 근로조건의 승계를 인정한다고 하더라도 대학통폐합 후에 교원 사이의 학칙을 통한 교육 및 연구 조건의 통일 필요성을 사회통념상 합리성으로 볼 수 있다면 비록 집단적 동의가 없더라도 취업규칙의 불이익 변경으로서 학칙 및 시행세칙의 변경을 인정할 필요성이 있다.

---

[155] 대법원은 이 사례에서 해당 병원 소속 근로자들(원고)이 퇴직금의 확실한 수급보장을 위해 고용승계를 거부한 승계거부의 선택권을 인정하였고 이에 따라 퇴사한 원고들이 영업양수인이 아닌 학교법인에 대하여 퇴직금 청구를 인정하였다.

근본적으로 이러한 논란을 피하기 위해서는 승계되는 교원별로 교육이나 연구조건을 규정한 새로운 학칙에 대한 동의서를 받아 둘 필요가 있을 것이다.

2. 자진폐교 및 법인해산 지원 관련 입법적 쟁점

1) 잔여재산 귀속자 문제

(1) 잔여재산의 귀속자

사립학교법 제10조의2(출연자의 정관 기재) 제1항은 학교법인이 정관에 일정한 재산을 출연한 자의 성명 및 생년월일, 출연재산의 명세와 평가기준, 금액, 출연자의 출연의사 등을 기재할 수 있다고 규정하는 한편 제2항은 제1항에 따른 출연자 외에 학교법인의 설립 이후 대통령령156)으로 정하는 일정 금액 이상의 재산을 출연하거나 기부한 자에 대해서도 당사자의 의사에 따라 제1항 각 호의 사항을 정관에 적을 수 있도록 하고 있다. 또한 사립학교법 제10조 제2항은 학교법인의 설립 당초의 임원으로 정관으로 정하도록 하고 있다.

사립학교법 제13조에는 법인설립에 관하여 민법 제47조, 제48조, 55조 1항 등을 준용한다고 규정함으로써 학교법인의 그 본질적 속성이 재단법인이라는 것을 인정하고 있다. 따라서 재단법인은 그 속성상 상속의 대상이 되지 않는 것이다. 따라서 사적 재산권의 문제로 접근하는 것은 지양해야 한다.

재단법인은 상속의 대상이 아니므로 자연인인 출연자의 상속인이 별도로 존재한다고 해도 상속인은 원칙적으로 해산장려금 지급대상이 안 된다. 만약 해산장려금을 설립자 가족에게 지급하는 것이 퇴로촉진에 도움이 된다는 정책적 판단에서 이를 행해야 한다면 일정한 조건을 갖춘 출

---

156) 「대학설립·운영 규정」 제7조제1항, 「사이버대학 설립·운영 규정」 제7조제1항 및 「고등학교 이하 각급 학교 설립·운영 규정」 제13조제1항에 따라 확보하여야 하는 수익용기본재산의 10% 이상에 상당하는 금액을 말함(사립학교법 시행령 제4조의2)

연자의 상속인에 대해서만 지급하는 것이 국민감정의 수용성 측면에서 바람직하다(예: 해당 학교법인의 이사로서 일정기간, 즉 10년~20년 이상 재직한 자).

우리 대법원은 특례조항인 사립학교법 제35조의2 재산출연자조차도 당연히 잔여재산 취득권이나 잔여재산의 귀속자로 선정될 분배기대권을 취득한다고 보지 않는다. 따라서 자발적 퇴로지원 방안으로서 해산장려금의 지급은 퇴로촉진을 위한 정책적 판단사안이지 법적 권리의무의 존부 판단문제는 아니다.

대법원 2008.11.27. 선고 2008다46012 판결(출연사실 정관기재절차 이행)

1. 사립학교법 제10조의2 제1항은 학교법인이 정관에 일정한 재산을 출연한 자의 성명 및 생년월일, 출연재산의 내역과 평가기준, 금액, 출연자의 출연의사 등을 기재할 수 있다고 규정하고 있기는 하나, 위 규정으로 인하여 학교법인이 재산출연자를 정관에 기재하여야 할 의무를 부담하게 되었다고 보기는 어렵고, <u>학교법인의 정관에 재산출연자로 기재되는지 여부에 의하여 재산출연자로서의 권리 또는 법률관계가 결정되거나 영향을 받는 것도 아니라 할 것이므로</u>, 재산출연자가 학교법인을 상대로 소로써 학교법인의 정관에 자신을 재산출연자로 기재하는 절차를 이행하라고 구하는 것은 법률상 권리보호의 이익이 없다.
2. 사립학교법 제35조의2 제7항이 고등학교 이하 각급 학교를 설치·경영하는 학교법인은 학생수의 격감으로 인하여 그 목적의 달성이 곤란하여 해산하는 경우 일반적인 학교법인 해산시와는 달리 학교법인이 작성하여 시·도교육감의 인가를 받은 잔여재산처분계획서에 정한 자에게도 잔여재산을 귀속시킬 수 있도록 규정하고 있기는 하나, 그 문언이나 관련 규정들에 비추어 <u>재산출연자가 위 사유로 인한 학교법인의 해산시에 당연히 잔여재산 취득권을 취득한다거나 잔여재산의 귀속자로 선정될 분배기대권을 취득한다고 볼 수 없다.</u>

자발적 폐지의 경우에 잔여재산은 사전에 정관상 귀속자가 교육사업을 경영하는 개인(예: 유치원운영)으로 지정되어 있지 않는 한, 잔여재산처분계획서를 통해서 개인에게 지급하지 않도록 하고 이사회에 의한 운영과 관할관청의 감독을 받게 되는 법인으로 귀속되도록 하는 것이 논란을 피하는 방법이다.

(2) 해산장려금 문제

　폐교촉진이라는 정책적 차원에서 해산장려금을 지급한다면 정관에 기재된 출연자에게 지급하고 정관상 출연자(설립자)가 사망(자연인) 내지 소멸(법인)한 경우에는 해산장려금은 미지급하는 것이 원칙이다.

　만약 출연자가 법인인 경우에는 그 법인만 지급대상자로 한정하고 특수관계인 중 출연법인에 출연한 개인까지 출연자에 준하는 것으로 볼 필요는 없다. 출연자가 복수로 존재하는 경우에는 그 출연가액의 비율에 따라 분배할 수 있다.

　해산장려금 관련 초중등학교의 경우에는 기본재산 감정평가액의 30%였으나 대학의 경우에는 그 금액이 매우 클 수 있어서 문제이다.

　지급한다고 해도 잔여재산액의 10%를 넘지 않도록 하고 관련 위원회에서 다양한 검토자료를 통해 적정한 해산장려금을 산정하는 것이 바람직하다.

　사견으로서는 해산장려금이라는 용어보다는 고등교육 공로보상금이라는 용어를 사용하여 사학비리 없이 일정기간 고등교육기관을 운영해 온 설립자나 그 후손으로서 학령인구 감소 등으로 도저히 대학경영이 어려워서 자진폐교하는 경우에 그간의 고등교육에 대한 기여에 대해 보상하는 차원에서 잔여재산액의 감정평가액의 10%를 넘지 않는 선에서 사학진흥기금의 계정에서 정액으로 지급하는 제도를 마련하는 것이 바람직하다. 물론 공로보상금은 학교법인 운영기간과 재학생수를 기준으로 한 대학규모에 따라 금액을 차등화할 수 있을 것이다. 이렇게 하면 재단법인의 재산을 특정인에게 돌려준다는 비판을 피할 수 있기 때문에 상대적으로 정책적 수용성이 크다고 본다.

2) 교직원에 대한 대책 강구

자진폐교시 교직원들은 실직을 하게 되므로 폐교에 강하게 반대하므로 퇴직에 따른 금전적 유인을 마련할 필요가 있다. 체불임금 외에 감정평가액의 일정한도 안에서 명예퇴직금 혹은 퇴직위로금(일종의 면직보상금) 지급이 필요하다.

그 외에도 사립학교교직원은 고용보험법 적용대상에서 제외되고 있는 바, 학교법인의 비용이나 교육부(사학진흥기금)의 지원·출연 등으로 고용보험법상 전직지원사업에 준하는 지원대책 마련할 필요가 있다. 즉 전직을 위한 교육훈련사업 등을 지원할 제도적 뒷받침이 필요하다.

> ※ 고용보험법 25조(고용안정 및 취업촉진) 제1항 3호("그 밖에 피보험자등의 고용안정 및 취업을 촉진하기 위한 사업으로서 대통령령으로 정하는 사업") 및 동법 시행령 제35조(고용안정과 취업의 촉진) 내지 제35조의 2(교육사업·홍보사업의 지원), 제36조(취업지원사업의 지원), 제37조의 2(고용안정 지원사업 등에 대한 지원) 등 전직을 위한 교육훈련, 직업소개, 직업정보소개, 직업진로지도 등에 대한 지원이 있음

3) 자진폐교에 대한 교내구성원의 동의 여부

경영위기대학에 해당하는 대학에서 대학폐지에 대한 이사회의 결의 외에 학내구성원에 대한 동의를 받도록 할 필요가 있다면 대학평의원회가 가장 대표성이 있는 학내기관이라고 할 수 있다(교원, 직원, 학생, 동문대표 참여). 향후 원활한 폐교절차 진행을 위해 학내구성원 동의여부를 확인할 필요가 있다는 점을 고려할 때 자진폐교 결정에 대한 교육부의 지원여부를 결정할 경우에 교무위원회 의결 외에도 대학평의원회의 심의의결 여부를 고려하여 판단할 필요가 있다.

다만 학내 노동조합을 통해 각 직역의 평의원 대표가 선출된 경우에는 문제가 없겠으나 이와 별개의 절차를 거쳐 평의원이 선출된 경우에는 해당 노동조합의 의견을 반영하기 위해 대학평의원회의 일시적 확대도 고려할 수 있을 것이다(이 경우에는 별도의 법적 근거가 필요하다). 이때

복수노동조합은 대표성을 확보하는 최소한의 조건으로서 각 조직대상 교원이나 직원 전체의 10% 이상을 조직화하고 있는 노동조합의 추천으로 한정할 필요가 있다.

자진폐교에 대해 대학평의원회가 단순심의하는 것에 그치지 않고 동의의결을 요하도록 별도의 법적 근거를 마련해야 한다면 이때에는 의결정족수도 함께 규정할 필요가 있다. 경영위기대학의 경우에는 자진폐교(목적의 달성이 불가능한 때라는 사유에 의한 해산)와 관련해서는 현행 사립학교법과 같이 특별의결정족수(과반수출석과 2/3 이상 찬성)로 할 수 있다(법 제34조 제2항).

4) 자진폐교를 위한 절차로서의 지역사회 동의 여부

역선택(합리적인 대안없는 무조건적인 폐교반대)를 방지하기 위한 일환으로서 자진폐교에 대한 지역사회의 동의절차는 바람직하지 않으며 현실적으로도 이를 구현하기가 곤란할 것이다. 지역사회는 폐교에 따라 반사적 효과로서 경제적 영향을 받지만 법적 이해관계인이라고 보기에는 무리이다(지역사회의 의사결정 주체도 대표성도 불분명). 다만 참여주체를 명확히 할 수 있다면, 제도화까지는 아니더라도 지역사회의 의견수렴과 협의가 불필요하지는 않다. 따라서 폐교의 투명성 확보 차원에서 지자체 또는 지자체가 추천한 전문가가 함께 참여해 학교법인의 재정상태 및 회생가능성을 공동으로 실사하는 것은 정보부족으로 인한 지역사회 내에서 불필요한 분쟁을 줄이는 방안이 될 수는 있을 것이다. 동시에 추후 이루어질 폐교대학 자산에 대한 감정평가작업을 수월하게 할 수도 있다.

3. 법인해산 시 청산과 재산처리 관련 쟁점

1) 신속한 청산실행과 구성원 보호를 위한 재원확보

신입생모집에 실패한 대학교의 교직원의 임금체불은 시간이 지남에 따라 점점 더 커지는 특징을 띤다. 따라서 자력으로 유지가 곤란한 학교법인의 경우에는 신속하게 폐교하고와 법인을 해산하는 것이 더 바람직한 것일 수 있다.

고등교육산업 구조조정정책을 추진하는 과정에서 어느 정도의 대학폐교와 법인해산은 현실적으로 불가피한 측면이 있을 수 있다는 점을 감안하면 문제가 되는 것은 폐교대학 출신의 교직원과 재학생에 대한 다양한 지원책을 마련하는 것이다.

2017년도 이후에 폐교되는 대학의 뚜렷한 특징은 과거의 폐교대학의 사례와는 달리 장기간의 신입생모집 실패로 학교법인의 재정적 여력이 부족하여 소속 교직원들이 상당한 정도의 임금체불에 시달리고 있다는 것이다.

따라서 대학구조개편의 원활하고 안정적인 추진을 위해서라도 폐교대학 교직원들에 대한 체불임금과 전직지원 및 퇴직 후 생계안정을 지원하는 것이 필요하다.

최근 개정된 사립학교법이 학교법인이 해산되어 처분 후 국고에 귀속되던 잔여재산을 사학진흥기금의 청산지원계정에 귀속되도록 하는 한편(법 제35조 제4항), 함께 개정된 한국사학진흥재단법에서도 종전 사학진흥기금을 사학지원계정과 청산지원계정으로 구분하고(제17조 제2항), 청산지원계정을 정부의 출연금과 사립학교법 제35조 제4항에 따른 잔여재산 등의 재원으로 별도 조성하도록 하고 있다(제18조 제2항). 이에 따라 청산지원계정의 기금을 학교법인의 청산에 필요한 자금의 융자를 위하여 사용하도록 한 것(제19조 제2항)은 신속한 대학폐교(폐지와 폐쇄) 및 해산법인의 원활한 청산에 기여할 것이다.

2) 학교재산의 신속한 처분에서의 법적 쟁점 검토

(1) 폐쇄대학 임시이사의 학교재산 처분권한을 둘러싼 쟁점

폐쇄대학에서 학교재산의 처리와 관련하여 임시이사의 권한(결의처분의 효력 및 한계)이 문제되는 경우는 강제폐교의 경우에만 해당한다.

이는 폐쇄대학에서 폐교결정의 주체에 따른 차이이다. 대학폐지(자진폐교) 결정은 임시이사의 권한 밖의 사항이기 때문이다.

대학폐쇄나 학교법인 해산명령의 대상이 되는 대학의 경우, 학내비리 또는 경영상의 문제가 누적되어 해당 법인의 이사회가 정이사가 아닌 임시이사일 가능성이 높다. 이로 인해 임시이사에게 해당 대학의 자산을 처분할 권한이 있는지 여부, 즉 해당 결의가 유효한 것인지 여부가 주요 쟁점으로 부각 된다.

(2) 법인해산의 경우 임시이사의 학교재산 처분권한

학교법인이 대학 하나만을 가지고 있는 경우, 대학폐쇄는 곧 법인해산에 해당한다. 이 경우 임시이사157) 결의처분의 효력이 특별히 문제될 가능성이 낮다. 교육부의 해산명령에 따른 대학폐쇄에 따라, 해당 학교법인이 청산절차를 거쳐 법인해산에 이르게 된다.

청산절차에 기해 청산인이 선임되어 법인의 업무를 처리하는 바, 이 경우 청산인이 청산법인의 채무변제 및 채권추심 업무를 통해 현존사무를 종결하는 업무를 수행하는 것은 청산인의 정상적인 업무범위에 해당한다. 해산명령에 따라 대학폐쇄가 이루어지고 법인해산에 이르고 이때 임사이사를 청산인으로 지정한 경우에는 청산절차에서 청산인이 법인자산의 매각을 결정하는 행위는 청산인의 업무범위에 해당되므로, 특별히 임시이사의 권한 문제를 논할 실익이나 여지는 없다.

(3) 법인존속의 경우 임시이사의 학교재산 처분권한

해산명령을 받은 학교법인 산하에 폐쇄대학 이외에도 교육기관이 존재하는 경우, 대학폐쇄가 이루어졌다고 하여 학교법인 자체가 소멸하는 것이 아니다. 학교법인은 존속하기 때문이다. 이때 학교법인의 자산매각을 위해서는 이사회 의결 및 주무관청의 허가가 요구된다.

다만 학교법인이 존속하는 상태에서, 폐쇄대학의 자산을 매각하는 결의를 임시이사의 지위에서 할 수 있는지 여부가 문제된다. 임시이사는 정이사 부재시 해당 학교법인의 일반적인 운영상황을 유지하는 한도에서만

---

157) 학교법인이 해산할 당시 임시이사체제이거나 임시이사체제였던 경우로서는 서남대(서남학원), 대구외대(경북교육재단), 개혁신학교(학교법인 개혁신학원) 등을 들 수 있고 산하에 다른 교육기관이 있어서 학교법인이 해산하지 않긴 하지만 폐쇄명령시 임사이사체제인 경우의 예로서는 한중대(광희학원)를 들 수 있다.

정당한 권한을 가진다(대법원 2007. 5. 17. 선고 2006다19054 전원합의체 판결).

> 대법원은 "학교법인의 기본권과 구 사립학교법(2005. 12. 29. 법률 제7802호로 개정되기 전의 것)의 입법목적, 그리고 같은 법 제25조가 민법 제63조에 대한 특칙으로서 임시이사의 선임사유, 임무, 재임기간 그리고 정식이사로의 선임제한 등에 관한 별도의 규정을 두고 있는 점 등에 비추어 보면, 구 사립학교법 제25조 제1항에 의하여 교육인적자원부장관이 선임한 임시이사는 이사의 결원으로 인하여 학교법인의 목적을 달성할 수 없거나 손해가 생길 염려가 있는 경우에 임시적으로 그 운영을 담당하는 위기관리자로서, <u>민법상의 임시이사와는 달리 일반적인 학교법인의 운영에 관한 행위에 한하여</u> 정식이사와 동일한 권한을 가지는 것으로 제한적으로 해석하여야"한다고 본 바 있음(출처: 대법원 2007. 5. 17. 선고 2006다19054 전원합의체 판결 다수의견)

이와 같은 대법원 전원합의체의 다수의견에 비추어 보면 학교법인이 존속하는 경우는 기본재산의 매각행위는 임시이사의 통상적인 운영 및 업무범위에 해당한다고 판단하기 어렵다고 판시할 가능성이 높다. 따라서 위 문제의 해결을 위해서는 특별법의 제정 또는 기존 관련 법률의 개정을 통해 학교법인이 존속하는 경우, 폐쇄대학의 자산매각과 관련한 문제를 해결할 필요가 있다.

(4) 임시이사의 학교재산 처분결의권 문제

학교법인 존속의 경우, 임시이사의 학교재산 처분권한은 현행 법률 및 해석에 의해서는 인정되기 어렵다. 임시이사의 결의처분의 효력을 인정할 수 없다면, 체불임금의 변제를 위한 자산의 신속한 처리는 기대하기 어렵기 때문에 문제가 된다.

따라서 대학폐쇄명령의 취지를 고려하여 금융산업의 구조개선에 관한 법률 제10조(적기시정조치) 제1항 제4호[158])에서 보듯이 별도의 법률적

---

158) 제4호 임원의 직무정지나 임원의 직무를 대행하는 관리인의 선임

근거를 마련하여 관할청이 대학에 대하여 대학폐쇄명령을 내릴 때에 폐쇄대학의 기존 임시이사를 포함하여 정이사의 직무를 정지하고 그 임원의 직무를 대행하는 관리인(실제로는 새로운 임시이사)을 선임하여 학교재산에 대한 별도의 처분권한을 부여하는 입법 마련이 필요하다. 학교법인 대학경영능력이 파탄났음을 확인하는 대학폐쇄명령을 내리면서 학교법인에 정이사를 임명할 수는 없기 때문에 대학폐쇄시 임원을 대신할 관리인을 별도로 설정할 필요가 있는 것이다.

3) 청산인 선임 관련 쟁점

(1) 법인해산의 경우 청산인 지정

선량한 관리자의 주의로 직무를 수행할 의무(민법 제61조를 준용하는 민법 제96조 참고)가 있는 청산인은 청산절차를 수행하여 학교교법인 또는 폐쇄대학의 자산을 정리하여 조속히 교직원의 임금체불 등 부채를 상환하여 청산을 조기종료시키는 데에 기여할 수 있는 만큼 누구를 선임하느냐가 중요하다.

청산인의 역할로서는 대학이 폐쇄된 학교법인에서 청산절차를 진행하면서 학교법인 또는 폐쇄대학의 자산을 정리하여 조속히 교직원의 임금체불 등 부채를 상환하여 청산의 조기종료를 진행하는 것이 중요하다. 구체적으로는 청산인은 채권자로부터 신청 등을 받아, 학교법인의 부채(채무)를 확정함과 함께 학교법인의 재산을 순차 현금화하여 채무의 변제를 행한다. 채무의 변제가 완료된 후, 적극재산이 잔존하고 있는 경우에는 청산인은 당해 재산(잔여재산)을 정관에 정한 바가 있으면 정관에 따라 귀속시키고 그렇지 않으면 잔여재산은 사학진흥기금의 청산지원계정에 귀속시킨다

법인해산의 경우 청산인의 지정과 관련해서는 민법 제82조[159], 제83조[160], 제84조[161] 내용이 적용된다. 이에 따르면, 파산을 제외한 법인해

---

[159] 법인이 해산한 때에는 파산의 경우를 제하고는 이사가 청산인이 된다. 다만, 정관 또는 총회의 결의로 달리 정한 바가 있으면 그에 의한다.
[160] 전조의 규정에 의하여 청산인이 될 자가 없거나 청산인의 결원으로 인하여 손해가 생길 염려가 있는 때에는 법원은 직권 또는 이해관계인이나 검사

산의 경우, 이사가 청산인이 된다. 위 내용은 정관 또는 총회 결의로 정한 바가 없는 경우에 적용되는 것이다.

청산인의 결격사유로서는 비송사건절차법 제121조가 5가지로 열거하고 있는데, 미성년자, 피성년후견인 또는 피한정후견인, 자격이 정지되거나 상실된 자, 법원에서 해임된 청산인, 파산선고를 받은 자는 청산인이 될 수 없도록 하고 있다.

예외적으로, 청산인이 될 자가 없거나 이로 인해 손해가 생길 염려가 있다면 법원이 직권으로 또는 이해관계인이나 검사의 청구로 청산인 지정 가능하다. 또한 중요 사유가 있는 경우 법원은 직권으로 또는 이해관계인이나 검사의 청구로 청산임 해임이 가능하다.

(2) 법률 또는 정관에 따른 청산인 지정의 문제점

해산법인 또는 폐쇄대학에서 이사가 공익을 해하는 행위를 하여 대학폐쇄 또는 법인해산에까지 이르게 된 경우에도, 민법 및 상법의 청산인 규정 또는 정관의 규정 등에 의해 해당 비위재단의 이사가 청산인이 되는 경우가 다수 발생하고 있어서 문제가 된다.

학교법인과 대학에 대해 비위행위를 저지른 이사가 해당 법인의 청산인이 되는 것은 불합리할 뿐만 아니라 학교법인 해산명령의 목적과 취지를 달성하기도 어렵다는 것은 긴 설명이 필요하지 않다. 이와 같이 비위재단의 이사가 청산인이 되었다면 그 폐단제거를 위해 민법 제84조에 의해 청산인 해임 후 새로운 청산인을 지정할 필요성이 있고 성화대학의 청산인 해임과 같이 법원도 개임을 받아들인 사례가 있다.

현행 사립학교법이 준용하고 있는 민법에서 청산인 선임과 관련한 법 규정들은 대학폐교와 학교법인의 해산에 있어서의 청산인을 둘러싼 분쟁의 양상과 치열함, 그리고 학교법인해산의 특수성이 제대로 반영되지 못하여 시대상황에 뒤떨어진 측면이 있다.

    의 청구에 의하여 청산인을 선임할 수 있다.
161) 중요한 사유가 있는 때에는 법원은 직권 또는 이해관계인이나 검사의 청구에 의하여 청산인을 해임할 수 있다.

(3) 청산법인 재산관리의 주체로서 별도 청산인 지정 필요성

비위재단의 이사가 청산인이 되는 경우, 해산명령의 목적 및 취지와의 불합리한 결과가 발생한다. 물론 현행 민법의 해석에 따르면 청산인은 자연인이 되어야 한다. 법인은 법률이 부여한 인격을 가진 것으로 의제된 조직이므로, 실제 운영을 하기 위해서는 이사, 청산인 등은 자연인으로 지정되어야 할 필요가 있기 때문이다(민법, 상법 등 관련 규정 존재).

그러나 해산되는 학교법인의 경우도 입법을 통해 전문성 있는 법인이 청산인으로 지정되어 청산업무를 수행할 수 있도록 한다면 이를 통해 조기에 청산업무를 종료함으로써, 학교법인 해산명령의 목적과 취지를 달성할 수 있을 것이다.

실제로 특별히 효율성 및 필요성이 대두되는 경우 법률로써 청산인을 법인으로 지정한 경우가 있다. 즉 예금보험공사가 보험금지급 또는 자금지원을 하는 부보금융기관이 해산한 경우 지원자금 등의 효율적 회수를 위해 필요한 경우 법원이 예금보험공사 또는 그 임직원을 청산인으로 선임하도록 하고 있다(공적자금관리특별법 제20조[162])

굳이 법인을 청산인으로 지정하지 않더라도 전문성과 책임감을 가진 특정 법인의 임직원을 청산인으로 정할 수도 있다.

가령 금융산업의 구조개선에 관한 법률은 금융위원회(그 위탁을 받은 경우에는 금융감독원장)으로 하여금 금융기관이 해산하거나 파산한 경우에 대통령령으로 정하는 금융전문가와 함께 예금보험공사 임직원 중 1명을 청산인이나 파산관재인으로 추천 가능하도록 하고 있으며 법원이 이를 적합하다고 인정하면 청산인 또는 파산관재인으로 선임하여야 한다고 규정하고 있기 때문이다(동법 제15조).

---

[162] 공적자금관리특별법 제20조 ① 법원은 「예금자보호법」에 따른 보험금 지급 등 공적자금이 지원되는 부보금융회사(「금융산업의 구조개선에 관한 법률」에 따라 계약이전이 결정된 부보금융회사를 포함한다)가 해산하거나 파산한 경우 공적자금을 효율적으로 회수할 필요가 있는 경우에는 「상법」 제531조 또는 「채무자 회생 및 파산에 관한 법률」 제355조 및 청산인이나 파산관재인의 선임에 관한 관련 법률에도 불구하고 예금보험공사 또는 그 임직원을 청산인이나 파산관재인으로 선임한다.
② 제1항에 따라 예금보험공사가 청산인이나 파산관재인으로 선임된 경우에는 「상법」 제539조제2항 및 「채무자 회생 및 파산에 관한 법률」 제364조·제492조·제493조를 적용하지 아니한다.

제6장. 파산대학의 교·직원 존속보호를 위한 사업양도의 모색

1. 서론

2024년 2월말 현재 약 340여개 4년제 및 전문대학, 대학원대학 중에서 이미 20개의 대학(4년제 대학 11곳, 전문대학 6곳, 대학원대학 3곳)이 강제 폐교 혹은 자진 폐교되었고,[163] 또한 2021년 2월 말 기준으로, 국·공립과 사립대를 합하여 약 52개 대학들이 약 26개교로 통·폐합되거나 학제변경되었다. 이처럼 고등교육기관의 구조조정은 외면할 수 없는 현실이 되었다. 최근 학령인구 감소는 입학정원 미달사태의 현실화에서 보듯이 정부의 등록금 동결 기조 아래 있는 대학의 재정적 어려움을 더욱 가중시키고 있다. 앞으로 일부 경영위기를 맞는 대학들이 재정적 파탄에 몰려 급기야 파산에 이를 수 있다는 예상은 단순한 우려에 그치지 않는다.

아직까지는 대학 학교법인의 부채가 자산을 초과하여 파산에 이르는 사례는 일본의 사립대학과 비교한다면 그리 많은 편은 아니다(재정규모가 작은 초중등 학교법인은 종종 있었다). 주된 이유는 학교법인이 기채(起債)를 일으키고자 하는 경우에도 「사립학교법」상 교육부의 허가가 필요하기 때문에[164] 학교의 자산에 비해 채무가 현저히 늘어나기가 쉽지 않은 구조적 특징이 있었기 때문이다. 그러나 파산선고를 받은 대학이 없지는 않다. 대학 중에서 2000년대 들어 파산선고를 받은 사례는 현재까지 3건이 있다. 즉 2018년 2월 폐교조치를 당한 후 청산과정 중에 파산선고가 내려진(2019년 8월 19일) 광희학원의 한중대의 경우와 폐교 전 파산선고가 내려지고(2021년 10월 19일) 그에 따라 대학도 폐교된 한려대의 학

---

163) 한국사학진흥재단『폐교대학 종합관리포탈』참고 (방문일자 : 2024.3.1.) https://portal.u-haksa.or.kr/task/condition.do;jsessionid=saTP984nMR21oa38OcavjwY9c8cr1z0upPcaFA2w.hs-portal-was-r9
164) 학교법인의 기본재산의 담보제공 또는 의무의 부담 등을 하고자 하는 때에는 관할청의 허가를 받도록 한 「사립학교법」제28조 제1항 참고

교법인 서호학원, 그리고 2023년 폐교 전 파산선고(2023년 7월 13일)에 따라 폐교된 진주 소재 한국국제대학의 파산선고 사례가 있다. 문제는 대학 파산사례가 최근 시기에 몰려 있다는 점에서 앞으로도 계속 확대될 수 있다는 신호로 받아들여야 한다는 점이다. 실제로 명○대를 운영하는 명○학원에 대한 법원의 회생절차 중단결정으로 파산위기가 고조되었던 사례를 놓고 보더라도 더 이상 대학파산은 먼 미래의 얘기가 아니다. 입학자원이 뚜렷이 줄어들고 있기 때문이다. 우리보다 먼저 학령인구 감소를 접한 일본에서도 입학정원의 70%에 미달하는 상황이 수년간 지속되면 대학의 재정적 타격은 회복하기 어려운 것으로 보고되고 있다.

 대학등록금이 주된 운영재원인 우리나라의 사립대학 현실에서 학생 미충원으로 인한 대학재정 악화와 교·직원[165] 임금체불 심화는 대학파산의 근본적인 원인이 될 수밖에 없다. 채권의 보전과 실현을 위해 파산을 신청할 수 있는 자격은「채무자회생및파산에관한법률」(이하 채무자회생법이라 함)상 특별한 제한이 없기 때문에 임금채권을 변제받고자 하는 재직 혹은 퇴직자인 교·직원들도 신청할 수 있어서 파산의 위험성은, 입학정원 미달로 임금체불이 심화되는 지방사립대학을 중심으로 현실화될 가능성이 높다. 실제 2021년 한려대학 파산이나 2023년 한국국제대 파산도 체불임금채권을 가진 전현직 교원들의 파산신청이 직접적인 계기였다. 이 경우 교·직원의 존속보호가 사회문제화 될 수 있다는 것은 긴 설명이 필요 없다.

 요컨대 현행법상 대학도 채무자회생법의 적용을 피하지 못한다는 점, 2021년도부터 학령인구 감소가 본격화되어 특히 지방사립대학을 중심으로 입학생 미충원사태가 현실화되어 이른바 한계대학이나 경영위기대학이 발생하면서 교·직원의 임금체불액의 규모도 커지고 있다는 점, 이에 따라 자발적이든 강제적이든 폐교대학이 증가할 것이 예측된다는 점을 고

---

[165] 교직원은「사립학교법」상 교원과 직원을 합쳐서 이르는 말이지만, 사회적인 언어습관상 교직원이라 하면 때때로 직원만을 떠올리게 되는 것도 부정하기 어렵다. 그러나 학과 혹은 학부를 기본단위로 하는 대학의 특성상 사업의 양도(특히 사업의 일부 양도)에 관한 검토에서는 우선적으로 학과나 학부 소속의 대학교원을 고려할 수밖에 없을 것이다. 이하에서는 항상 대학교원이 검토의 중심에 있다는 것을 미리 밝힌다. 이 점을 강조하기 위해서 '교·직원'으로 조금 달리 표시한다.

려하면 좀 더 선제적으로 경영상 한계에 부닥친 대학들의 구조조정 문제를 다루어야 할 때가 된 것이다.

이 장은 이러한 문제의식을 갖고 「사립학교법」등 교육관련 법령과 「채무자회생및파산에관한법률」에 대한 이해를 바탕으로 일반기업체의 도산과는 뚜렷이 구별되는, 대학 학교법인의 도산(파산이나 회생)의 특수성에 기반하여 도산대학의 사업양도 가능성을 모색하여 궁극적으로 고용승계를 포함한 교원 및 직원의 존속보호 방안을 탐구하는 것을 목적으로 한다.166) 따라서 본 장의 연구범위와 쟁점을 다음 2가지 측면으로 나누어 정리한다.

첫째는 현행법에 비추어 학교법인의 파산 시 대학의 사업양도가, 법해석론상 실제 가능한지 여부를 검토하는 것이다. 「사립학교법」은 합병에 대해서는 종래부터 명시하고 있지만,167), 교육기관의 사업양도는 별도로 명시하고 있지 않아서 이것이 어떤 장애물이 되는지 검토할 필요가 있다. 동시에 대학의 사업양도를 뒷받침하기 위한 법적 제도 보완책이 무엇인지 살펴본다. 둘째, 학교법인의 파산선고 후 사업양도를 하는 경우에 고용승계의 범위는, 도산절차가 아닌 통상적인 사업양도시 고용승계와는 어떤 부분에서 구별되는 특징이 있는지를 살펴본다. 파산선고는 법인의 해산사유이고 이때의 사업양도는 종전 학교법인의 재생이 목적이 아니라 원칙적으로 파산채권을 위한 환가의 목적이 우선이기 때문에 사업양도의 범위뿐만 아니라 교·직원의 고용승계의 범위도 그 취지에 맞추어 탄력적으로 이해할 필요가 있다고 보기 때문이다.

---

166) 학교법인의 파산시 사업양도가 가능하다면 회생절차 진행 중에 사업양도도 당연히 인정될 수 있으므로 이하에서는 파산시 사업양도를 주된 검토대상으로 한다.
167) 「의료법」은 의료법인의 합병에 관한 규정을 두고 있지 않으며, 나아가 간접적인 인수방식으로 활용될 수도 있는 임원선임과 관련한 재산상 이익의 수수나 약정도 금지하고 있다(「의료법」 제51조의 2 참고).

2. 파산대학의 사업양도 가능성 검토

1) 학교법인의 파산 관련 적용법률

　대학구조조정기가 장기화됨에 따라 신입생모집에 실패한 대학교 교·직원의 임금체불은 시간이 지남에 따라 점점 더 커지고 이와 별개로 혹은 이와 함께 법인의 잘못된 투자손실까지 이루어지면 학교법인의 경영위기가 고조된다. 이런 학교법인의 앞에는 두 가지 경로가 놓여 있다. 하나는 외부의 재정기여자에 의한 대학 인수나 합병을 통한 대학 회생방안(회생절차를 포함한다)이고 다른 하나는 대학의 재정파탄, 즉 학교법인의 파산이다. 후자와 관련하여 살펴보면「사립학교법」제34조는 학교법인의 해산사유 중 하나로서 '파산한 때'를 규정하고 있고(제1항 4호)「사립학교법」제42조에 의하여 학교법인의 청산 및 해산에 관하여 준용되는「민법」제79조 및 제83조는 법인의 재산이 채무를 전부 변제하기에 부족하게 된 경우에 이사 또는 청산인은 지체없이 파산선고를 신청하여야 한다고 규정함으로써 청산인에게 파산선고 신청의무를 부과하고 있다. 따라서 학교법인의 부채가 자산의 총액을 초과하여 파산사유가 발생한 경우에는「사립학교법」과 동법 제42조에 의하여 준용되는 민법에 따라 파산 및 해산절차가 진행되어야 한다.

　일단 파산선고가 내려진 경우에는 기존 학교법인 이사회는 재판상 및 재판외 권한이 박탈되고 파산관재인으로 대체되기 때문에 더 이상「사립학교법」상 합병에 관한 규정(현행법은 정상적인 경우의 합병에 관한 규정만을 담고 있다고 보아도 무방하다)이 적용될 여지가 없다. 학교법인에 대한 파산선고가 있은 후에는 파산관재인 선임, 채권변제, 잔여재산 처분 등은 법원의 파산절차에 따라 이루어져야 하고, 이에 관하여는「사립학교법」규정이 아닌 채무자회생법이 적용된다. 실제로「사립학교법」제35조에서는 해산한 학교법인의 잔여재산 귀속에 관하여 규정하면서 제2항에서 '합병 및 파산의 경우를 제외한다'고 함으로써 파산시 잔여재산 귀속에 관하여는 별도의 파산법률이 적용됨을 전제하고 있다는 점에서도 이 점이 확인된다.

그런데 파산선고의 경우에는 파산으로 인하여 법인은 해산이 예정되어 있기에 채무자회생법에는 그 '영업양도'168)에 대한 규정이 회생절차에 비해 별로 많지 않다. 그럼에도 불구하고 파산의 목적의 범위 안에서는 해산한 법인은 아직 존속하는 것으로 본다고 규정하고 있고(채무자회생법 제328조), 파산관재인은 법원의 허가를 받아 채무자의 영업을 계속할 수 있고(채무자회생법 제486조), 파산관재인은 법원의 허가를 받아서 '영업양도'를 할 수 있으며(채무자회생법 제492조 제3호) 환가의 방법의 하나로서 법원의 허가를 받아서 진행하는 '영업양도'를 명시하고 있다(동법 496조). 유의할 점은 파산선고 후 '영업양도' 시에는 일반적인 경우와 달리 채무자회생법에 따른 파산관재인이 매도자(양도인)의 입장에 서게 된다. 기존의 경영자들은 재판상, 재판외 권한을 박탈당한 반면에 파산관재인이 유일한 처분권자이기 때문이다.169)

2) 파산선고시 산하 교육기관의 사업양도에 관한 해석론적 검토

학교법인에 대한 파산선고가 이루어지더라도 교·직원 존속보호와 부채청산이라는 양대 목적을 달성하기 위해서 해당 대학의 사업양도의 가능성을 검토할 필요가 있다. 현행 채무자회생법에 의하면 파산선고시에도 일정한 조건이 충족되면 사업계속의 가능성이 열려 있고 그에 따라 부채청산을 위한 사업양도가 원천봉쇄된 것이 아니라 법원의 허가를 받는다면 가능하기 때문이다. 기능적 측면에서 보자면 사업양도는 도산절차라는 특별한 상태에서도 교육의 계속성 및 고등교육의 공공성이 보장되는 데에 기여할 수 있을 뿐만 아니라 채권자에 대한 적정한 배당을 위한 환가라는 측면에서도 유용하고 필요한 수단이 될 수 있다. 무엇보다 파산절차

---

168) 이 장에서는 고등교육기관, 즉 대학의 전부 또는 일부를 양도하는 것을 사업양도로 통일하여 칭한다. 그러나 채무자회생법 등 종전 법령에는 법률용어로서 영업양도라는 용어가 사용되고 있으므로 이하에서 법령 또는 판례에서 이를 언급하는 경우에는 따옴표를 붙여 '영업양도'로 표시한다. 다만 양자 사이에 특별한 의미상의 차이를 두고 있지는 않음을 밝힌다.
169) 장경찬, "도산절차에서의 영업양도에 관한 고찰 - 파산절차를 중심으로", 『법학연구』 50호, 2013.6., 270-271면. 물론 파산절차가 아니라 회생절차가 개시된 경우에는 회생관리인이 양도인이 된다.

에서의 양도금액은 파산채권자에 대한 배당재원이 되기 때문이다. 달리 말하면 교육사업이 유지되는 채로 양도하는 것이 폐교 후 방치된 자산들을 사후에 매각하는 경우에 비해 더 높은 금전적 가치를 인정받을 수 있다. 물론 파산관재인은 양도회사에 대한 파산절차 진행 중 사업양도에서 영업양수도 계약 종료시까지 영업을 계속할 수 있는 금전적, 인적·물적 시설 등의 여력이 있는지 여부를 검토하여 그 필요성을 결정하게 될 것이라는 것은 말할 필요도 없다.170) 그런 사정조차도 안 된다면 교육사업의 양도가능성은 없다고 보아도 무방하다. 다만 「사립학교법」상 법인회계와 교비회계가 엄격히 구분된 상황에서 학교법인에 대한 파산선고가 내려지더라도 명○대의 사례와 같이 등록금으로 운영되는 데에 큰 문제가 없는 이상(즉 교비회계상 재정적 문제가 없는 경우) 파산관재인은 사업계속(대학운영)의 결정을 할 필요가 있다. 요컨대 「사립학교법」의 적용을 받는 대학의 특수성을 고려하면 파산선고가 내려졌다고 해서 일반기업의 통상적인 사례처럼 그 산하대학도 자동적으로 폐교될 수밖에 없다고 단정하는 것은 섣부른 것이다. 파산관재인은 선량한 관리자의 주의로써 그 직무를 행하여야 하기 때문이다(채무자회생법 제361조). 이처럼 교·직원의 존속보호를 모색하기 위해서라도 파산한 학교법인의 산하 대학의 경영계속의 가능성은 열어둘 필요가 있다.

그러나 문제는 현행 「사립학교법」안에는 교육기관에 대한 사업의 양도란 개념이 존재하지 않는 탓에 그것이 해석론적으로 과연 실현가능한지와 관련하여 논란이 발생할 수 있다.171) 일단 '영업양도'에 관한 규정은 영리기업을 적용대상으로 하는 상법에만 규정되어 있기 때문이다. 물론 이런 한계점을 고려하여 우리 판례는 비영리사업까지 포괄하고 노동법적

---

170) 장경찬, 앞의 논문, 272면
171) 실무에서는 사업양도와 유사한 사례가 일어나고 있다. 가령 2014년 의대가 있던 학교법인 명지학원 산하의 관동대학교를 학교법인 인천가톨릭학원에서 인수하여 교명을 가톨릭관동대학으로 변경하고 교·직원과 재학생을 모두 승계한 사례가 있다. 관동대가 학교법인 명지학원에서 인천가톨릭학원으로 경영권이 이관된 것으로서 대학만 인수하였다는 결과를 놓고 보면 엄밀히 말하자면 이는 학교법인 간의 합병과는 다르고 실질에 있어서는 사업양도에 가깝다고 할 수 있다. 그러나 이때의 인수는 사업양도 방식이 곤란하여 복잡한 인수과정을 거친 것으로 알려져 있다. 만약 관할청인 교육부가 이에 동의하지 않았다면 성사되기는 어려웠을 것이다.

특성을 반영하기 위해서 본질상 동일한 사업양도라는 개념까지는 사용하고 있는데, 아직 「사립학교법」의 적용을 받는 비영리재단인 학교법인의 대학에 대해서도 사업양도를 인정할 수 있는지가 문제된다.

법리적 측면에서 보자면 이 문제에 대해서는 두 가지 찬반견해가 대립될 수 있다.

먼저 적극설은 비록 사업양도의 개념이 「사립학교법」에 명시되지 않았더라도 「사립학교법」이 이를 명시적으로 금지하는 규정을 두고 있지 않은 점, 학교법인의 파산과 관련해서는 무엇보다 채무자회생법이 적용된다는 점을 고려할 때 '영업양도'를 인정하는 채무자회생법에 따라 대학의 사업양도도 가능하다고 본다. 일본의 사례를 보면 A학교법인이 경영파산으로 해산하게 되자 그 산하의 학교를 새로 설립된 X학교법인이 인수한 것의 성격에 대해서 법원은 이를 영업양도에 유사한 것으로 본 바가 있다.172) 각주 171의 가톨릭관동대학의 사례도 현실적으로 실재하는 사업양도의 사례라고 볼 수 있다. 이들 사례에 비추어 보면 채무자회생법의 규정만으로도 「사립학교법」에는 명시되지 않은 사업양도(혹은 그와 유사한 법률행위)를 해석상 인정하는 것이 불가능하지는 않다. 오히려 관건은 관할청인 교육부가 이런 사업양도를 인정하고 사업양수인(학교법인)의 학교인수와 운영에 협조할 수 있는가 여부일 것이다. 따라서 적극설의 입장에서도 대학의 사업양수에 대한 관할청의 허가 등 원활한 협력을 뒷받침하기 위해서 법적 근거가 명시되는 것이 바람직하다고 보겠지만 법규의 제정으로 비로소 창설적 효과가 나타난다고 보지는 않을 것이다.

이에 반하여 소극설은, 「사립학교법」 제10조가 학교법인을 설립하려는 자는 일정한 재산을 출연하고, 일정한 사항을 적은 정관을 작성하여 대통령령으로 정하는 바에 따라 교육부장관의 허가를 받아야 한다고 명시하고 있는 점, 「사립학교법」 제36조는 학교법인이 다른 학교법인과 합병하려는 경우에는 이사 정수의 3분의 2 이상의 동의를 얻는 것 외에도 교육부장관의 인가를 받도록 명시하고 있는 점을 고려할 때 관할청의 허가 내지 인가 없이 교육기관의 사업양도가 이루어지기는 어렵다는 점(실제로 의료법에는 의료법인의 합병에 관한 규정이 없는 탓에 현실적으로 의료

---

172) 東京高判 2005. 7. 13.(平一七) 労判八九九号 判決

법인의 합병이 곤란한 것이 사실이다), 학교법인 기본재산의 매도·증여·교환 등(이는 사업양도에 필수적으로 수반하는 행위이다)의 경우에도 「사립학교법」은 관할청의 허가를 받도록 하고 있는데,[173] 법치행정과 적법절차의 원리상(행정기본법 제3조 및 제8조)「사립학교법」에 없는 사업양도를 관할청이 당연히 허가해 줄 것을 요구할 수는 없다는 점에서 별도의 법규 제정 없이 관할청이 교육기관의 사업양도를 허가할 수는 없다고 주장할 수 있다.

3) 사견

이상에서 보았듯이 비록 파산한 학교법인의 산하 교육기관에 대한 사업양도가 갖는 유용성이 분명히 존재하지만 과연 해석론상으로 이것이 가능한지와 관련해서는 의견이 분분할 수 있다. 그러나 합병 외에도 관할청의 인가를 받아 학교법인 산하의 교육기관의 전부 또는 일부의 양도는 현실적으로도 꾸준히 존재해 온 것이 사실이다. 이는 법령이 일정부분 그 가능성을 열어두고 있는 결과이기도 하다. 가령 고등교육법 제4조(학교의 설립 등) 제3항에 의하면 "공립학교나 사립학교의 설립자·경영자가 학교를 폐지하거나 대통령령으로 정하는 중요 사항을 변경하려는 경우에는 교육부장관의 인가를 받아야 한다"고 규정하는 한편 동법 시행령 제2조(학교설립 등) 제5항에서는 법 제4조제3항에서 "대통령령으로 정하는 중요사항"이라 함은 학교의 설립·경영자와 제2항 제1호부터 제3호까지(설립목적, 학교명칭, 위치) 및 제10호의 사항(부설학교를 두는 경우 그 계획서)을 말한다고 하여 교육부장관의 인가를 받을 수 있다면 학교의 설립·경영자의 변경을 제도적으로 보장하고 있는 것이다. 이러한 사정은 초중등교육법과 유아교육법도 마찬가지이다. 동법의 각 시행규칙의 별지 제

---

[173] 다만 대법원은 "학교교육에 직접 사용되는 학교법인의 재산 중 대통령령으로 정하는 것은 매도하거나 담보로 제공할 수 없다"고 규정한 「사립학교법」 제28조 제2항과 관련해서는 학교법인 자체가 분리된 학교에 대한 운영권과 함께 그 교육용 기본재산을 다른 학교법인에 처분함으로써 그 재산이 계속 학교교육에 사용되도록 하는 사항까지 금지하는 것은 아니라고 판시한 바 있다. 대법원 1998.4.24. 선고 97다54284 판결; 대법원 2008.1.24. 선고 2007다62048(본소), 62055(반소) 판결 참고

3호 서식인 "학교변경 인가신청서"에는 관할청의 인가대상으로서 설립(자)·경영자의 변경이 모두 포함되어 있다. 이를 사립학교의 관점에서 보자면 학교법인 자체의 변경문제(이는 합병의 영역이다)가 아니라 산하학교의 설립·경영자 변경은 가능하다는 것이고 따라서 적어도 산하학교의 '전부양도'는 사실상 현행법상으로도 가능하다는 것을 의미한다. 이를 잘 보여주는 사례로서 앞의 대법원 판결이 다룬 사실관계의 일부를 소개한다.

> **<대법원 2015. 4. 9. 선고 2013도484 판결의 설시 중에서 사실관계 일부 발췌>**
>
> ① 피고인은 2006. 6.경 ◇◇대학과 ○○종합고등학교를 설치학교로 두고 있던 학교법인 ◇◇학원의 실제 운영자인 공소외 2로부터 학교법인의 이사회 임원을 피고인 측으로 변경하는 방식으로 학교법인의 운영권을 225억 원에 양수한 후 2006. 9.경 학교법인명과 대학명을 학교법인 △△대학 및 △△대학으로 변경하여 그 실제 운영자 겸 △△대학 학장으로 재직하여 온 사실, ② <u>피고인은 2007. 4.경 공소외 1과 사이에 이 사건 양도약정서(저자 주 : '학교법인 △△대학 소유 ○○종합고등학교 경영권 인수인계 약정서')를 작성하였는데,</u> ……… ③ 이 사건 양도약정서의 본문내용에는 「갑과 을은 학교법인 △△대학이 소유 유지 경영하는 안성시 소재 ○○종합고등학교의 인수인계와 관련하여 다음과 같이 약정하고 이를 성실히 이행한다. <u>을은 학교법인 △△대학으로부터 인수인계대상인 '○○종합고등학교의 운영권 일체와 그 교육용 기본재산인 이 사건 부동산 및 교직원 전원'을 분리하여 인계하고,</u> 갑은 을에게 총 25억 원을 지급한다. 갑은 약정 총액의 10%를 계약금으로 을에게 지급하고, <u>갑과 을이 각자 인수인계 절차를 진행하여 관련서류를 교육부에 제출하고 분리 승인이 완성되면 약정 총액의 90%를 잔금으로 지급한다.</u>」는 취지로 기재함으로써, ……… 그 인수인계절차에 필요한 갑과 을의 의무를 명시하고 있는 사실, ④ 그 후 피고인은 실제 운영자의 지위를 이용하여 학교법인 △△대학 임원진으로 하여금 ○○종합고등학교의 분리·양도에 필요한 학교법인 이사회 결의, <u>감독청의 인허가</u>

> 등 사립학교법에 정한 절차를 거치도록 영향력을 행사하고, 2008. 1.경 공소외 1이 학교 운영권 등을 인수할 학교법인 □□학원을 설립하자, 2008. 4.경 학교법인 △△대학과 학교법인 □□학원 사이에 이 사건 부동산에 관한 증여계약이 체결되도록 하는 등 인수인계대상이 학교법인 △△대학에서 분리되어 학교법인 □□학원에 유효하게 이전되게 함으로써 그 실제 운영자인 공소외 1로 하여금 사실상 ○○종합고등학교를 운영할 수 있도록 필요한 조치를 마쳐준 사실………을 알 수 있다.

한편 위 사례에서도 묘사된 것과 같이 종전 학교법인에서 분리된 학교의 운영권을 다른 학교법인으로 이전하는 것 자체가 유효하다는 점에 대해서는 우리 대법원도 일찍이 이를 긍정한 바 있다. 즉 대법원 97다54284 판결(1998.4.24.선고)은 "학교 운영권이 부득이한 사유로 인하여 다른 학교법인에게 이전되는 경우에는 학교 교육에 필요한 재산도 함께 이전되어야 그 재산이 계속 그 학교 교육에 사용될 수 있을 것이고, 위 학교의 운영권이 피고에게 이전되고 원고의 정관 제3조의 설치학교에서 위 학교가 삭제된 이상 비록 종전에는 이 사건 부동산이 위 학교의 교지(校地) 및 체육장으로서 학교 교육에 직접 사용되어 온 원고의 기본재산일지라도 이제는 더 이상 원고의 학교 교육에 직접 사용되는 재산이 아니라 같은 법 제28조 제1항 소정의 원고의 기본재산일 뿐이므로 감독청의 허가를 받아서 이를 처분할 수 있다고 할 것"이라고 한 것이다.

요컨대 고등교육법과 초중등교육법 내지 유아교육법, 그리고 판례에 비추어 보면 학교법인 산하의 학교를 법인에서 분리하여 "분리된 학교의 운영권"을 양도하는 계약(가령 대학과 고등학교가 있는 경우에 고등학교 운영권을 양도하는 계약)은 현행법의 해석으로도 가능하다고 할 수 있다. 분리된 학교의 운영권 양도를 과연 사업양도와 동일시할 수 있을 것인가는 신중하게 접근해야 할 문제이겠지만 적어도 그것이 사업양도의 효과나 결과와 매우 흡사하다는 점은 부정할 수 없다. 남는 문제는 동일한 학교단위(가령 대학이면 그 대학 하나) 중 일부만을 분리해 그 부분에 대한 운영권만을 양도하는 것까지는 현행 법령상 여전히 곤란하다는 것이다. 학교 일부에 대해서만 설립자·경영자를 변경하려는 시도는 가령 '학교변경 인가신청서'의 기본적인 전제조건을 충족하기도 어렵고 현재까지의 법원판례가 인정해 온 학교운영권 양도와는 차이가 있기 때문이다. 결국 이러한 문제를 해결하려면 산하 교육기관의 사업양도의 개념을 일부 양도까지 포함할 수 있도록 입법적인 정비로 나가는 것이 필요하다는 결론에 도달한다. 특히 파산선고를 받은 학교법인(파산자)에서 채권변제를 위한 파산재단의 신속한 환가를 위해서는 산하 교육기관의 사업 전부의 양도만이 아니라 때때로 일부 양도가 더 현실성이 있기 때문이다.

그러나 파산한 학교법인에 대해서도 사업양도를 통한 교·직원 존속보호를 도모할 수 있는 가능성이 있다고 해도 언제나 사업양도가 대안이 된다고 과대평가해서는 아니 된다. 법인 산하 대학의 독자적인 회생가능성 여부에 사업양도의 가능성도 달려 있기 때문이다. 이 문제를 먼저 간략히 정리한 다음에 고등교육기관 사업양도의 입법적 정비문제를 검토하는 것이 좋을 것이다.

4) 파산 학교법인의 상황별 사업양도의 가능성 판단

(1) 파산법인 산하대학도 회생가능성이 없는 경우

한려대학의 사례처럼 학교법인과 그 산하 대학이 동반 부실화하여 회생가능성이 없다면 법인의 파산으로 대학도 자동으로 폐교 수순을 밟게 되며 법원에 의한 자산매각 처리만 남는 것이 원칙이다. 대표적인 경우가 교·직원의 임금을 교비회계로 감당하지 못해 상당액의 임금체불이 발생한 경우라고 할 것이다. 이 경우는 원칙적으로 대학 자체의 회생가능성도, 사업양도 가능성도 없을 것이다. 기껏해야 신입생 모집사정이 양호한 학과에 대한 사업의 일부 양도가 예외적으로 검토될 가치가 남지만 현실적으로 그리 가능성이 크다고 보기는 어렵다.

법인에 대한 파산선고가 확정되어 「사립학교법」 제34조 제1항 제4호에 의해 해산될 경우 채무자회생법에 의해 청산절차가 진행됨에 따라 폐교부지 등 잔여재산을 매각하는 등 환가업무를 완료하고 대학은 그 존립의 기초가 되는 재산을 부채청산을 위해 모두 상실하기에 해체될 수밖에 없다. 이런 과정을 통해 파산채권자에 대한 배당을 거친 후에는 법원의 파산종결결정으로 법인격은 소멸되며 동시에 대학도 사라진다.

(2) 파산법인의 대학은 운영 자체가 가능한 경우

그러나 명○학원 파산신청 사태와 같이 산하 대학의 재정과 운영에는 특별한 문제가 없으나 학교법인의 리스크로 학교법인에 파산선고가 내려질 수 있는 가능성에 대해서는 대비책을 마련할 필요가 있다. 이 경우는 신입생 모집에 큰 어려움이 없고 재학생 유지충원율도 문제가 없어서 임금체불이 없는 등 대학 자체의 교비회계로 대학이 정상적으로 운영될 수 있음에도 불구하고 법인 자체의 부채가 자산보다 큰 경우라고 할 것이다. 「사립학교법」상 교비회계는 일반 기업과는 달리 원칙적으로 법인회계로 전용될 수 없고 파산신청은 채권자 누구라도 제기할 수 있기 때문에 학교법인의 투자실패로 인한 불측의 손실과 배상책임, 기타 채무 등에 대해 법인 자체적으로는 변제할 수 없는 상황이 발생하는 것을 전혀 배제할 수는 없다. 따라서 별도의 정책적 대응방안이 필요한 것이다. 이런 대학의 경우에는 파산신청이나 파산선고가 이루어지기 전에 재정기여자의 발견과 참여를 통한 법인의 교체가 가장 바람직하겠으나 이미 파산이 선고된 경우에는 단순한 재정기여자 발견은 현실성이 없고 대학의 전부양도를 통한 학교법인 운영주체의 교체만이 유일한 대학 존속 방안이 된다. 전자든 후자이든 어느 경우에나 종전 학교법인의 교체는 피할 수 없다.

현행법상 파산선고를 받더라도 법원의 허가가 있으면 영업의 계속은 가능하다. 반면에 일단 완전폐교 후 자산매각을 선택하는 경우에는 장기간 해당 기본재산에 대한 관리부재와 훼손으로 인해 매각가치가 떨어질 우려가 높고 교·직원과 학생의 피해가 막대하다. 따라서 학교법인에 대한 파산선고가 내려지면 법원과 관할청은 실제 재정상황에 대해 신속히 판단하여 파산선고에도 불구하고 대학경영을 일단 유지시켜 사업양도 방식을 통해 대학을 존속시킬 것인지 신중하게 판단을 내려야 할 것이다.

3. 고등교육산업에서 사업양도의 입법적 검토

1) 파산선고시 사업양도의 모색과 사립대학 구조개선지원법안

앞에서 보았듯이 대학파산의 경우에도 해석론상 파산법원에 의한 사업

계속 및 사업양도의 허가가능성은 열려 있다고 볼 수 있다. 그럼에도 불구하고 「사립학교법」 등에서는 교육사업의 양도라는 제도를 별도로 마련하고 있지 않기 때문에 최근 대학구조조정기에 대응하기에는 여전히 우리 교육법령은 취약하다는 지적이 많다. 이를 보완하기 위하여 제21대 국회에서는 교육위원회 소속 여야의원들174)이 모두 4건의 사립대학 구조개선 지원에 관한 법률안을 발의한 바 있다. 즉 이들 사립대학 구조개선 지원에 관한 법률안들은 경영위기대학의 선정과 지원특례를 담은 법률안으로서 명칭은 약간씩 다르지만 그 뼈대는 대체로 유사하다. 이들 법안에서는 공통적으로 "교육사업양도" 또는 "사업양도"의 개념을 정의하고 있는데 가장 최근안인 문정복 의원안(「사립대학의 구조개선 지원에 관한 법률안」, 제안일자 : 2023.8.18.)을 기준으로 법률안의 제1조(목적)와 함께 소개하면 다음과 같다.

> **문정복 의원입법안**
> 제1조(목적) 이 법은 학령인구 감소로 인하여 위기를 겪고 있는 학교법인 및 사립대학의 회생을 위한 구조개선, 해산 및 청산을 체계적이고 안정적으로 관리하고 지원함으로써 학생, 교직원 등 대학의 구성원을 보호하고 대학의 건전한 발전과 고등교육의 경쟁력 강화에 이바지하는 것을 목적으로 한다.
> 제2조(정의) 이 법에서 사용하는 용어의 정의는 다음과 같다.
> 4. "교육사업양도"란 학교법인이 설립·경영하는 대학의 전부 또는 일부를 유상 또는 무상으로 다른 학교법인(학교법인을 설립하려는 자를 포함)이나 「고등교육법」제3조에 따른 국립학교 또는 공립학교로 이전하는 것(신설하는 경우를 포함한다)을 말한다.

위의 정의에서 보듯이 '교육사업양도'는 이미 운영해 오던 학교법인만

---

174) 제안된 시기에 따라 순서대로 배열하면 이태규 의원안(「사립대학의 구조개선 지원에 관한 법률안」, 의안번호 제2117653호); 강득구 의원안(「사립학교의 구조개선 지원에 관한 법률안」, 의안번호 제2119373호); 정경희 의원안(「사립대학의 구조개선 지원에 관한 법률안」, 의안번호 제2120729호); 문정복 의원안(「사립대학의 구조개선 지원에 관한 법률안」, 의안번호 제2123877호) 순이다.

이 아니라 대학을 새롭게 신설·운영하려고 학교법인을 처음 설립하려는 제3자도 손쉽게 양수받을 수 있도록 하였다는 점이 눈에 띄는데 이는 바로 교육부 등 관할청의 협조로 뒷받침될 것이라는 것을 알 수 있는 대목이다. 학교법인이 설립·경영하는 대학의 전부 또는 일부를 이전한다는 것의 의미를 정확히 이해하기 위해서 학교법인 산하의 대학이 하나인 경우와 둘 이상 복수로 존재하는 경우로 나누어 살펴볼 필요가 있다. 우선 대학의 전부를 이전한다는 것은 산하의 대학이 하나이든 복수이든, 그리고 하나의 대학이라도 1개의 캠퍼스를 가지고 있든 아니면 2개 이상의 캠퍼스를 가지고 있든간에 그 모든 대학과 캠퍼스 전부를 양도하는 것을 말한다. 이 경우에는 산하 대학이 이전하여 사라지기 때문에 만약 별도의 초중등 이하 산하학교(예컨대 부속고등학교나 부속중학교)가 없는 학교법인이라면 해당 학교법인은 해산과 청산과정을 거쳐 소멸하는 것이 원칙이다. 다음으로 대학의 일부를 이전한다는 것은 각각의 캠퍼스를 가진 둘 이상의 대학의 경우에는 그 중 하나의 대학만을 양도하거나 아니면 한 대학이 2개 이상의 캠퍼스를 가지고 있을 때는 그 중 1개의 캠퍼스에 속하는 대학의 일부 단과대학들과 그 소속 학과나 학부들을 이전시키는 것을 의미한다. 다만 이론적으로는 한 대학캠퍼스의 일부 공간(교지와 교사(校舍))만을 사용해 온 일부 학과(가령 인기학과들)만을 선별하여 이전시키는 것도 대학의 일부양도로서 못 볼 바는 아니지만 이는 어디까지나 극단적인 사례라고 할 것이다. 여하튼 이런 식으로 사업양도가 이루어진 경우에는 (파산선고를 받은 경우가 아니라면) 학교법인이 해산할 필요는 없다고 이해된다. 한편 대학 전부가 양도로 매각된다면 사업양도의 대가인 반대급부는 원칙적으로 학교법인(법인회계)으로 귀속하게 될 것이다. 설령 법인이 해산될 수밖에 없더라도 청산의 목적 범위 내에서는 계속 존속하기 때문에 반대급부의 법인귀속에는 문제가 없고 「사립학교법」에 따른 정관상 잔여재산의 귀속문제로 전환될 것이다. 그렇지 않고 단지 대학의 일부 캠퍼스 내지 일부 단과대만이 양도되었다면 대학이 여전히 존속하는 것이므로 사업양도의 반대급부는 학교법인의 회계가 아니라 원칙적으로 대학의 교비회계로 산입된다고 보는 것이 타당할 것이다.

한편 각 법률안들은 공통적으로 경영위기대학을 운영하는 학교법인이 회생절차 개시 결정을 받거나 파산 선고를 받은 경우에 법원에 대해 그 관리인 또는 파산관재인으로서 한국사학진흥재단을 추천할 수 있도록 하고 있다. 이는 학교법인의 특수성을 고려한 입법안이라고 평가할 수 있다. 문정복 의원안의 내용을 기준으로 살펴보면 다음과 같다.175)

> **문정복 의원입법안**
> 제19조(청산인 등) ① 교육부장관은 학교법인이 구조개선이행계획에 따라 해산한 경우에는(파산의 경우는 제외한다)「민법」제82조에도 불구하고 필요한 경우 전담기관의 임·직원을 청산인으로 선임할 수 있다. 다만, 구조개선명령에 따라 학교법인이 해산한 경우에는 전담기관의 임·직원을 청산인으로 선임하여야 한다.
> ② <u>교육부장관은 경영위기대학을 운영하는 학교법인이 회생절차 개시 결정을 받거나 파산 선고를 받은 경우「채무자 회생 및 파산에 관한 법률」제74조제2항 및 제355조에도 불구하고 전담기관을 관리인 또는 파산관재인으로 추천할 수 있다.</u>
> ③ 법원은 제2항에 따라 추천을 받은 경우 그 직무를 수행하기에 적합하다고 인정되면 전담기관을 관리인 또는 파산관재인으로 선임할 수 있다.

위 제19조 제2항에서 언급된 '전담기관'이란 문정복 의원안 외에도 나머지 3개 법률안 모두가 공통적으로 한국사학진흥재단을 지정하는 것을 예정하고 있다. 한국사학진흥재단은 현재까지 폐교대학과 학교법인의 청산 지원업무를 수행해 왔다는 점에서 전문성이 있는 전담기관으로서 적정하다고 판단한 것이다. 대학운영과 청산업무에 대한 이해도가 높은 전담기관이 파산관재인으로 선임되는 것이 일반 변호사가 파산관재인이 되는 것보다 바람직하다.

> **문정복 의원입법안**
> 제6조(구조개선 전담기관 지정 등) ① 교육부장관은 사립대학과 학교법인의 구조개선을 효율적으로 추진하기 위하여「한국사학진흥재단법」에 따른 한국사학진흥재단을 구조개선 지원 및 관리

---

175) 다른 의원입법안들은 모두 제19조에 같은 내용의 조문을 두고 있다.

> 업무의 전담기관(이하 "전담기관"이라 한다)으로 지정할 수 있다.
> ② 전담기관은 다음 각 호의 업무를 수행한다.
>   1. 제4조에 따른 위원회 운영의 지원
>   2. 제7조에 따른 재정진단 및 실태조사의 지원
>   3. 제10조에 따른 구조개선 이행실적 점검의 지원
>   4. 제12조에 따른 경영자문의 제공 및 지원
>   5. 제19조에 따른 해산된 학교법인 및 폐교대학에 대한 청산 지원
>   6. 그 밖에 사립대학 구조개선 지원 및 관리를 위하여 교육부장관이 위탁하는 사항

정리하건대, 사립대학구조개선지원법은 반드시 파산선고나 도산절차에 돌입한 대학의 경우만을 적용대상으로 하는 것이 아니라 경영위기를 겪는 대학이 이를 극복하기 위한 선제적인 조치를 취하는 것을 허용하고 장려하는 입법목적을 가지고 있다. 학령인구자원이 꾸준히 감소하고 있음에도 불구하고 「사립학교법」이 합병 방식 외에는 사업양도와 같은 구조조정 방안을 마련해 두고 있지 않은 결과, 신속한 구조개선조치를 취하기 어렵다는 지적이 꾸준히 제기되었다. 상이한 학교법인 사이에서 산하대학의 전부 또는 일부를 양도양수하는 것이 현실적으로 없지는 않았지만 현행법 하에서 그러한 절차는 상당히 번잡하고 시간이 오래 걸리는 방식이다. 그만큼 대학 매각절차나 결정과정이 불투명하게 이루어져서 부정이 개입될 가능성도 배제할 수 없다. 그런 차원에서 일부양도를 포함한 고등교육기관의 사업양도 개념을 인정하는 사립대학구조개선지원법안은 시의적절하다고 본다. 대학에서 사업양도의 개념이 법적으로 인정되고 시행된다면 적어도 경영위기대학이나 파산한 학교법인에 대해서 사업양도를 통한 산하대학의 존속가능성(사업의 전부양도가 아니라 일부 사업양도가 현실적인 방안이 될 것이다)이 조금이나마 더 열릴 수 있기 때문이다.

이들 법안에서 또 하나 눈에 띄는 부분이 있는데, 바로 임시이사 체제의 학교법인일지라도 일정한 요건 속에서 기본재산 처분이나 사업의 일부양도(사업의 전부양도는 제외한다)를 할 수 있도록 허용하는 것이다.[176] 경영위기대학은 임시이사체제인 경우도 많은데, 「사립학교법」상

임시이사의 재산처분 권한이 인정되지 않고 있다 보니 경영위기에 처해 있어도 이를 극복하기 위한 재원 마련을 위한 재산처분조차 어려운 것이 현실이었다. 임시이사 체제 대학의 경우에는 대학재정이 극도로 어려워져도 구조조정 조치도 제대로 시도해 보지 못하고 폐교위험에 방치될 수 있는 위험을 안고 있는 것이다. 이런 사태를 방지하기 위해 사립대학구조개선지원법안이「사립학교법」의 취약점을 보완하여 일정한 제약 안에서는 임시이사의 재산처분 및 일부사업양도에 관한 의사결정을 인정해 두고자 했다는 점을 긍정적으로 평가하고 싶다.

2) 파산 학교법인의 기본재산 처분으로서 사업양도에 대한 관할청의 허가권

사립대학의 사업양도를 인정하는 실익이자 참여주체의 주요관심사항은 결국 대통령령인「대학설립·운영규정」상 별도절차 없이 대학설립인가를 받은 것으로 보거나 혹은 일부의 사업양도의 경우에는 가령 의학계열 정원을 그대로 인정할 것인가 하는 점이다. 이것은 일종의 영업권이나 사업허가권에 관한 문제로서 그것을 동일성을 유지한 채로 인수할 수 있느냐 하는 문제이기 때문에 관할청인 교육부나 보건복지부의 동의가 필수적인 사업양도라고 할 수 있다. 통상 사업양도에서 허가권은 그 종류에 따라 사업양도에 따른 지위 승계에 제한이 없는 경우도 있으나 관할관청에의 신고 또는 허가요건에 해당될 수 있는 바, 적어도 대학의 사업양수인으로서는 이러한 허가권 문제가 다른 문제, 즉 교·직원 승계나 교육용 자산 인수 보다도 더 중요한 문제일 수 있다.

그런데 학교법인에 대해 파산결정이 내려져 채무자회생법에 따라 파산절차가 진행될 경우에도 사립학교 제28조 제1항에 따라 기본재산 처분에 대하여 관할청의 허가를 받아야 하는지 여부가 문제될 수 있다. 즉 학교법인 재산의 처분과 관련하여 관할청의 허가를 받도록 하고 있고, 일정한 경우 기본자산 확보 의무를 규정하고 있는 등 학교법인의 공공성을 확보하기 위한 규정들이 있는데 이들 규정이 회생 또는 영업 계속이 이루어지는 파산 시에도 그 적용이 유지되는지 문제될 수 있다.[177]

---

176) 문정복 의원입법안 제14조 참고
177) 김효선,『학교법인의 도산 관련 쟁점』(한국법학원 현안보고서 제2023 -

> 「사립학교법」 제28조(재산의 관리 및 보호) ① 학교법인이 그 기본재산에 대하여 매도·증여·교환·용도변경하거나 담보로 제공하려는 경우 또는 의무를 부담하거나 권리를 포기하려는 경우에는 관할청의 허가를 받아야 한다. 다만, 대통령령으로 정하는 경미한 사항은 관할청에 신고하여야 한다.
> ② 학교교육에 직접 사용되는 학교법인의 재산 중 대통령령으로 정하는 것은 매도하거나 담보로 제공할 수 없다.
> ③~⑤항 생략

파산선고에 의한 해산의 경우에는 법원이 선임한 파산관재인에 의해 청산절차가 이루어진다는 점을 고려할 때 관할청에 의한 관리감독의 필요여부에 대해 통상적인 해산과 청산의 경우와는 다르게 판단될 여지도 있지만, 현재 이에 대한 직접적인 판결은 나와 있지 않다.

대법원 2010. 4. 8. 선고 2009다93329 판결은 "관할청의 해산명령으로 해산되어 경매절차를 통하여 학교법인의 기본재산을 처분하는 경우에도 사립학교 제28조 제1항이 적용되어 관할청의 허가가 필요하다"고 판시한 바 있다. 이를 근거로 파산선고 후 학교법인이나 의료법인의 기본재산을 처분하는 경우에도 주무관청의 허가를 받아야 하는 것이 아닌지에 대해 의문이 들 수 있다. 더구나 교육을 받을 권리가 헌법 제31조에 규정된 헌법상의 권리라는 점을 고려할 때 일반 영리사업과는 달리 학교법인의 파산선고에도 사업계속 내지 그에 기반한 사업양도가 가능하다면 특별한 보호가 필요한 것이 아닌지 문제된다. 그러나 파산 이외의 해산사유로 인한 청산의 경우는 논외로 하더라도 파산 자체는 재단의 존속을 전제로 한 기본재산 보존의 필요성이 소멸되었고, 파산절차에 관한 감독창구를 일원화할 필요성도 있기 때문에 파산사례를 다룬 것이 아닌 위 대법원 판례를 근거로 파산선고시 사업양도를 포함한 기본재산 처분을 법원의 허가 외에 관할청의 허가까지 필요하다고 해석할 수는 없을 것이다.178) 오히려 앞에서 보았듯이 「사립학교법」 제35조 제2항은 파산의 경

07호), 한국법학원, 2023.7.31., 16면

178) 남준우, "재단법인, 특히 의료재단의 파산과 관련한 몇 가지 쟁점", 『회생과 파산』Vol.1, 한국도산법학회, 2012, 570-572면. 남준우에 의하면 위

우에는 해산한 학교법인의 잔여재산이 정관으로 지정한 자에게 귀속되지 않고 채무자회생법상 법원의 감독을 받는 파산절차에 따라 처리된다는 것을 전제하고 있다는 점이 고려되어야 할 것이다. 또한 채무자회생법 제226조에 의하면 회생계획의 인가와 관련하여 법원은 필요하다고 인정하는 때에는 채무자의 업무를 감독하는 행정청 등에 대하여 회생계획안에 대한 의견의 진술을 요구할 수 있다고 하고 나아가 행정청의 허가·인가·면허 그 밖의 처분을 요하는 사항을 정하는 회생계획안에 대해서는 그 행정청의 의견을 들어야 한다고 정하고 있지만 파산절차에 있어서는 이와 달리 감독행정청이나 주무관청의 의견을 들어야 한다는 규정을 별도로 두고 있지 않다. 이런 채무자회생법의 태도를 고려하면 청산과 소멸이 예정된 파산재단에 속한 기본재산의 처분에 대해서까지 다시 「사립학교법」에 따른 관할청의 허가가 추가로 필요하다고 보는 것은 무리가 있다고 할 것이다.

물론 헌법으로부터 도출되는 수업권 보장을 위해 파산법인의 산하 학교에 대한 특별한 취급은 여전히 필요하므로 파산법인의 산하대학 재정이 일시적으로 어려울 뿐 운영에는 크게 문제가 없는 예외적인 경우에는 관할청으로 하여금 파산관재인과 법원이 함부로 대학폐지로 나아가지 않게 개입할 수 있는 장치가 필요하긴 하다. 그 장치로서는 앞의 사립대학 구조개선지원에 관한 법률안에서 공통적으로 제안되었듯이 학교를 잘 이해하는 전담기관(한국사학진흥재단)으로 하여금 파산관재인의 업무를 담당하도록 하는 것이 가장 바람직할 것이다. 이로써 관할청도 파산관재인을 통해 간접적으로 개입할 수 있기 때문이다. 나아가 사업양도의 결과 학교 운영권이 변경되는 결과에 대해서 재산처분의 허가가 아니더라도 관할청으로서는 여전히 '학교변경 인가신청서' 등을 통해 인가권한(이는

2009다93329 판결은 집행법원 자체가 학교법인의 기본재산에 대한 강제경매절차에서 관할청의 허가를 특별매각조건으로 정하였음에도 최고가매수신고가 있고 난 후에 학교법인 해산명령 및 학교폐쇄 처분이 있다는 이유로 관할청의 허가 없이도 기본재산의 매각이 유효하다고 해석하게 되면, 강제경매신청 채권자가 우연한 사정으로 우선 변제의 효과를 누리는 셈이 되어 청산과정에서 다른 채권자들과의 형평을 해치게 된다는 점을 판결이 고려한 것이기 때문에 이 판결은 제한적으로 이해해야 한다고 지적한다. 타당한 지적이다.

파산법원의 권한에 속하지 않음은 분명하다)을 행사할 수 있다. 그것으로 충분하다고 본다.

3) 소결

　파산선고의 경우에는 파산으로 인하여 법인은 청산이 예정되어 있기에 그 '영업양도'에 대해서 별도 규정이 많지는 않지만 배제하지는 않는다는 것은 이미 확인하였다. 환가의 방법으로 영업을 양도하는 것(채무자회생법 제496조)이 채권자의 이익에 부합하는 경우도 있을 수 있기 때문이다. 아직 이에 대한 판례는 존재하지 않지만 사업양도가 산하 학교기관에 대해서 인정되기만 하면 파산선고를 받은 학교법인이 그 목적의 범위 내에서 존속하는 동안 파산관재인은 그 채권의 변제를 위해 법원의 허가를 받아 '영업양도'를 할 수 있고 따라서 파산 혹은 회생절차 중의 학교법인 산하 대학의 전부 또는 일부를 사업양도 방식으로 다른 학교법인(혹은 처음 학교법인을 설립하고자 하는 자)이 인수할 수 있다. 이러한 방식이 사회적 편익에도 기여한다는 것은 긴 설명을 요하지 않는다. 이는 재정기여자 모집에 의한 종전 학교법인 이사회 운영진의 교체나 인수합병과 결과적으로 동일한 효과를 가진다고 할 것이다. 이를 제도적으로 안착시키기 위해서는 사업양도를 인정하는 사립대학구조개선지원법안이 시급히 시행될 필요가 있다.

　다만 파산절차의 개시 여부는 기본적으로 법원의 판단을 통해 이루어지는 것이고 파산절차 중의 '영업양도'도 엄밀히 말하자면 양도인의 이익을 추구하여 이루어지는 것이 아니라 양도인의 채권자들의 이익(양도되는 기업의 근로자 이익도 포함)을 고려하여 행해진다고 볼 수 있다.[179] 달리 말해서 채무자회생법은 채권자와 채무자의 관계를 집단적으로 규율하면서 채권자의 추심액을 극대화하고 채권자간의 공평한 추심과 채무자의 회생을 목적으로 하는 하는 법제이다.
　기업의 도산이라는 특수한 상황에서 이루어지는 사업양도는, 비록 통상

---

[179] 이동호, "도산기업에서의 사업양도와 관련한 법리적 쟁점", 『노동법포럼』 4호, 노동법이론실무학회, 2010.4., 187면

의 경우에 행하여지는 사업양도와 그 법률행위의 외형적 모습은 일치하지만 당해 사업양도를 유발시킨 원인 및 이를 통하여 추구하는 목적 내지 지향점 또는 그 이해관계 구조나 충돌되는 법익 등의 측면에서 통상적인 사업양도의 경우와 분명한 차이가 있는 것이 사실이다.180) 무엇보다 파산절차에서 사업양도시 근로관계의 승계가 당연시될 경우 양수인은 이와 같은 사정을 반영하여 양도대금을 결정할 것이 자연스럽게 예측되는데, 이는 자칫 채권자의 이익을 해하는 결과를 초래할 수 있어서 논란의 여지가 있기 때문이다.181) 이런 특성은 파산대학의 사업양도시 고용승계의 효과를 둘러싸고 논란을 일으킬 수 있다. 이 문제는 별도로 검토가 필요하다.

4. 파산대학 사업양도의 효과로서 고용승계 여부와 그 범위

1) 문제의 소재

대학파산에도 불구하고 파산대학의 교·직원 존속보호를 위해서는 파산절차 진행 중에 사업계속, 즉 대학운영의 계속도 필요하고 그 다음으로 사업양도도 중요한 과제가 된다. 그러나 그 점을 인정하더라도 그것이 파산선고가 내려진 특수한 위기상황에서의 사업양도라는 점에서 사업양도의 노동법적 효과로서 교·직원의 승계 문제는 별도로 새롭게 검토해야 할 쟁점이 될 수 있다. 다시 말해서 판례상 일반적인 사업양도시 고용승계에 대한 우리 법원의 태도가 자동승계가 아니라 원칙승계설을 취해 왔다는 점에서 파산시 사업양도에 있어서 과연 원칙승계설이 자동승계와 마찬가지의 결론을 보였던 종래의 법원 태도가 계속 유지될 수 있을 것인지 검토가 필요한 것이다.

더 나아가 고용승계가 된다고 하더라도 사업양도의 범위와 대상이 대학의 전체가 아니라 일부(의학과처럼 일부의 학과나 학부 등)에 국한된

---

180) 이동호, 앞의 논문, 174면
181) 이동호, 앞의 논문, 187면

채로 양도하는 것도 가능한 것인지도 쟁점이 될 수 있기 때문에, 이때 승계의 범위에서 해당 학과의 교원이 아닌 가령 교학팀 소속 직원까지 승계대상이 될 것인지는 별도의 검토가 필요하게 된다. 이렇듯 파산대학의 특수한 상황에서의 사업양도시 고용승계 문제에 대해서는 별다른 선행연구가 없기 때문에 교·직원의 존속보호 방안을 모색함에 있어서는 이 문제에 대한 검토가 필요하다. 그에 앞서 시사점을 얻기 위해서 일반적인 기업도산절차에서의 사업양도시 근로관계 승계에 관한 외국 입법례의 규율태도를 간략히 일별해 본다.

2) 도산절차에서의 사업양도시 고용승계에 대한 비교법적 일별

(1) 유럽연합과 독일 및 영국의 경우

① 유럽연합 입법지침인 Council Directive 77/187/EEC은 영업양도시 양수인은 원칙적으로 양도인의 근로관계에서 비롯되는 권리의무를 승계한다는 것을 주요 내용으로 하고 있었는데 그 입법지침의 적용범위에 대해서 정한 Article1(1)[182]과 관련하여 유럽법원이 Abels사건[183]에서 법원의 감독 하에 기업재산의 환가를 진행시키는 파산절차에서는 위 77/187/EEC 지침을 적용해야 할 의무를 부담하지 않는다고 판결하였다. 그 후 유럽연합은 1998년 위 1977년의 입법지침을 개정하는 새로운 입법지침(Council Directive 98/50/EC)을 제정하였는데, 그 중 제4a 제1항(Article4a(1))은 "회원국이 달리 규정하지 아니 하는 한, 동 지침 제3조와 제4조는, 법원과 같은 공적인 기관의 감독 하에 양도인에 대하여 이루어지는 파산절차 혹은 이와 유사한 절차로서 공적기관의 감독을 받아 양도인의 재산을 청산하려는 목적으로 이루어지는 사업 또는 영업의

---

182) Article1(1) "본 입법지침은 법적 양도 혹은 인수합병에 의하여 다른 사용자에게 기업의 양도, 영업의 전부 또는 일부의 양도가 이루어지는 경우에 적용한다"
183) Abels v. Bedrijfsvereniging voor de Metaalindustrie en de Electrotechnische Industrie European C-135/83 European Court reports 1985 p.469(전형배, "도산절차와 근로관계의 승계 - 영국의 입법례와 시사점-",『노동법학』제27호, 한국노동법학회, 2008.9., 123면에서 재인용)

이전 혹은 사업 또는 영업의 일부의 이전에는 적용하지 아니 한다"라고 명시하였다. 이때 제3조란 사업이전 또는 사업양도시 권리의무의 승계와 양도인과 양수인의 연대책임, 그리고 집단적 약정의 일정조건 내지 기간부 유지를, 제4조는 사업양도를 이유로 한 해고금지를 정하고 있었다. 따라서 법원과 같은 공적 기관의 감독과 양도인 자산을 청산하려는 목적이라는 2가지 요건을 갖춘 파산절차의 경우에는 양도인 근로자의 근로관계가 양수인에게 승계되지 않을 수 있다고 허용한 것이다.[184] 다만 도산절차에서 근로관계의 승계를 부정하게 되면 이를 남용할 여지가 크기 때문에 입법지침은 회원국에게 도산절차가 근로자의 권리를 박탈하지 않도록 적절한 조치를 취할 의무를 부담시키고 있다(Article4a(4)).[185] 그렇지만 이상과 같은 입법지침의 규정들은 강행법규로서의 성질을 갖지 않고 제4a 제1항에서 보듯이 국내법이 우선 적용될 수 있는 여지를 설정하고 있다.[186]

② 이와 관련하여 독일은 독일 민법 제613a조에서 별도의 유보조항 없이 사업양도의 경우 근로관계가 승계되며, 종전의 사용자나 새로운 사업주는 사업양도를 이유로 근로관계를 해지할 수 없다고 규정하고 있다. 독일연방법원도 파산절차가 개시된 이후에 이루어지는 사업양도의 경우라고 하더라도 민법 제613a조가 적용되어서 근로관계가 양수인에게 승계된다고 보았다.[187] 그럼에도 불구하고 연방대법원은 이 경우에 있어 양수인에 대하여는 그 부담을 완화시키고 있는데 사업양도 이전에 발생한 채

---

184) 한편 Article4a(2)(a)와(b)는 양도인이 처한 도산상황이 파산절차에 해당하는 지 여부를 불문하고, 사용자의 도산시 근로자 보호를 위한 유럽연합 지침 90/987/EEC의 요구를 충족하는 한에 있어서는 도산관련절차에서 사업양도가 이루어지는 경우 종전 근로관계에서 비롯된 채무에 대하여 양수인의 책임을 배제할 수 있도록 규정하고 있으며(a호), 양도인과 양수인 및 근로자대표 사이에 사업의 존속과 일자리 유지를 목적으로 근로조건의 변경에 관한 합의를 할 수 있도록 정하였다. 이동호, 앞의 논문, 190면; 전형배, 앞의 논문, 125면
185) 전형배, 앞의 논문, 125면
186) 박종희, "도산절차에 있는 기업의 변동시 근로관계 승계법리에 대한 입법정책적 고찰", 『법학연구』(Vol.17. No.1), 충남대학교 법학연구소, 2006.12., 106면
187) BAG v. 17. 1. 1980 AP Nr. 18 zu 613 a BGB = BB 1980, S. 319. ; BAG v. 20. 11. 1984, ZIP 1985, S. 561.

무에 대하여서는 양도인만이 부담하고 양수인은 사업양도이후에 발생한 새로운 채무에 대하여서만 부담을 하는 것으로 보았다.188) 근로자채무의 승계는 파산재산의 감소를 초래하는 매각대금의 하락을 불러올 것이고 이는 파산채권자의 이익을 침해하는 것이 되어 이를 방지하려는 목적이라고 볼 수 있다.189)

③ 영국의 경우에는 직접적으로 2006년 TUPE(Transfer of Undertakings (Protection of Employment) Regulations)의 개정을 통해 1998년 입법지침의 관련내용을 국내법으로 수용했다. 동 법령 제8조 제7항에 의하면 양도인이 파산절차에 있거나 유사한 절차로서 양도인의 자산청산을 목적으로 하며 도산실무가(insolvency practioner)의 감독을 받는 경우에 행하여지는 사업양도의 경우에는 제4조 및 제7조를 적용하지 아니한다고 정하고 있다.190) 이때 제4조는 사업양도시 근로관계가 자동적으로 승계된다는 것을 내용으로 하며, 제7조는 사업양도 그 자체만을 이유로 하는 해고를 제한하는 내용이다. 이처럼 동 법령 제8조 제7항은 근로관계의 승계규정의 적용이 배제되는 파산절차를 특정하지 않고 추상적으로 규정하여 적용의 유연성을 꾀하고 있다고 평가된다.191) 요컨대 영국법은 파산 및 이에 준하는 절차에서의 사업양도에서는 근로관계의 승계를 인정하지 않음으로써 채권자평등의 원칙을 관철하고 그 이외의 도산절차 중 일어나는 사업양도의 경우에는 근로관계의 승계를 인정하되 양도인의 임금채무의 이전을 일정한 요건 하에 제한함으로써 근로관계의 존속을 보장하는 대신 국가가 나서서 양수인의 경제적 부담을 덜어주는 접근법을 입법화했다고 할 수 있다.192)

---

188) BAG ZIP 1980, S. 117 ; BAG ZIP 1983, S. 1377 ; BAG ZIP 1985, S. 567 ; BAG ZIP 1987, S.454 ; BAG DB 1994, S. 96 ; BAG ZIP 1996, S. 240 ; BAG ZIP 1996, S. 1916(이동호, 앞의 논문, 193면에서 재인용)
189) 이동호, 앞의 논문, 193면
190) 이에 대한 자세한 제정경위와 내용에 대해서는 전형배, 앞의 논문, 131-140면 참고
191) 전형배, 앞의 논문, 136면
192) 전형배, 앞의 논문, 141면

(2) 일본 학교사례의 시사점

일본은 2000년「노동계약승계법」제정을 통해 회사분할시 근로계약 승계에 관해서만 규율하였을 뿐, 도산절차에서의 사업양도에 따른 고용승계에 관해서 특별한 규정을 마련하고 있지 않다. 도산절차의 사업양도와 고용승계에 관한 입법상황은 우리나라와 크게 다르지 않다. 다만 일본의 판례 중에는 부당노동행위의 성립 여부를 다툰 사건이긴 하지만 그 판단의 전제로서 파산대학의 양도에 있어서 고용승계의무가 논란이 된 사례가 있다.193) 우리나라처럼 별도의 특별법이 없다는 점에서 고용승계에 관한 해석론이 어떠한지 참고하기 위해서 살펴본다.

이 사례는 파산으로 해산한 학교법인이 새로 설립된 학교법인에게 산하 학교를 양도한 사례이다. 구체적으로 보면 3개의 전문학교를 경영하는 A학교법인(法商學園)이 경영파산으로 해산하게 되자 그 산하의 학교를 새로 설립된 X학교법인(東京日新學園)에게 인수하도록 하면서도 양수한 X법인이 종전 교·직원을 고용승계하는 대신에 별도의 신규채용절차를 통해 선별채용을 하였는데, 노동조합 간부출신인 교원이 해당 채용절차에서 탈락하자, 고용승계를 주장하면서 자신이 해고된 것이고 승계거부는 부당노동행위에 해당한다고 주장한 사건이다.

이 사건에서 1심 판결은 고용승계의무를 인정한 바 있지만 2심 판결의 재판부는 동 사건이 영업양도에 유사하지만 당사자 사이에 고용승계가 이루어지기 위해서는 양도계약 당사자 사이에 승계에 관한 별도의 합의가 있어야 하는데 이 사안은 여기에 해당하지 않는다고 판단하여 원고인 해당 교원의 부당노동행위 주장을 기각하였다.

이 사안이 주는 시사점은 2가지로서 첫째, 학교법인이 파산해도 그 산하 학교가 당연히 폐지되는 것만은 아니고 (신설되는 법인이든 아니든) 다른 학교법인에 사업양도 혹은 이에 준하는 형태로 자산매각될 수도 있다는 점이고 둘째, 학교법인의 파산 후 그 산하 대학의 양도나 인수 시에 고용승계의무가 인정되는지 여부를 둘러싸고 2심 재판부는 특약필요설의 입장을 보인 것으로 보인다. 요컨대 특별한 규율법령이 없는 상황에서 파산과 같은 비상상황에 처하게 될 경우에는 이와 같은 분쟁상황이 언제든

---

193) 東京高判 2005. 7. 13.(平一七) 労判八九九号 判決

발생할 수 있다는 점에서 이 문제에 대한 해석론을 서둘러 마련할 필요가 있다.

3) 고용승계의 범위 판단

① 일반적인 사업양도의 경우에는 근로자의 고용승계 문제는 결과적으로 자동승계설(당연승계설)과 다를 바 없는 원칙승계설에 따라 근로자의 고용이 승계된다고 보는 데에 이견이 없다. 그런데 대학파산시 사업양도 사례는 최근까지 없었기 때문에 이를 둘러싼 판례가 존재하지 않는다. 파산대학의 사업양도시 고용승계 인정문제는 생각과 달리 그리 간단한 쟁점은 아니다. 왜냐하면 파산대학을 양수하는 양수대학이 전면적으로 양도대학 교·직원의 고용승계를 감수해야 한다면 양수인으로서는 사업양도의 대가를 낮추려 들게 될 것이고(특히 해당 학과를 운영해야 할 교원이 아닌 사무직원의 경우는 양수대학 입장에서는 불필요하다고 생각할 수 있다), 이는 파산채권자들의 채권의 공평한 변제를 최우선 목적으로 하는 채무자회생법의 입법목적에 부합하지 않는다는 문제제기도 있을 수 있기 때문이다.

생각건대 파산 대학의 사업양도가 이루어진다고 해도 파산채권자들의 채권의 공평한 변제를 최우선 목적으로 하는 채무자회생법의 입법목적을 고려하면 특별한 입법이 없는 이상 파산 학교법인의 교·직원이 당연히 고용승계 대상이 된다고 단언하는 데에는 신중을 기할 필요가 있다. 사업양도의 법률효과로서 고용승계 문제에 대해서 우리 판례는 원칙승계설의 입장을 취하고 있다. 판례194)는 사업양도계약에 의하여 사업이 포괄적으로 양도되면 반대의 특약이 없는 한 양도인과 근로자 간의 근로관계도 원칙적으로 양수인에게 포괄적으로 승계된다고 전제하면서 "영업양도 당사자 사이에 근로관계의 일부를 승계의 대상에서 제외하기로 하는 특약이 있는 경우에는 그에 따라 근로관계의 승계가 이루어지지 않을 수 있으나, 그러한 특약은 실질적으로 해고와 다름이 없으므로, 근로기준법 제23조 제1항 소정의 정당한 이유가 있어야 유효하며, 영업양도 그 자체만

---

194) 대법원 1994. 6. 28. 선고 93다33173; 대법원 2020. 11. 5. 선고 2018두54705 등.

을 사유로 삼아 근로자를 해고하는 것은 정당한 이유가 있는 경우에 해당한다고 볼 수 없다"고 하여 고용승계의 포괄적인 근거를 해고제한법리와의 관계 속에서 근로관계의 승계를 인정하고 있다.195) 즉 그 논거의 근저에는 해고제한법리의 잠탈을 방지하여야 한다는 요청이 자리잡고 있는 것이다.196) 그러나 적어도 원칙승계설이 당연승계설과 구별되는 독자성을 유지하기 위해서는 배제특약의 유효성을 사업양도계약을 체결하게 된 전후의 사정 및 경위와 양수인이 계약을 체결하게 된 목적 등을 고려해서 좀 더 신축적으로 인정할 때에만 가능하다는 지적197)에는 귀를 기울일 필요가 있다. 특히 사업양도계약에서 근로관계의 승계의 주된 근거와 승계배제특약의 효력의 한계를 해고제한법리의 해석을 통하여 구한다는 입장에 서 있는 견해를 유지한다면 파산에도 불구하고 일단 사업양도가 있다는 사실만으로 양수인은 당연승계를 감수해야 한다는 주장은 이론적으로 다소간 문제가 있다. 왜냐하면「민법」제663조(사용자파산과 해지통고)는 "사용자가 파산선고를 받은 경우에는 고용기간의 약정이 있는 때에도 노무자 또는 파산관재인은 계약을 해지할 수 있다"고 정하고 있을 뿐만 아니라(제1항), 채무자회생법 제355조(쌍방미이행 쌍무계약에 관한 선택)은 쌍무계약에 관하여 채무자 및 그 상대방이 모두 파산선고 당시 아직 이행을 완료하지 아니한 때에는 파산관재인은 채무자의 채무를 이행하고 상대방의 채무이행을 청구하거나 또는 계약을 해제 또는 해지할 수 있도록 정하고 있기 때문이다(제1항). 물론 이 경우에도 여전히 근로기준법 제23조는 적용된다고 볼 수도 있지만, 우리 판례에 의하면 해고가 정당하는 결론 자체가 달라지지는 않는다. 즉 판례는 파산관재인이 파산선고로 인하여 파산자 회사가 해산한 후에 혹은 청산인이, 사실상 파산과 다름없는 청산의 상태에서 사업의 폐지를 위하여 행하는 해고는 정리해고가 아니라 통상해고이고, 이러한 경우의 해고에는 정당한 이유가 있다고 보고 있기 때문이다.198) 사정이 이와 같다면 파산대학의 사업양

---

195) 이승욱, "노동법상 사업양도의 의의와 한계",『노동법학』제10호, 한국노동법학회, 2000.8., 41면
196) 이동호, 앞의 논문, 181면
197) 김형배/박지순,『노동법강의』제12판, 신조사, 2023, 205면
198) 대법원 2003. 4. 25. 선고 2003다7005 판결; 대법원 2001. 11. 13. 선고 2001다27975

도에서 양도 당사자 사이에서 일부 직원의 승계를 배제한다손 치더라도 또한 그러한 특약은 실질적으로 해고와 다름이 없다손 치더라도 그것이 "영업양도 그 자체만을 사유로 삼아 근로자를 해고하는 것"으로 볼 수 있는지는 의문스럽다. 해고나 다름없는 승계배제에 따른 일자리상실의 근원적인 이유는 영업양도 그 자체가 아니라 파산의 선고로 인한 통상해고의 정당화가 그 배경이라고 볼 수 있기 때문이다.

나아가 채무자회생법상 파산관재인이 법원의 허가를 받아 영업을 계속하거나 영업을 양도할 수 있도록 한 주된 목적은 그것이 파산 선고를 전제로 하여 파산재단을 유리하게 환가하기 위한 방법으로서 예외적으로 인정될 뿐이라는 점, 파산재단에 속하는 산하 대학의 사업양도에 따라 모든 교·직원을 고용승계해야 한다면 사업양도의 대가수령을 통한 유리한 환가에 지장을 초래할 수 있다는 점, 학교법인의 파산선고는 「사립학교법」상 학교법인의 해산사유이고 단지 파산의 목적(파산채권의 공평한 변제)의 범위 안에서만 해산한 학교법인(파산법인)이 존속하는 것으로 채무자회생법에서 간주될 뿐이기에 노동법은 교·직원의 존속보호에 더 이상 결정적인 역할을 하기 어렵다는 점, 파산선고가 내려지면 통상적으로 법원과 파산관재인은 해당 대학의 단체협약도 해지하고 있다는 점(이와 달리 회생절차개시의 경우에는 단체협약에 대한 해지권을 명문으로 부정하고 있다. 채무자회생법 제119조) 등을 종합적으로 고려할 때 원칙승계설적 관점에 서 있는 법원이 합리적인 범위 안에서 이루어진 일부 교·직원의 승계배제에 관하여 행한 양도·양수인 당사자 사이의 합의의 효력을 전면적으로 부정할 여지는 희박하다고 본다. 일단 파산의 선고는, 일자리에 미치는 부정적인 영향이라는 측면에서 보자면 긴박한 경영상의 필요성에 의해 정리해고 상황보다 훨씬 크기 때문이다.

요컨대 학교법인의 파산선고 시 교육사업의 전부 또는 일부 양도 방안의 현실적인 목표는 그 교육사업에 종사하던 교·직원 '전부'의 존속보호를 위한 것이 아니라 교·직원 일부만이라도 일자리 상실의 위험으로부터 보호하는 것이라고 할 수 있다.199) 통상의 사업양도에 있어서는 고용

---

199) 도산 임박 상태이든 도산절차 중이든(문맥상 회생절차중을 의미하는 것으로 이해된다) 그 과정에서 이루어지는 사업양도에 대해서는 기본적으로 근로관계의 포괄승계 입장을 취하는 것으로 보이는 이승욱 교수도 청산을 목

승계에서 배제됨으로 인하여 해고의 위험이 발생하게 되어 이를 경계해야 하는 것이지만, 파산절차 중의 사업양도와 관련하여서는 이미 기업(대학은 학교법인)이 파산절차에 들어감으로써 소속 근로자들에게 '해고'의 위험이 현실적으로 발생한 것으로 보아야 하며 이런 상황에서는 사업양도에 따른 고용승계의 대상에 포함된 그들 일부나마 비로소 해고의 위험에서 벗어난 것이라고 평가하는 것이 정확할 것이다.200) 또한 교육사업의 전부양도가 아니라 일부 단과대학 또는 학부단위 이하의 사업양도가 법적으로 가능해지더라도 그 승계되는 인력에는 해당 학부단위나 학과에 근무하는 교원과 직원만이 해당한다는 것은 당연하다고 할 것이다. 물론 현실적으로는 학과소속 교원만이 승계의 대상이 될 가능성이 크다는 점은 두말할 필요가 없다.

② 그러나 파산이 아닌 회생절차에서의 대학의 사업양도는 - 경영악화 방지를 위한 사업의 양도, 인수합병과 관련한 정리해고의 문제가 전면에서 문제될 수는 있을지언정 - 파산을 전제로 한 검토와는 다른 차원에서 살펴볼 문제이다. 즉 학교법인의 모든 도산절차에서 사업양도 당사자 사이의 고용승계 배제특약의 효력을 똑같이 획일적으로 인정할 수는 없고 회생절차에서의 사업양도에서는 파산의 경우와는 달리 봐야 한다는 점에 유의할 필요가 있다. 학교법인의 채권의 변제를 목적으로 청산을 전제한 재산환가가 우선시되는 파산절차와 달리 회생절차는 학교법인의 회생과 재건을 목적으로 하는 것이라서 여전히 해고제한법리의 형해화를 경계해야 하기 때문에201) 회생절차에서는 인가된 회생계획안에 따라 사업양도를 하는 경우에는 원칙적으로 고용승계를 인정해야 할 것이다.202) 이는

적으로 도산절차가 진행되는 경우의 사업양도에 대한 입법대응책은 그와 달리 처리할 수도 있다고 밝히고 있다. 이승욱, 앞의 논문, 50면
200) 이동호, 앞의 논문, 204면
201) 기업에 대한 회생절차가 신청되거나 회생절차개시 결정이 있었다는 사실만으로는 기존 근로관계에 아무런 영향을 미치지 않는다고 보아야 한다. 인원감축의 필요성이 있는 경우에는 관리인은 경영상 해고 절차에 따라 인원감축을 행할 수 있을 뿐 회생절차 돌입만을 이유로 근로계약을 해지할 수 있는 특별한 사유가 성립한다고 볼 수는 없다. 박종희, 앞의 논문, 110-111면
202) 이동호, 앞의 논문, 200면

종래의 판례법리의 수정 없는 적용으로 귀결된다. 재생을 통한 기업계속이 전제된 회생절차 중에 행하여진 사업양도에 있어서 근로관계 승계 배제가 가지는 의미를 통상의 사업양도와 달리 이해하고 취급할 이유를 찾기 어렵기 때문이다.203) 설령 이로 인해 매각 대금의 하락이 초래될 수 있다고 하더라도 그 결론에 영향을 줄 수는 없다.

③ 한편 사업양도에 따라 고용승계가 인정된다고 하더라도 교원과 직원들에 대한 종전 근무조건에 대한 권리의무는 어디까지 승계되느냐 하는 문제도 여전히 중요하다. 특히 교원의 경우에는 종전 급여수준과 같은 일반적인 근로조건의 승계뿐만 아니라, 종전의 소속 대학에서 보장받았던 연구 및 교육조건들도 승계된다고 볼 수 있는지 여부 등이 특수하게 제기되는 문제이다. 물론 포괄적 근로조건의 승계를 인정한다고 하더라도 사업양도를 통한 대학통폐합 후에 교원 사이에는 교육 및 연구 조건의 통일시킬 필요성은 존재한다. 이러한 문제를 둘러싼 논란을 피하기 위해서는 승계되는 교원별로 교육이나 연구조건을 규정한 새로운 학칙과 인사규정 등의 적용에 대한 동의서를 받아 둘 필요가 있을 것이다. 다만 이에 대한 연구는 사업양도에 대한 제도정비가 입법적으로 이루어진 다음의 기회로 미루고자 한다.

5. 소결

본 장에서는 대학구조개편기에 폐교 혹은 통폐합, 파산 등 구조조정으로 인한 대학구성원의 고용환경의 악화가 새로운 사회문제로 비화되고 있다는 점에 주목하여, 파산대학의 교·직원 보호를 위한 사업양도의 필요성을 제기하고 관련되는 법적인 쟁점을 검토하였다. 채무자회생법에 따르면 법원은 '회생절차개시' 이후에도 채무자의 사업을 청산할 때의 가치가 채무자의 사업을 계속할 때의 가치보다 크다고 인정하는 때에는 영업의 전부 또는 일부의 양도를 포함한 청산을 내용으로 하는 '회생계획안'

---

203) 이동호, 앞의 논문, 203면

의 작성을 허가할 수 있도록 규정하고 있는데(채무자회생법 제222조 제1항), 이는 파산선고 시에도 여전히 고려될 수 있는 방안이라는 것이 문제의식의 출발점이었다. 파산선고는 곧 대학의 폐교라고 성급히 결론을 내리지 않고 가급적 대학구성원의 존속보호를 위한 방안을 찾는 노력이 필요하다고 보았기 때문이다.

본 장에서는 우선 파산한 대학의 사업양도와 관련한 법적 제약요소들을 검토하고 다음으로 교·직원 존속보호를 위한 고용승계 문제를 둘러싼 쟁점들을 분석하였다.

검토의 결과 학교의 운영권을 분리해서 양도하는 것이 현행 교육법상 금지되지 않고 파산선고시에는 「사립학교법」에 우선해 채무자회생법이 적용된다는 점을 고려할 때 채무자회생법이 허용하는 사업양도를 학교법인에 적용하는 것이 법해석론상으로는 마냥 불가능한 것은 아니라고 보았다. 그러나 적극적으로 입법적인 정비를 서두를 필요가 있다. 정원미달이 누적되어 정상적인 학교경영이 어려울 것으로 예상되는 대학에 대해서는 회생을 위한 구조조정을 원활히 진행할 수 있도록 하고, 부득이 해산하는 경우도 상정하여 이를 적정하게 관리할 수 있도록 입법조치가 필요한 것이다. 합병 외에 상정해 볼 수 있는 대표적인 제도가 고등교육기관에서의 사업양도 개념의 법제화이다. 경영위기대학의 구조개선 지원을 위한 입법적 틀로서 제안된, 복수의 「사립대학의 구조개선지원에 관한 법률안」에서 공통적으로 이러한 개념을 수용한 것은 시의적절한 시도라고 본다. 물론 '분리된 학교의 운영권 양도'를 판례가 인정하고 있고 이는 그 효과나 결과 측면에서 사업양도와 유사한 부분이 많긴 하다. 그러나 거기에서 더 나아가 동일한 하나의 학교단위를 분리하여 그 일부에 대해서만 운영권을 양도하는 것도 때때로 필요한데 현행 법령의 해석 하에서는 이런 부분까지 인정하기에는 제약이 많은 것도 사실이다. 이런 한계점을 고려한다면 교육기관의 일부 양도까지 포함하는 사업양도의 개념이 위 법안에서 구체적으로 제안되었다는 것은 그 의미가 결코 작지 않다.

다음으로 파산 대학의 사업양도가 이루어진다고 해도 파산채권자들의 채권의 공평한 변제를 최우선 목적으로 하는 채무자회생법의 입법목적을 고려하면 특별한 입법이 없는 이상 파산 학교법인의 교·직원 모두가 당연히 고용승계 대상이 된다고 단언하기는 어렵다. 이와 달리 회생절차는 학교법인의 회생과 재건을 목적으로 하는 것이기 때문에 회생계획안에 따라 사업양도를 하는 경우에는 고용승계가 인정된다고 본다. 학교법인의 파산선고 시 교육사업의 전부 또는 일부 양도 방안의 현실적인 목표는 그 교육사업에 종사하던 교·직원 '전부'의 존속보호를 위한 것이 아니라 교·직원 일부만이라도 일자리 상실의 위험으로부터 보호하는 것이라고 할 수 있다. 따라서 파산대학의 사업양도에 있어서 가장 바람직스러운 모습은 파산을 선고받은 종전 학교법인이 그 운영주체와 함께 퇴출되고 제3의 학교법인과 새로운 운영주체가 사업양수자로서 교체되는 것이다. 외형적으로는 종전 학교법인이 새로운 학교법인으로 교체되는 모습일 뿐 대학의 교지와 교사(校舍), 교·직원은 그대로 존재한다.204) 이를 통해 파산선고로 인해 해고의 위험에 빠졌던 교·직원의 고용안정이 다시 회복되는 것이다. 이런 변화상을 법리적으로 분석하면 법원의 허가를 받은 사업양수도 계약에 따라 파산관재인에 의해 종전 대학이 사업양수자인 새로운 학교법인에게 전부양도된 것이다. 학령인구 감소의 현실화로 심화되는 구조조정기에 있어서 이에 적절히 대응하는 능력을 보이지 못하는 학교법인 운영주체가 도태되는 것은 냉정하게 평가할 때 부득이한 측면이 있다.

다만 파산선고시 사업양도가 법적으로는 가능하다고 해도 대학의 상황에 따라서는 실현불가능한 경우가 더 많을 것이고 설령 가능하더라도 교육사업의 전부양도가 아니라 일부양도에 그칠 가능성도 있을 것이다. 이로 인해 학생뿐 아니라 대학교원과 직원의 혼란과 반발이 야기될 수 있다. 이러한 혼란을 줄이기 위해서는 예측가능한 입법적 대응이나 합리적인 해석론의 개발이 어느 때보다 시급하게 요청된다. 요컨대 학교법인의 파산절차의 과정에서 사업양도가 이루어지는 경우에는 특별한 입법적 취급을 통해 고용관계의 포괄승계라는 사업양도의 법률효과를 일정부분 제한하는 대신에 이를 보상하는 대상조치를 관련 교육법령에 구현시킬 필요가 있다.

---

204) 물론 파산채권의 변제에 사용된 사업양도의 대가를 마련하기 위해 필요하다면 사업양도 직후에 교육에 직접 사용되는 교지를 제외한 교육용 기본재산과 수익용 기본재산의 일부가 관할청의 허가를 받고 매각될 수는 있을 것이다.

끝으로 덧붙이자면 파산절차나 회생절차에서 학교법인 재산의 가치산정의 문제와 관련해서는 학교법인의 특수성을 고려해서 계속기업가치와 청산가치 산정이 신중하게 이루어질 필요가 있다는 점을 상기시키고 싶다. 사립대학의 등록금 의존비율이 매우 높은 상황에서 대부분의 학교법인의 기본재산이 부동산이고 학교의 운영에 필요한 비용 이외에 채무변제에 사용할 추가적인 수익 창출에는 뚜렷한 한계가 있다 보니 파산결정 시에 기본재산인 부동산의 처분가능성을 전제로 한 청산가치를 높게 보고 계속기업가치를 낮게 볼 가능성이 있어서 문제라는 지적205)에는 귀 기울일 필요가 있다. 실제로 학교법인의 부동산인 교지(校地)는 대개 교육용 부지로 묶여있는데 특혜시비 등을 우려하여 용도변경이 원활하게 이루어지기 힘들고 복잡하여 유찰률이 높아서 청산 자체가 지연되는 것이 일반적이다. 이러한 점을 제대로 고려하지 않고 감정가격을 높게 잡고 법원의 부동산 입찰절차의 평균낙찰률대로 기계적으로 낙찰률을 적용하다 보니 청산가치를 현실보다 높게 잡아 버리기 십상이다. 이러한 사정은 경영위기에 처한 학교법인에 대해서 파산절차만이 능사가 아니라 회생절차를 통해서도 교육사업의 사업양도를 적극적으로 모색할 필요성을 시사한다. 다만 우리나라 도산실무는 회생관리인으로서 제3자 관리인 보다는 기존 이사나 경영자 중에서 선임하는 경향이 강하다 보니 자칫하면 법인운영주체를 변경하지 아니하는 독자생존형 회생계획을 인가받으려는 시도로 이어지기 쉽다. 이는 경영위기를 겪는 학교법인조차도 합병이나 사업양도의 모색에 소극적인 태도를 보이다가 오히려 구조조정 시기를 놓쳐 위기를 악화시킬 수 있는 요인이 될 수 있기 때문에 경계할 필요가 있다.206) 그런 점을 고려하면 대학 및 교육분야에 전문성을 가진 사람이나 기관이 회생관리인으로 자리잡을 수 있도록 제도화하는 데에도 관심을 기울일 필요가 있을 것이다.

---

205) 김효선, 『학교법인의 도산 관련 쟁점』(한국법학원 현안보고서 제2023-07호), 한국법학원, 14면
206) 이상주, "회생절차에서의 기업구조조정에 관한 고찰", 『회생과 파산』 Vol.1. 한국도산법학회, 2012, 420면

에듀컨텐츠·휴피아
CH Educontents·Huepia

제7장. 경영위기대학 지원을 위한 입법과제

1. 사립대학법인에 대한 재정진단 및 감독근거 마련

1) 재정진단 및 감독근거의 필요성

경상비 중 인건비에 대해 특별한 지원을 받지 않는 사립대학 법인의 경우에는 학령인구의 급감시기에는 재정적 위기가 발생할 가능성이 높아서 학교법인의 설립목적 달성이 재정상황 악화로 불가능하게 될 위험이 상존한다. 따라서 관할청은 이를 미리 파악하고 감독할 필요성이 있으므로 입법적 개입근거를 마련해야 한다.

이를 위한 입법방식은 첫째, 사립학교법에 사립대학법인에 대한 감독상의 특례규정을 마련하고 자세한 것은 대통령령의 규율에 위임하는 방식이 있을 수 있고 둘째 처음부터 사립학교법과 대학설립·운영규정 등 종전 법령에 우선하여 적용되는 별도의 특별법을 통해 규율하는 방식이 있을 수 있다.

2) 별도 특별법에 의한 구조개혁의 촉진 필요성

경영위기진단(재정진단)의 근거만을 마련한다면 사립학교법의 근거규정 신설과 대통령령으로 그 목적 달성이 가능하겠으나 그밖에 앞에서 검토한 임시이사의 권한, 청산인 선임 문제, 유휴자산 처분, 교직원 면직보상, 잔여재산 귀속 문제 등 대학구조개혁을 촉진하기 위한 다양한 특례조치들을 사립학교법령에서 모두 규율하기는 힘들기 때문에 별도의 특별법 형식이 효율적이다. 그 이유는 다음과 같다.

첫째, 한계대학 공공적 처리과정에서 사립대학 학교법인과 중등학교 이하 사립학교법인을 분리취급함으로써 사립학교법인 전체의 반발과 불필요한 논쟁을 피하고 입법의 효율화를 도모하는 것이 바람직하다. 사학자율성 침해라는 사학법인 전체의 집단적 반발을 피하는 한편 초중등 학교법인의 경우에는 교직원 인건비 지원을 받고 있어 사립대학과 초중등학교의 사정이 다르다는 점을 고려하면 재정측면에서의 감독상의 특례는 고등교육을 담당하는 대학의 학교법인에만 적용하는 것으로 할 필요가 있다. 예컨대 사립대학 학교법인 잔여재산 처리 규정은 현행 사립학교법상 종료된 중등학교 이하 학교법인의 해산장려금 규정과 결을 달리할 필요가 있지만 이를 동일법에서 함께 드러내는 것은 입법과정 혹은 그 이후 시행과정에서 새로운 논란과 주목도를 올려 반발이 커질 염려가 있다.

둘째, 학령인구의 감소가 현재 대학구조개선의 주된 원인과 배경이라는 것에는 최소한의 공감대가 있으므로 이해관계당사자의 반발을 완화시키는 방안으로서 긴박한 상황(급격한 학령인구 감소)에 대처한다는 명분으로 한시법적 규율이 바람직하고 필요한 경우에 일몰을 연장하는 방식으로 탄력적 대응이 가능하다.

또한 경영위기 대학에 한해 임시이사 체제하에서도 구조개혁 및 회생에 필요한 재산처분이 가능하도록 할 필요가 있다는 점도 사립학교법령 개정보다는 별도의 특별법규정 더 나은 대안이라는 것을 뒷받침한다. 물론 중장기적으로 사립학교법의 입체적 개정이 필요한 것이 사실이지만, 그 개정은 한계사학의 문제뿐만 아니라 좀 더 거시적인 차원에서 고등교육 및 중등교육의 미래 변화까지 고려한 종합적이고 입체적인 변경안까지 포함하여 준비될 필요가 있으므로 사립학교법의 근본적인 체계변화는 특별한시법 시행 후에 그 검증 경과를 분석하여 반영해도 늦지 않을 것이다.

셋째, 대학구조개혁을 촉진하기 위해, 필요한 입법적 개정사항들과 관련된 법적 제도나 근거가 사립학교법, 대학설립·운영규정, 한국사학진흥재단법 등에 산발적으로 규정되어 있어 학교법인이나 대학이 이해하기 어렵다는 점을 고려할 때 규범의 예측가능성이라는 차원에서도 가급적 단일법령 방식을 취하는 것이 바람직하다.

다만 사립학교법의 틀 내에서 대학구조개혁을 추진하는 법체계와 틀을 유지하고자 한다면 사립학교법의 근거규정(위임규정)에 근거해 단일한 대통령령(시행령)으로 제정하는 것도 고려할 수는 있을 것이다. 그러나 이것은 대통령령에 불과하다 보니 그 내용과 충돌되는 기타 관련법령과의 관계에서 어느 규정이 우선적용될 수 있는가 하는 효력상의 위계문제가 발생할 수 있으므로 대통령령에는 상호충돌되지 않는 최소한의 내용만 담을 수밖에 없다는 한계가 있다.
이상과 같은 이유로 경영위기대학 관리 및 지원을 위한 특별법을 제정하는 것이 바람직할 것이다.

2. 경영위기대학 관리를 위한 법령 정비

1) 경영위기 상황 극복을 위한 유휴자산처분 관련 규제완화

(1) 유휴자산 활용을 위해 교육용재산의 수익용 전환 및 대체취득 없이 수익용재산 처분 허용

대학의 수익구조 개선이 가능하도록 교사·교지활용 관련 규제를 완화할 필요가 있다. 해당 대학이 교지, 교사확보율이 100% 이상일 경우, 충분한 교육여건을 갖춘 상황이므로 초과한 유휴교육시설의 매매 또는 수익 활용을 통하여 학생유치 부족 등으로 초래된 부족한 재정을 보충하도록 할 필요가 있다. 경영위기대학이 구조개선을 통해 안정적인 재정기반을 얻도록 하기 위해서는 학생수 감소로 인해 초과 보유한 교육용 기본재산을 수익용 기본재산으로 변경하는 등 재무개선을 지원할 수 있도록 관련법을 정비할 필요가 있다.

현행법은 학교법인이 그 기본재산에 대하여 매도·증여·교환·용도변경 하거나 담보로 제공하려는 경우 또는 의무를 부담하거나 권리를 포기하려는 경우에는 원칙적으로 관할청의 허가를 받도록 하고 있으므로(사립학교법 제28조) 재정진단 결과 경영위기대학에 대하여는 유휴 교육용재산의 수익용 전환 및 대체취득 없이 수익용재산을 처분할 수 있도록 허용할 필요가 있고 이에 대한 법적 근거를 마련할 필요가 있다. 현행 사립학교법 시행령 제12조 제2항은 "교육·연구의 경쟁력 강화 및 특성화를 위하여 학교법인 간에 교환의 방법으로 처분하는" 교지 등의 재산의 경우에만 학교법인이 매도하거나 담보로 제공할 수 없는 재산[207]에서 제외

하고 있을 뿐이기 때문에 현실성이 있는 일방적인 매도처분 방식인 경우에도 허용할 필요가 있다.

(2) 특정목적적립금 사용용도 변경 허용

사립학교법 제32조의 2는 적립금의 성격에 따라 연구적립금, 건축적립금, 장학적립금, 퇴직적립금 및 그밖에 구체적인 목적을 정하여 적립하는 특정목적적립금으로 구성할 수 있도록 하되, 적립금은 그 적립목적으로만 사용하도록 하고 있다.

경영위기대학에 한해서 건축적립금과 특정목적적립금의 사용용도를 변경하여 재정상 위기극복에 필요한 경비로 사용할 수 있도록 하는 것이 필요하다.

(3) 경영위기대학에 한해 임시이사회의 재산처분 허용

이상과 같은 유휴자산 처분과 활용을 허용하더라도 경영위기대학이 임시이사체제인 경우에는 재산처분에 대한 권한의 존부를 둘러싼 다툼으로 유휴자산 등 활용에 대한 신속한 결정이 이루어지기 어려워 재정상황이 악화될 우려가 있다. 따라서 이에 대비하기 위해 경영위기 1단계 이상 대학이 임시이사 체제인 경우에 구조개혁 및 회생에 필요한 재산처분이 가능하도록 특별법에 근거를 마련해 둘 필요가 있다.

2) 폐교위기대학의 경우 대학의 전부 또는 일부양도 허용

(1) 폐교위기에 놓인 대학의 학부(학과)단위 일부양도 허용

가. 배경

폐교가 예정된 대학(이사회에서 폐지가 결의되거나 폐쇄명령을 받은 대학을 의미) 중 일부 단과대학 내지 학부(과)에 관심을 가진 대학이 있을 때 이들 학부(과)만이라도 사업의 일부양도의 필요성이 존재하는 것이 사

---

207) 사립학교법 제28조(재산의 관리 및 보호) 제2항은 학교교육에 직접 사용되는 학교법인의 재산 중 대통령령으로 정하는 교지(校地), 교사(校舍), 체육장 등은 이를 매도하거나 담보에 제공할 수 없다고 규정하고 있다.

실이다.

학부등의 양도는 가령 폐교가 예정된, A학교법인의 甲 대학의 일부 학부(과)를 B학교법인의 乙 대학에 흡수통합시키는 방식이다. 이때 甲 대학의 일부 학부(과)를 양도한 A학교법인은 양도 후에도 일단 그대로 존속하면서 적어도 완전한 폐교 때까지 산하 학교기관을 계속 경영할 수 있다는 점(물론 폐쇄명령시엔 나머지 기관의 계속경영도 곤란)에서 이는 사업의 전부양도와는 구별된다. 다만 이는 상법상 영업의 일부양도와 유사한 사업승계행위라고 볼 수 있지만 엄격히 말해서 학교법인에 대해서는 상법이 적용되지 않으므로 별도의 법적 근거(사립학교법 또는 별도의 특별법)이 필요한 것이다.

나. 고려사항

상대적으로 유망한 학부(과)의 계속존속을 보장하여 폐교의 피해를 최소화할 수 있다는 점에서는 긍정적인 구조개선 방안이 될 수 있지만, 자칫 악용되는 경우에는 양도되는 대학내부의 구성원간 불화를 초래할 가능성이 있다. 즉 아직 경영위기대학 이전 단계임에도 불구하고 매력이 없는 학과들만 남은 대학은 재정기여자의 모집을 기대할 수 없는 재생 불가능 상태가 되어 오로지 폐교의 길만 남게 될 수 있는데 이런 경우에는 극심한 반발이 일어날 가능성이 있다. 이처럼 일부 학부(과)의 양도의 대가로서 양수대학에서 지급하는 보상방안과 수준을 계량화하기가 곤란할 수 있어서 분쟁의 가능성도 있다. 보상절차와 수준의 결정이 불투명하게 이루어질 경우에는 더욱더 양도·양수 대학 내부에서 분란이 발생할 수 있다. 예컨대 양도의 범위에 정원만이 아닌 실험시설과 연구시설 기타 시설·설비 및 교재·교구 외에도 교지의 일부도 양도범위에 들어갈 수 있고 그에 따른 보상수준이 분쟁의 원인이 될 수도 있고, 보상금의 사용용도를 둘러싸고도 양도대학 내 분란이 생길 수 있다.

따라서 이상의 문제점들이 발생하지 않도록 학부(학과)단위 일부양도의 요건을 사전에 설계할 필요가 있다.

(2) 학부(학과)단위 일부양도의 요건

폐교위기에 놓인 대학에 한해 그 학부(학과)단위 일부양도는 별도의 법

적 근거를 마련하되 다음과 같은 요건을 충족하도록 할 필요가 있음
ⓐ 경영위기대학 1단계 이상의 판단을 받은 긴박한 상황일 것
ⓑ 양도대학이 폐교 완료 전일 것
ⓒ 양도되는 해당 학부(과)의 구성원(재학생 및 교원)의 동의(가령 각각 2/3 이상 동의)를 받을 것
ⓓ 양수대학의 양수보상금과 양도대학의 보상금 사용계획이 (가칭)사학구조개선심의회 등의 공적기관의 확인과 심의를 거치도록 할 것

(3) 파산한 학교법인의 산하 대학의 인수 또는 사업양도절차 간소화

수도권 대학의 학교법인인 OO학원의 파산선고 위기가 있었던 점을 상기하면 이처럼 산하 대학은 존속가능성이 있음에도 불구하고 학교법인의 재정난으로 파산선고가 내려질 가능성을 배제할 수 없으므로(한려대사태와 같이 파산채권자가 파산신청을 할 수 있기 때문임) 이에 대비할 필요가 있다.

따라서 학교법인이 파산선고를 받았을 경우에 학생피해를 막기 위해 일단 학생모집 중지를 하더라도 곧바로 폐쇄명령을 내리지 말고 산하 대학의 인수나 사업양도를 모색할 필요가 있다. 이때 제3의 종전 학교법인이 파산법인 산하 대학의 전부 또는 일부를 인수하거나 양수받는 경우(대학통폐합의 일종) 외에도 새로운 재정기여자가 새로운 학교법인을 신설하여 대학 전부 또는 일부를 인수하거나 양수받는 경우(사업양수도계약)도 허용하고 이를 위한 절차를 간소화할 필요가 있다. 이를 위해서는 사립학교법과 다른 별도의 특별법이 마련되어야 한다.

3) 임시이사 체제 하 재정기여자 공모 및 대학인수 허용

(1) 배경

사실상 정상화 능력을 상실한 비상한 상황에 처한 학교는 이미 임시이사 체제였거나 사립학교법 제25조에 따라 임시이사가 파견될 가능성이 높다.

그러나 임시이사는 현행법상 재산처분 등 중요한 의사결정을 할 권한이 없다는 것이 일반적인 견해임을 고려할 때 관할청의 개입이 부득이하고 정당화되는 것으로 구성할 필요가 있다.

이러한 비상한 상황이란 다음 세 가지의 경우로 상정할 필요가 있다. 첫째, 재정진단 결과 경영위기대학으로 판단된 경우(혹은 회생절차 개시신청이나 파산신청이 있는 경우) 둘째, 정이사체제의 유지나 회복이 가까운 장래에 객관적으로 기대하기 곤란한 상황(회생개시결정에 따라 관리인이 선임된 경우 포함)에 놓여서 학생 및 교직원 등 대학구성원을 위해 경영상의 결정이 시급하게 요구된다고 인정되는 경우, 셋째 대학폐쇄명령과 법인해산명령이 내려진 경우이다.

그런데 전자의 두 가지 경우와 마지막의 경우에 대해서는 분리하여 각각 달리 대응할 필요가 있다.

(2) 법인해산 없이 임시이사 체제 하 재정기여자를 공모하는 방안

대법원 전원합의체의 다수의견에 비추어 보면 학교법인이 존속하는 경우는 기본재산의 매각행위는 임시이사의 통상적인 운영 및 업무범위에 해당한다고 판단하기 어렵다고 판시할 가능성이 높다.

임시이사 체제에서 관할청이 적극 개입하여 재정기여자의 공모나 대학인수를 추진하기 위한 조건은 별도의 법적 근거를 마련하되 최소한 다음의 3가지가 충족되어야 할 것으로 판단된다.

(a) 경영위기대학 1단계 판단을 받거나 혹은 회생절차 개시신청 혹은 파산신청이 이루어졌을 것
(b) 가까운 장래에 정이사 체제로의 회복이 객관적으로 기대하기 어려워 관할청에 의한 개입이 정당화될 수 있을 것,
(c) 재정기여자의 이사취임 혹은 대학인수에 대하여 구 정이사들의 다수 혹은 정관상 설립자측의 동의를 받을 수 있을 것

그러나 이처럼 임시이사 체제하에서 재정기여자를 공모하는 방법은 구 정이사나 설립자측의 반대 등이 있는 경우에는 현실적으로 실현될 수 없다는 점에서 대안을 마련할 필요가 있는 바, 법인해산명령을 내린 다음에 청산인 체제하에서 인수자나 재정기여자를 공모하는 방식을 모색해야 한다.

(3) 법인해산명령 후 별개 청산인 체제 하에서 재정기여자를 공모하는 방안

재정상 중대한 비위나 부정을 저질렀음에도 불구하고 그 시정조치가

실현될 가능성이 없는 학교법인에 대해서는 사립학교법상 목적달성이 불가능한 때로 보아 법인해산명령을 내리고, 청산인을 별도 선임하여 재정기여자를 공모할 수 있다. 사립학교법 제47조 제1항에 의하면 교육부장관은 학교법인이 설립허가 조건을 위반하였을 때나 학교법인의 목적 달성이 불가능할 때에는 해당 학교법인에 해산을 명할 수 있다고 정하고 있기 때문이다.

다만 사립학교법 제47조 제2항에서는 이러한 학교법인의 해산명령은 다른 방법으로는 감독의 목적을 달성할 수 없을 때 또는 관할청이 시정을 지시한 후 6개월이 지나도 이에 따르지 아니하였을 때에만 한다고 규정하여 학교법인의 해산명령에 대해 "최후수단성 원칙"을 준수하도록 명시하고 있다. 따라서 법인해산명령에 따른 위헌성 및 위법성 논란을 피하기 위해서는 다음의 조치로써 보완할 필요가 있다.

사립학교법 제47조 제1항 목적달성 불가능 사유에 "재정비리 그 밖의 사유로 인한 법인 및 대학재정 위기"로 인한 목적달성 불가능을 구체적으로 추가하거나 관련 특별법에 이를 구체적으로 명시할 필요가 있다.

나아가 관련 특별법에는 좀 더 구체적으로 첫째, 회생절차 개시신청이나 파산신청 요건에 준하는 재정적 위기발생과 둘째, 외부 재정기여자 모집 외에는 위기극복이 곤란하다고 판단되는 경우까지 명시할 수 있을 것이다. 이처럼 특별법에 법적 근거를 마련하여 법인해산명령 후 관할청이 추천 혹은 지정한 청산인을 선임된 경우에는 항상 즉각적인 대학폐쇄명령을 내릴 필요는 없으며 필요에 따라 일정기간 대학운영을 허용하면서(영업양도의 원활화를 위해) 청산인과 관할청의 협조 하에서 대학인수자나 재정기여자 공모 등을 통해 최대한 회생을 지원할 수 있도록 한다. 이로써 교직원 및 학생피해를 최소화하고 지역사회에 기여하도록 할 수 있다.

4) 대학폐쇄명령에 따른 법인해산명령의 경우에도 별도 청산인 선임 추진 및 자산매각

관할청이 대학에 대하여 폐쇄명령을 내리고 이에 따라 법인도 해산될 때에는 대학법인의 기존 임시이사를 포함하여 정이사의 직무를 정지하고 그 임원의 직무를 대행하는 청산인을 별도 선임하여 학교재산에 대한 신속한 처분권한을 부여하는 입법 마련이 필요하다.
　다만 대학폐쇄에도 불구하고 소규모의 산하 기관(가령 유치원)은 있어 여전히 법인이 존속하는 경우에는 신속한 재산처리를 위해 새로운 임시이사(관리인)를 선임하는 방안을 모색할 수 있다.

5) 자발적인 법인해산시 신속한 재산처리를 위한 청산인 자격지정

　비위재단의 이사가 청산인이 되는 경우 학교법인 해산명령의 목적 및 취지와 다른 불합리한 결과가 발생할 수 있으므로 청산인의 자격을 법률로 별도 마련할 필요가 있다.
　최소한 교직원 체불임금의 규모가 크거나 기타 부채가 막대한 경우에는 기존 이사가 청산인이 되는 것을 막고 유능한 별도의 청산인이 선정되도록 할 필요가 있다. 해산되는 학교법인에 대해서는 전문성 있는 법인이나 그 소속 임직원을 청산인으로 지정한다면 조기에 청산업무를 종료하는 데에 기여할 수 있다. 앞에서도 언급하였듯이 굳이 법인을 청산인으로 지정하지 않더라도 그 법인 소속 임직원을 청산인으로 정할 수도 있다. 나아가 관할청이 대학에 대하여 폐쇄명령을 내리고 이에 따라 법인해산명령을 내릴 때에도 별도 청산인 지정이 필요할 것이다.

6) 폐교대학 교직원 면직보상금 근거마련

　폐교시 교직원들은 실직을 하게 되므로 폐교에 강하게 반대하므로 체불임금 외에 감정평가액의 일정한도 안에서 명예퇴직금 혹은 퇴직위로금(일종의 면직보상금) 지급의 근거를 마련해야 한다.
법인에 당장 재정적 여력이 없더라도 사학진흥기금상의 청산융자금에는 체불인건비 외에는 면직보상금까지 포함하기 어렵기에 면직보상금은 신속한 자산매각 후 지급하도록 설계할 필요가 있다.

7) 한계사학의 자발적 해산 지원 및 해산절차의 투명성·공정성 보장 근거 마련

(1) 학교법인의 공익법인·사회복지법인 등 전환 후 잔여재산 귀속특례 허용

자발적 해산을 촉진하기 위한 조치로서 사회적으로 논란이 큰 해산장려금 지급은 추이를 좀 더 지켜보고 검토하되, 그 대신에 채무이행과 금전적 보상 완료 후 남은 잔여재산은 공익법인 혹은 사회복지법인 설립을 위한 재산출연을 허용하도록 법적 근거를 마련할 필요는 있다.

현행 사립학교법의 제35조의2 제1항이 "학교법인이 정관에 해산에 따른 잔여재산(殘餘財産)의 귀속자에 관한 규정을 두려는 경우에는 그 귀속자는 학교법인이나 그 밖에 교육사업을 경영하는 자 중에서 선정되도록 하여야 한다"고 규정한 것은 학교가 전반적으로 부족했던 과거의 시대적 상황을 배경으로 한 것이었지만 현재는 오히려 자발적 해산촉진에 별다른 도움이 되지 않는 것이 현실이다.

다만 이와 관련한 별도의 법적 근거를 마련함에 있어서는 학교법인이 해산의결을 전후로 정관을 변경하고자 하는 경우에 대비해서 그 잔여재산 귀속의 타당성 통제를 위해 일반적인 경우와는 구별해서 별도의 정관변경 승인 조항을 추가로 마련해 둘 필요가 있다. 가령 종전 정관에 해산 시 잔여재산 귀속규정이 없었거나 귀속자가 특정되어 있었던 상황에서 해산의결(혹은 법인해산명령) 이후에 정관을 변경하여 자유롭게 설립자 관계인으로 귀속자를 변경하도록 허용하는 것은 자칫 학내외 분란을 초래할 수 있기 때문에 이런 경우에는 예외를 두어 (가칭)사학구조개선심의위원회의 심의를 거치도록 법적 근거를 마련할 필요가 있다.

이와 함께 해산법인이 소재한 지자체가 한계사학의 폐교자산을 인수하여 지역주민·지역경제 활성화를 위해 활용할 수 있는 기회를 제공하는 한편 사회복지법인 전환의 타당성 등을 점검할 기회를 부여하기 위해서 잔여재산처분 계획서 작성 전후로 잔여재산처분 계획서상 특례 귀속자 지정 시(공익법인 전환 포함) 필수적으로 관할 지자체의 의견을 듣도록 할 필요는 있다.

(2) 해산 절차의 투명성·공정성 확보를 위한 입법적 장치 마련

법인해산 준비는 이사회의 의결로서 충분하지 않고 학내 이해관계자의 사전 동의를 사전에 얻도록 할 필요가 있다. 대학폐지와 법인해산의 의사결정에서 신중함과 객관성을 담보하기 위해서는 이사회의 결정 외에도 적어도 대학평의원회에게는 단순심의권에 그치지 않고 동 사안에 국한하여 의결권을 부여하는 방안을 검토할 필요가 있다.

다만 대학평의원회에 이 문제에 국한된 의결권을 부여하는 경우에도 경영개선명령이나 경영개선요구를 받은 대학의 경우에는 통상의 경우와 같이 과반수출석에 과반수찬성으로 할지라도 이와 달리 재생의 가능성이 높은 경영개선권고를 받은 대학에서 자발적 폐지를 결정하고자 하는 경우에는 대학평의원회의 특별의결정족수(예: 과반수출석에 2/3이상 찬성)를 부여하여 의사결정에 신중을 기하도록 할 필요가 있다.

한편 해산하고자 하는 학교법인은 재정·회계, 인사 및 학사 등 학교운영 전반에 대해 별도의 교육부 감사를 수감하도록 입법적 근거를 마련할 필요도 있다. 법인 및 대학의 재정상황, 부정·비리 여부 등을 조사하여 중대한 부정·비리의 경우 현행 사립학교법에 따라 재정적 보전 조치 및 잔여재산 처리를 제한할 수 있도록 하기 위함이다. 감사결과 및 해산 인가신청 관련 정보를 공개하고 인가에 대한 심사를 법정기구에 의뢰하면 될 것이다.

(3) 재정진단·구조개선 지원 및 해산심의를 위한 법적 심의기구 신설

재정진단 및 구조개선 지원방안과 법인해산을 심의할 기구로서 법정위원회(가칭 사학구조개선심의위원회)의 신설 근거를 마련할 필요가 있다. 심의 결과에 따라 한계사학 법인의 해산 인가 또는 보완을 요청할 수 있다.

특히 잔여재산을 활용한 공익법인 혹은 사회복지법인으로의 전환·운영 및 관련 정관변경의 타당성 및 현실성 등에 대해 검토하도록 하면 된다. 사회복지법인의 경우에는 대상기관을 제한하는 방안도 법률이 아닌 해당 대학 및 해당 지자체 및 지역사회의 여건을 고려해 사학구조개선심의위가 검토할 수 있다.

8) 원활한 청산지원 체계 구축

파산한 학교법인은 원칙적으로 법원의 감독을 받게 될 것이지만 원활한 청산지원 체계를 구축하기 위해서는 청산융자사업 지원 대상에 포함시키는 것을 누락해서는 안 될 것이다. 폐교부지의 신속하고 원활한 매각을 위해 해당 토지의 용도변경(학교용지 설정 해제) 지원 근거도 마련해 둘 필요가 있다.

한편 폐교대학 교원이 학술·연구 활동을 지속할 수 있도록 폐교 교원 인재 DB를 운영하고, 학술연구사업 참여 제한이 없도록 하는 등 폐교대학 교원을 지원할 수 있다는 근거규정을 마련하는 것이 바람직하다.

참고문헌

교육부, 『2015년 대학구조개혁평가 기본 계획』, 2014
교육부, 『2021년 대학 기본역량 진단 기본계획(시안)』, 2019
교육부, 『인구구조 변화와 4차 산업혁명 대응을 위한 대학혁신 지원 방안』, 2019
교육인적자원부. 경쟁력 강화를 위한 대학 구조개혁 방안. 2004
구자균, "사립전문대학의 구조조정방안 연구", 교육부, 1998.
권 혁, "대학시간강사의 노동법적 지위와 그 보호", 「법학연구」 51(3), 부산대학교 법학연구소, 2010.8.
권형준, "사립학교법과 대학의 자율성", 『한국교육법연구』 제7집, 한국교육법학회, 2001.
김미란, "일본의 사립대학 재생을 위한 구조개혁", 『비교교육연구』 19(2), 2009
김미란 외, 『대학교수 노동시장 분석』, 한국직업능력개발원, 2010.
김미영, "미국 대학교원 단체의 전개와 단체교섭권 연구", 「노동법학」 제72호, 한국노동법학회, 2019.12.
김영문, "노동조합법상 근로자 개념 확대와 그 후속문제에 대한 단상", 「노동법학」 제72호, 한국노동법학회, 2019.12.
김종기, "독일 정부의 아젠다 2010과 교육정책", 『교육개발』 제30권 제4호, 한국교육개발원, 2003.
김지하·최정윤·조옥경·서영인·이선영·권도희·김민희·정한나, 『사립대학 거버넌스 실태 분석 연구』 현안보고 OR-2018-12. 서울; 한국교육개발원. 2018
김지하·최정윤·서영인·문보은·권순형·김용남·권도희·나민주·이정미·정한나·이찬호, 『고등교육재정 배분 및 운영의 합리성 제고 방안』 연구보고, RR 2019-14. 서울: 한국교육개발원. 2019
김태환, "시간강사의 사회보험 적용에 관한 고찰", 「사회법연구」 제23호, 사회법학회, 2014.

김한수, "대학폐교 자산의 효율적인 활용을 위한 방안", 『경영연구』, 한국산업경영학회, 2018.8.
김한수, "폐교대학의 신속한 청산과 종합 관리를 위한 법적・재정적 지원방안", 『기술경영』, 충북대학교 국가미래기술경영연구소, 2019.6.
김형배/김규완/김명숙, 민법학강의 제13판, 신조사, 2014.
김형배/박지순, 「근로자개념의 변천과 관련법의 적용 - 유사근로자에 관한 비교법적 고찰 -」, 한국노동연구원, 2004
김형배/박지순, 『노동법강의』제12판, 신조사, 2023
김홍영, "대학교수의 근로조건의 불이익변경", 『노동법학』제39호, 한국노동법학회, 2011.
김홍영, "대학 시간강사의 퇴직금", 「노동법학」 제54호, 한국노동법학회, 2015.6.
김효선, 『학교법인의 도산 관련 쟁점』(한국법학원 현안보고서 제2023-07호), 한국법학원, 2023.7.31.
김희정 외, 대학 평가 및 구조개혁에 관한 법률안, 2014.
남준우, "재단법인, 특히 의료재단의 파산과 관련한 몇 가지 쟁점", 『회생과 파산』Vol.1, 한국도산법학회, 2012
민철구 외, "이공계 대학 구조변화 추세분석과 대학경쟁력 확보방안", 『정책연구』2010-15, 과학기술정책연구원, 2010.
박수근, "대학시간강사와 퇴직금 규정의 적용", 「노동법학」 제44호, 한국노동법학회, 2012.12.
박수근, "비전임교수의 의미와 재임용절차", 「노동법학」 제41호, 한국노동법학회, 2012.3.
박수근, "사립학교 교원에 대한 형벌과 당연퇴직", 「노동법학」 제38호, 한국노동법학회, 2011.6.
박수근, "비정년계열 교원의 재임용과 평가 기준의 공개", 「노동법학」 제39호, 한국노동법학회, 2011.9.
박은정, "사립학교 교원 재임용계약의 성질과 취업규칙의 불이익변경", 「노동법학」 제40호, 한국노동법학회, 2011.12.
박제성, "폐과로 인한 사립대학 교원 면직 - 대법원 2008.3.13. 선고 2007다66071 판결", 『노동리뷰』제41호, 한국노동연구원, 2008.

박종희, "도산절차에 있는 기업의 변동시 근로관계 승계법리에 대한 입법 정책적 고찰", 『법학연구』(Vol.17. No.1), 충남대학교 법학연구소, 2006.12.

방준식, "대학교 시간강사의 근로자성 판단에 대한 비판적 검토 - 대법원 2007.3.39. 선고 2005두13018 판결 -", 「노동법포럼」 제19호, 노동법이론실무학회, 2016.11.

방준식, "대학구조조정에 따른 대학교수의 고용조건변경", 「노동법학」 제70호, 한국노동법학회, 2019.6.

배상훈 외. 『대학 구조개혁 방안 연구』. 교육부, 2013.

배순기, "사립대학과 기간제 교원의 복무관계", 「법학연구」 제28집, 전북대 법학연구소, 2009.

배태섭, "대학구조조정 누가 주도하나: 고등교육 정책 담론지형 분석 및 정책기조 비판", 『교육비평』 제18호, 교육비평사, 2005.

변수연, "전문대-4년제 통합을 겪은 교수들의 경험 탐색을 통한 대학 통합의 현상 분석", 『한국교육학연구』, 2018.

변수연, "지방대학의 관점에서 본 현행 대학재정지원사업의 문제점과 개선방안" 『교육행정학연구』, 2017.

변수연, "대학 현장의 담당자들이 본 박근혜 정부 대학구조개혁평가의 공과 분석과 향후 발전방향", 『교육문제연구』, 2017.

서영인, 『학령인구 감소에 따른 한계대학 대응 방안 연구』, 한국교육개발원, 2020.

서영인, 『고등교육 재정지원 정책 진단 및 개선 방안 연구』(RR2017-10). [KEDI] 연구보고서, 2017.

손승남, "독일 대학의 최근 구조개혁에 관한 비판적 고찰", 『교육철학』 제35권, 한국교육철학학회, 2006.

신현석, "세계 주요국의 대학구조개혁 동향 - 비교 종합을 통한 정책적 시사점의 탐색 : 세계 주요국의 대학구조개혁 동향", 『교육행정학연구』 제24권 제2호, 한국교육행정학회, 2006.

안동인 외 2인, 『한계대학 종합관리방안 연구』(한국사학진흥재단 정책연구 보고서), 2017.

오대영, "일본과 미국의 파산대학 실태와 대응전략", 『대학교육』, 2010-3.

오창수, "사립대학 교원에 대한 불이익처분과 법적 구제 -임용기간이 만료된 사립대학 교원의 법적 지위를 중심으로-", 『경희법학』제45권 제1호, 경희대 법학연구소, 2010.

유상수 외, 『사립대학 구조조정 지원 방안 마련을 위한 연구』. 교육과학기술부, 2008.

유진도시건축연구소, 『폐교대학 종합관리 사업 타당성 분석과 재정운영 모델 연구』(한국사학진흥재단 연구보고서), 2019.

유현숙 외, "고등교육 경쟁력 제고를 위한 대학 구조조정 방안 연구", 한국교육개발원, 2009.

이경운, "대학의 구조변화와 교수의 법적지위 -대학자치에서의 지위를 중심으로", 『교육법학연구』, 제19권 제1호, 대한교육법학회, 2007.

이동원, "법인의 파산과 청산의 경계에서 생기는 문제들", 『회생과 파산』 Vol.1, 한국도산법학회, 2012.

이동호, "도산기업에서의 사업양도와 관련한 법리적 쟁점(근로관계의 승계를 중심으로)", 『노동법포럼』제4호, 노동법이론실무학회, 2010.4.

이상윤, "사립대학 교직원의 노동법 및 사회보장법상의 지위", 『노동법논총』제29집, 한국비교노동법학회, 2013.

이상주, "회생절차에서의 기업구조조정에 관한 고찰 -효율성 측면에서의 접근-",『회생과 파산』Vol.1, 한국도산법학회, 2012.

이승욱, "노동법상 사업양도의 의의와 한계", 『노동법학』제10호, 한국노동법학회, 2000.8.

이시우 외, "사학정책 방향 정립 및 사학 관련 법제 재구조화 방안에 관한 연구", 교육과학기술부 정책연구보고서, 2010.

이시원, "일본의 대학개혁의 방향: 국립대학 지배구조개편을 중심으로", 『추계학술대회 발표논문집(Ⅰ)』, 한국행정학회, 2002.

이정희·최용호, 『대학컨소시엄 대구경북'(가칭)의 설립에 관한연구-대학컨소시엄 교토의 사례를 중심으로-』. 대구경북RHRD 연구보고서 2006-05. 대구: 대구경북연구원. 2006.

이재홍, "대학교원의 신분보장 -사립대학교 교원재임용제도와 관련하여-", 『민주법학』제31호, 민주주의법학연구회, 2006.

이종원·박대권, 대학통폐합 과정에 대한 신제도주의적 분석. 『미래교육학연구』 33, 2020.

이황원, "경합가치모형에 의한 국립대학과 사립대학의 구조조정 전략", 『교육행정학연구』 제27권 제2호, 한국교육행정학회, 2009.

이홍민, "사립대학교수의 근로기준법상 보호", 「법학연구」 제59권 제3호, 부산대학교 법학연구소, 2018.8.

장경찬, "도산절차에서의 영업양도에 관한 고찰 - 파산절차를 중심으로", 『법학연구』제50호, 한국법학회, 2013.6.

전윤구, "대학구조조정의 영향과 교원의 법적 지위", 『계약과 책임』(하경효교수 정년기념논문집), 박영사, 2017.

전윤구, "외국인 대학교원의 노동법적 문제에 관한 연구", 『노동법포럼』 24호, 노동법이론실무학회, 2018.

전윤구, "대학교원의 단결권 보장과 법적 쟁점", 「노동법포럼」 제28호, 노동법이론실무학회, 2019.11.

전윤구 외 4인, 『폐쇄(폐지)대학 및 해산법인의 체계적 사후조치 방안 연구』(교육부 정책연구용역보고서), 한국사학진흥재단, 2018

전윤구/변수연, 『대학구조개편에 따른 문제와 입법적 대안에 대한 연구』(국회입법조사처 정책연구보고서), 2018.

전윤구 외 3인, 『학령인구 감소에 따른 대학의 구조개혁 촉진 및 퇴로 확보방안 연구』(교육부 정책연구보고서), 2021.11.

전형배, "도산절차와 근로관계의 승계 - 영국의 입법례와 시사점-", 『노동법학』제27호, 한국노동법학회, 2008.9.

정연경, 『폐교대학 기록물 관리에 관한 연구』(한국사학진흥재단 연구보고서), 2019.

정원창, 『일본 소규모대학 현황과 지원정책』 KCUE 이슈페이퍼 2021-4. 서울: 한국대학교육협의회, 2021.

조소영, "교원지위 법정주의의 헌법적 의미 : 헌재결 2013. 11. 28. 2011헌마282·763에 대한 비판적 검토", 『헌법판례연구』 제15권, 2014.

조한중, "설립자변경의 효력이 발생하기 전에 임용기간이 만료된 대학교원의 지위", 『법조』 제481호, 법조협회, 1998.

조홍순, "대학 구조조정 정책의 제약요인에 관한 역사적 신제도주의적 접근", 『교육문제연구』 제25집, 고려대 교육문제연구소, 2006.
채재은/전윤구, "미국 대학의 통폐합이 교직원 고용관계에 미친 영향과 노동법적 시사점", 「노동법논총」 42집, 비교노동법학회, 2018.
채재은·변수연, 핀란드와 노르웨이의 대학 통폐합 사례 분석 및 정책적 시사점. 『디지털융복합연구』, 17(8), 2019.
최홍엽, "판례 수정 이후의 근로자 여부 판단 – 강의업무 종사자를 중심으로 -", 「노동법연구」 제26호, 서울대노동법연구회, 2009.3.
한국대학교육협의회, 고등교육현안 정책자문 자료집I, 한국대학교육협의회, 2014.
한국대학교육협의회, 고등교육현안 정책자문 자료집II, 한국대학교육협의회, 2014.
황혜련, 『폐교대학 해산법인 청산 관련 사례분석 및 실행 매뉴얼 개발』 (한국사학진흥재단 연구보고서), 2019.
황홍규 외, 『사립대학 구조조정방안 연구: 해산·인수·합병을 중심으로』, 교육부, 1999.

한국대학신문 기사, 폐교대학 학생들, "불안해 잠도 못자".(2017.9.3.), http://news.unn.net/news/articlePrint.html?idxno=178166.
동아일보 기사, 폐교大 학생들 "제때 졸업할 수 있을지 걱정"… 편입 포기도.(2018.1.29.), https://www.donga.com/news/View?gid=88403940&date=20180129 3/

부 록

1. 교원의 노동조합 설립 및 운영 등에 관한 법률(전문)

[시행 2023. 12. 11.] [법률 제18924호, 2022. 6. 10., 일부개정]

제1조(목적) 이 법은 「국가공무원법」 제66조제1항 및 「사립학교법」 제55조에도 불구하고 「노동조합 및 노동관계조정법」 제5조제1항 단서에 따라 교원의 노동조합 설립에 관한 사항을 정하고 교원에 적용할 「노동조합 및 노동관계조정법」에 대한 특례를 규정함을 목적으로 한다.

제2조(정의) 이 법에서 "교원"이란 다음 각 호의 어느 하나에 해당하는 사람을 말한다.

1. 「유아교육법」 제20조제1항에 따른 교원
2. 「초·중등교육법」 제19조제1항에 따른 교원
3. 「고등교육법」 제14조제2항 및 제4항에 따른 교원. 다만, 강사는 제외한다.

제3조(정치활동의 금지) 교원의 노동조합(이하 "노동조합"이라 한다)은 어떠한 정치활동도 하여서는 아니 된다.

제4조(노동조합의 설립) ① 제2조제1호·제2호에 따른 교원은 특별시·광역시·특별자치시·도·특별자치도(이하 "시·도"라 한다) 단위 또는 전국 단위로만 노동조합을 설립할 수 있다.

② 제2조제3호에 따른 교원은 개별학교 단위, 시·도 단위 또는 전국 단위로 노동조합을 설립할 수 있다.

③ 노동조합을 설립하려는 사람은 고용노동부장관에게 설립신고서를 제출하여야 한다.

제4조의2(가입 범위) 노동조합에 가입할 수 있는 사람의 범위는 다음 각 호와 같다.

1. 교원

2. 교원으로 임용되어 근무하였던 사람으로서 노동조합 규약으로 정하는 사람

제5조(노동조합 전임자의 지위) ① 교원은 임용권자의 동의를 받아 노동조합으로부터 급여를 지급받으면서 노동조합의 업무에만 종사할 수 있다.

② 제1항에 따라 동의를 받아 노동조합의 업무에만 종사하는 사람[이하 "전임자"(專任者)라 한다]은 그 기간 중 「교육공무원법」 제44조 및 「사립학교법」 제59조에 따른 휴직명령을 받은 것으로 본다.

③ 삭제

④ 전임자는 그 전임기간 중 전임자임을 이유로 승급 또는 그 밖의 신분상의 불이익을 받지 아니한다.

제5조의2(근무시간 면제자 등) ① 교원은 단체협약으로 정하거나 임용권자가 동의하는 경우 제2항 및 제3항에 따라 결정된 근무시간 면제 한도를 초과하지 아니하는 범위에서 보수의 손실 없이 제6조제1항 각 호의 구분에 따른 자와의 협의·교섭, 고충처리, 안전·보건활동 등 이 법 또는 다른 법률에서 정하는 업무와 건전한 노사관계 발전을 위한 노동조합의 유지·관리업무를 할 수 있다.

② 근무시간 면제 시간 및 사용인원의 한도(이하 "근무시간 면제 한도"라 한다)를 정하기 위하여 교원근무시간면제심의위원회(이하 이 조에서 "심의위원회"라 한다)를 「경제사회노동위원회법」에 따른 경제사회노동위원회에 둔다.

③ 심의위원회는 다음 각 호의 구분에 따른 단위를 기준으로 조합원(제4조의2제1호에 해당하는 조합원을 말한다)의 수를 고려하되 노동조합의 조직형태, 교섭구조·범위 등 교원 노사관계의 특성을 반영하여 근무시간 면제 한도를 심의·의결하고, 3년마다 그 적정성 여부를 재심의하여 의결할 수 있다.

1. 제2조제1호·제2호에 따른 교원: 시·도 단위
2. 제2조제3호에 따른 교원: 개별학교 단위

④ 제1항을 위반하여 근무시간 면제 한도를 초과하는 내용을 정한 단체협약 또는 임용권자의 동의는 그 부분에 한정하여 무효로 한다.

제5조의3(근무시간 면제 사용의 정보 공개) 임용권자는 국민이 알 수 있도록 전년도에 노동조합별로 근무시간을 면제받은 시간 및 사용인원, 지

급된 보수 등에 관한 정보를 대통령으로 정하는 바에 따라 공개하여야 한다.

제6조(교섭 및 체결 권한 등) ① 노동조합의 대표자는 그 노동조합 또는 조합원의 임금, 근무 조건, 후생복지 등 경제적·사회적 지위 향상에 관하여 다음 각 호의 구분에 따른 자와 교섭하고 단체협약을 체결할 권한을 가진다.

  1. 제4조제1항에 따른 노동조합의 대표자의 경우: 교육부장관, 시·도 교육감 또는 사립학교 설립·경영자. 이 경우 사립학교 설립·경영자는 전국 또는 시·도 단위로 연합하여 교섭에 응하여야 한다.

  2. 제4조제2항에 따른 노동조합의 대표자의 경우: 교육부장관, 특별시장·광역시장·특별자치시장·도지사·특별자치도지사(이하 "시·도지사"라 한다), 국·공립학교의 장 또는 사립학교 설립·경영자

  ② 제1항의 경우에 노동조합의 교섭위원은 해당 노동조합의 대표자와 그 조합원으로 구성하여야 한다.

  ③ 삭제

  ④ 노동조합의 대표자는 제1항에 따라 교육부장관, 시·도지사, 시·도 교육감, 국·공립학교의 장 또는 사립학교 설립·경영자와 단체교섭을 하려는 경우에는 교섭하려는 사항에 대하여 권한을 가진 자에게 서면으로 교섭을 요구하여야 한다.

  ⑤ 교육부장관, 시·도지사, 시·도 교육감, 국·공립학교의 장 또는 사립학교 설립·경영자는 제4항에 따라 노동조합으로부터 교섭을 요구받았을 때에는 교섭을 요구받은 사실을 공고하여 관련된 노동조합이 교섭에 참여할 수 있도록 하여야 한다.

  ⑥ 교육부장관, 시·도지사, 시·도 교육감, 국·공립학교의 장 또는 사립학교 설립·경영자는 제4항과 제5항에 따라 교섭을 요구하는 노동조합이 둘 이상인 경우에는 해당 노동조합에 교섭창구를 단일화하도록 요청할 수 있다. 이 경우 교섭창구가 단일화된 때에는 교섭에 응하여야 한다.

  ⑦ 교육부장관, 시·도지사, 시·도 교육감, 국·공립학교의 장 또는 사립학교 설립·경영자는 제1항부터 제6항까지에 따라 노동조합과 단체협약을 체결한 경우 그 유효기간 중에는 그 단체협약의 체결에 참여하지 아니한 노동조합이 교섭을 요구하여도 이를 거부할 수 있다.

⑧ 제1항에 따른 단체교섭을 하거나 단체협약을 체결하는 경우에 관계 당사자는 국민여론과 학부모의 의견을 수렴하여 성실하게 교섭하고 단체협약을 체결하여야 하며, 그 권한을 남용하여서는 아니 된다.

⑨ 제1항, 제2항 및 제4항부터 제8항까지에 따른 단체교섭의 절차 등에 관하여 필요한 사항은 대통령령으로 정한다.

제7조(단체협약의 효력) ① 제6조제1항에 따라 체결된 단체협약의 내용 중 법령·조례 및 예산에 의하여 규정되는 내용과 법령 또는 조례에 의하여 위임을 받아 규정되는 내용은 단체협약으로서의 효력을 가지지 아니한다.

② 교육부장관, 시·도지사, 시·도 교육감, 국·공립학교의 장 및 사립학교 설립·경영자는 제1항에 따라 단체협약으로서의 효력을 가지지 아니하는 내용에 대하여는 그 내용이 이행될 수 있도록 성실하게 노력하여야 한다.

제8조(쟁의행위의 금지) 노동조합과 그 조합원은 파업, 태업 또는 그 밖에 업무의 정상적인 운영을 방해하는 어떠한 쟁의행위(爭議行爲)도 하여서는 아니 된다.

제9조(노동쟁의의 조정신청 등) ① 제6조에 따른 단체교섭이 결렬된 경우에는 당사자 어느 한쪽 또는 양쪽은 「노동위원회법」 제2조에 따른 중앙노동위원회(이하 "중앙노동위원회"라 한다)에 조정(調停)을 신청할 수 있다.

② 제1항에 따라 당사자 어느 한쪽 또는 양쪽이 조정을 신청하면 중앙노동위원회는 지체 없이 조정을 시작하여야 하며 당사자 양쪽은 조정에 성실하게 임하여야 한다.

③ 조정은 제1항에 따른 신청을 받은 날부터 30일 이내에 마쳐야 한다.

제10조(중재의 개시) 중앙노동위원회는 다음 각 호의 어느 하나에 해당하는 경우에는 중재(仲裁)를 한다.

1. 제6조에 따른 단체교섭이 결렬되어 관계 당사자 양쪽이 함께 중재를 신청한 경우
2. 중앙노동위원회가 제시한 조정안을 당사자의 어느 한쪽이라도 거부한 경우

3. 중앙노동위원회 위원장이 직권으로 또는 고용노동부장관의 요청에 따라 중재에 회부한다는 결정을 한 경우

제11조(교원 노동관계 조정위원회의 구성) ① 교원의 노동쟁의를 조정·중재하기 위하여 중앙노동위원회에 교원 노동관계 조정위원회(이하 "위원회"라 한다)를 둔다.

② 위원회는 중앙노동위원회 위원장이 지명하는 조정담당 공익위원 3명으로 구성한다. 다만, 관계 당사자가 합의하여 중앙노동위원회의 조정담당 공익위원이 아닌 사람을 추천하는 경우에는 그 사람을 지명하여야 한다.

③ 위원회의 위원장은 위원회의 위원 중에서 호선(互選)한다.

제12조(중재재정의 확정 등) ① 관계 당사자는 중앙노동위원회의 중재재정(仲裁裁定)이 위법하거나 월권(越權)에 의한 것이라고 인정하는 경우에는 「행정소송법」 제20조에도 불구하고 중재재정서를 송달받은 날부터 15일 이내에 중앙노동위원회 위원장을 피고로 하여 행정소송을 제기할 수 있다.

② 제1항의 기간 이내에 행정소송을 제기하지 아니하면 그 중재재정은 확정된다.

③ 제2항에 따라 중재재정이 확정되면 관계 당사자는 이에 따라야 한다.

④ 중앙노동위원회의 중재재정은 제1항에 따른 행정소송의 제기에 의하여 효력이 정지되지 아니한다.

⑤ 제2항에 따라 확정된 중재재정의 내용은 단체협약과 같은 효력을 가진다.

제13조 삭제

제14조(다른 법률과의 관계) ① 교원(제4조의2제2호에 해당하는 사람을 포함한다)에 적용할 노동조합 및 노동관계조정에 관하여 이 법에서 정하지 아니한 사항에 대해서는 제2항에서 정하는 경우를 제외하고는 「노동조합 및 노동관계조정법」에서 정하는 바에 따른다. 이 경우 「노동조합 및 노동관계조정법」 제3조 중 "단체교섭 또는 쟁의행위로"는 "단체교섭으로"로, 같은 법 제4조 본문 중 "단체교섭·쟁의행위"는 "단체교섭"으로, 같은 법 제10조제1항 각 호 외의 부분 중 "연합단체인 노동조합과 2 이상

의 특별시·광역시·특별자치시·도·특별자치도에 걸치는 단위노동조합은 고용노동부장관에게, 2 이상의 시·군·구(자치구를 말한다)에 걸치는 단위노동조합은 특별시장·광역시장·도지사에게, 그 외의 노동조합은 특별자치시장·특별자치도지사·시장·군수·구청장(자치구의 구청장을 말한다. 이하 제12조제1항에서 같다)에게"는 "고용노동부장관에게"로, 같은 법 제12조제1항 중 "고용노동부장관, 특별시장·광역시장·특별자치시장·도지사·특별자치도지사 또는 시장·군수·구청장(이하 "행정관청"이라 한다)"은 "고용노동부장관"으로, 같은 법 제24조의2제3항부터 제8항까지 중 "위원회"는 "심의위원회"로, "근로자"는 "교원"으로, "노동단체"는 "노동단체 또는 교원 노동단체"로, "사용자"는 "교육부장관, 시·도지사, 시·도 교육감, 국·공립학교의 장 및 사립학교 설립·경영자"로, "전국적 규모의 경영자단체" 및 "경영자단체"는 각각 "교육부장관"으로, 같은 법 제58조, 제60조제1항부터 제4항까지 및 제61조제3항 중 "조정위원회 또는 단독조정인"은 "교원 노동관계 조정위원회"로, 같은 법 제59조 중 "조정위원회의 위원장 또는 단독조정인"은 "교원 노동관계 조정위원회 위원장"으로, 같은 법 제61조제1항 중 "조정위원 전원 또는 단독조정인"은 "교원 노동관계 조정위원회 위원 전원"으로, 같은 법 제66조제1항, 제67조 및 제68조제2항 중 "중재위원회"는 "교원 노동관계 조정위원회"로, 같은 법 제81조제3호 중 "노동조합의 대표자 또는 노동조합으로부터 위임을 받은 자"는 "노동조합의 대표자"로, 같은 법 제89조제2호 중 "제85조제3항(제29조의4제4항에서 준용하는 경우를 포함한다)"은 "제85조제3항"으로, 같은 법 제90조 중 "제44조제2항, 제69조제4항, 제77조 또는 제81조"는 "제81조"로, 같은 법 제94조 중 "제88조 내지 제93조"는 "제89조제2호, 제90조, 제92조, 제93조"로 보고, 같은 법 중 "근로자"는 "교원(제4조의2제2호에 해당하는 사람을 포함한다)"으로, "사용자"는 "교육부장관, 시·도지사, 시·도 교육감, 국·공립학교의 장, 사립학교의 설립·경영자 또는 교원에 관한 사항에 대하여 교육부장관, 시·도지사, 시·도 교육감, 국·공립학교의 장, 사립학교의 설립·경영자를 위하여 행동하는 사람"으로, "행정관청"은 "고용노동부장관"으로 본다.

② 「노동조합 및 노동관계조정법」 제2조제4호라목, 제24조, 제24조의2제1항·제2항, 제29조제2항부터 제4항까지, 제29조의2부터 제29조의5까

지, 제36조부터 제39조까지, 제41조, 제42조, 제42조의2부터 제42조의6까지, 제43조부터 제46조까지, 제51조부터 제57조까지, 제60조제5항, 제62조부터 제65조까지, 제66조제2항, 제69조부터 제73조까지, 제76조부터 제80조까지, 제81조제1항제2호 단서, 제88조, 제89조제1호, 제91조 및 제96조제1항제3호는 이 법에 따른 노동조합에 대해서는 적용하지 아니한다.

제15조(벌칙) ① 제8조를 위반하여 쟁의행위를 한 자는 5년 이하의 징역 또는 5천만원 이하의 벌금에 처한다.

② 제12조제3항을 위반하여 중재재정을 따르지 아니한 자는 2년 이하의 징역 또는 2천만원 이하의 벌금에 처한다.

부 칙 〈제18924호, 2022. 6. 10.〉

제1조(시행일) 이 법은 공포 후 1년 6개월이 경과한 날부터 시행한다.
제2조(근무시간 면제 심의 준비) 경제사회노동위원회는 제5조의2의 개정규정에 따른 교원근무시간면제심의위원회의 구성을 위한 위원 위촉 및 심의 등에 필요한 사항을 이 법 시행 전에 진행할 수 있다.

2. 교원의 지위 향상 및 교육활동 보호를 위한 특별법(전문)

[시행 2024. 3. 28.] [법률 제19735호, 2023. 9. 27., 일부개정]

제1조(목적) 이 법은 교원에 대한 예우와 처우를 개선하고 신분보장과 교육활동에 대한 보호를 강화함으로써 교원의 지위를 향상시키고 교육 발전을 도모하는 것을 목적으로 한다.

제2조(교원에 대한 예우) ① 국가, 지방자치단체, 그 밖의 공공단체는 교원이 사회적으로 존경받고 높은 긍지와 사명감을 가지고 교육활동을 할 수 있는 여건을 조성하도록 노력하여야 한다.

② 국가, 지방자치단체, 그 밖의 공공단체는 교원이 학생에 대한 교육과 지도를 할 때 그 권위를 존중받을 수 있도록 특별히 배려하여야 한다.

③ 국가, 지방자치단체, 그 밖의 공공단체는 그가 주관하는 행사 등에서 교원을 우대하여야 한다.

④ 제1항부터 제3항까지에서 규정한 사항 외에 교원에 대한 예우에 필요한 사항은 대통령령으로 정한다.

제3조(교원 보수의 우대) ① 국가와 지방자치단체는 교원의 보수를 특별히 우대하여야 한다.

② 「사립학교법」 제2조에 따른 학교법인과 사립학교 경영자는 그가 설치·경영하는 학교 교원의 보수를 국공립학교 교원의 보수 수준으로 유지하여야 한다.

제4조(교원의 불체포특권) 교원은 현행범인인 경우 외에는 소속 학교의 장의 동의 없이 학원 안에서 체포되지 아니한다.

제5조(학교 안전사고로부터의 보호) ① 각급학교 교육시설의 설치·관리 및 교육활동 중에 발생하는 사고로부터 교원과 학생을 보호함으로써 교원이 그 직무를 안정되게 수행할 수 있도록 하기 위하여 학교안전공제회를 설립·운영한다.

② 학교안전공제회에 관하여는 따로 법률로 정한다.

제6조(교원의 신분보장 등) ① 교원은 형(刑)의 선고, 징계처분 또는 법률로 정하는 사유에 의하지 아니하고는 그 의사에 반하여 휴직·강임(降任)

또는 면직을 당하지 아니한다.

② 교원은 해당 학교의 운영과 관련하여 발생한 부패행위나 이에 준하는 행위 및 비리 사실 등을 관계 행정기관 또는 수사기관 등에 신고하거나 고발하는 행위로 인하여 정당한 사유 없이 징계조치 등 어떠한 신분상의 불이익이나 근무조건상의 차별을 받지 아니한다.

③ 교원이 「아동학대범죄의 처벌 등에 관한 특례법」 제2조제4호에 따른 아동학대범죄로 신고된 경우 임용권자는 정당한 사유 없이 직위해제 처분을 하여서는 아니 된다.

제7조(교원소청심사위원회의 설치) ① 각급학교 교원의 징계처분과 그 밖에 그 의사에 반하는 불리한 처분(「교육공무원법」 제11조의4제4항 및 「사립학교법」 제53조의2제6항에 따른 교원에 대한 재임용 거부처분을 포함한다. 이하 같다)에 대한 소청심사(訴請審査)를 하기 위하여 교육부에 교원소청심사위원회(이하 "심사위원회"라 한다)를 둔다.

② 심사위원회는 위원장 1명을 포함하여 9명 이상 12명 이내의 위원으로 구성하되 위원장과 대통령령으로 정하는 수의 위원은 상임(常任)으로 한다.

③ 제2항에 따라 구성된 심사위원회는 교원 또는 교원이었던 위원이 전체 위원 수의 2분의 1을 초과하여서는 아니 된다.

④ 심사위원회의 조직에 관하여 필요한 사항은 대통령령으로 정한다.

제8조(위원의 자격과 임명) ① 심사위원회의 위원(위원장을 포함한다. 이하 같다)은 다음 각 호의 어느 하나에 해당하는 자 중에서 교육부장관의 제청으로 대통령이 임명한다.

 1. 판사, 검사 또는 변호사의 직에 5년 이상 재직 중이거나 재직한 자
 2. 교육 경력이 10년 이상인 교원 또는 교원이었던 자
 3. 교육행정기관의 3급 이상 공무원 또는 고위공무원단에 속하는 일반직공무원이거나, 3급 이상 공무원 또는 고위공무원단에 속하는 일반직공무원이었던 자
 4. 사립학교를 설치·경영하는 법인의 임원이나 사립학교 경영자
 5. 「교육기본법」 제15조제1항에 따라 중앙에 조직된 교원단체에서 추천하는 자
 6. 대학에서 법률학을 담당하는 부교수 이상으로 재직 중이거나 재직

한 자

② 심사위원회 위원의 임기는 3년으로 하되, 1차에 한하여 연임할 수 있다.

③ 심사위원회의 위원장과 상임위원은 대통령령으로 정하는 다른 직무를 겸할 수 없다.

④ 위원은 임기가 만료된 경우 후임자가 임명될 때까지 계속 그 직무를 수행한다.

제8조의2(위원의 결격사유 등) ① 다음 각 호의 어느 하나에 해당하는 사람은 심사위원회의 공무원이 아닌 위원이 될 수 없다.

1. 「국가공무원법」 제33조 각 호의 어느 하나에 해당하는 사람
2. 「정당법」에 따른 정당의 당원
3. 「공직선거법」에 따라 실시하는 선거에 후보자로 등록한 사람

② 공무원이 아닌 위원이 제1항 각 호의 어느 하나에 해당하게 된 경우에는 당연히 퇴직한다.

제8조의3(위원의 신분 보장) 심사위원회의 위원은 장기의 심신미약으로 직무를 수행할 수 없게 된 경우가 아니면 본인의 의사에 반하여 면직되지 아니한다.

제8조의4(벌칙 적용에서 공무원 의제) 심사위원회의 공무원이 아닌 위원은 「형법」 제127조 및 제129조부터 제132조까지의 규정을 적용할 때에는 공무원으로 본다.

제9조(소청심사의 청구 등) ① 교원이 징계처분과 그 밖에 그 의사에 반하는 불리한 처분에 대하여 불복할 때에는 그 처분이 있었던 것을 안 날부터 30일 이내에 심사위원회에 소청심사를 청구할 수 있다. 이 경우에 심사청구인은 변호사를 대리인으로 선임(選任)할 수 있다.

② 본인의 의사에 반하여 파면·해임·면직처분을 하였을 때에는 그 처분에 대한 심사위원회의 최종 결정이 있을 때까지 후임자를 보충 발령하지 못한다. 다만, 제1항의 기간 내에 소청심사청구를 하지 아니한 경우에는 그 기간이 지난 후에 후임자를 보충 발령할 수 있다.

제10조(소청심사 결정 등) ① 심사위원회는 소청심사청구를 접수한 날부터 60일 이내에 이에 대한 결정을 하여야 한다. 다만, 심사위원회가 불가피하다고 인정하면 그 의결로 30일을 연장할 수 있다.

② 심사위원회는 다음 각 호의 구분에 따라 결정한다.

1. 심사 청구가 부적법한 경우에는 그 청구를 각하(却下)한다.
2. 심사 청구가 이유 없다고 인정하는 경우에는 그 청구를 기각(棄却)한다.
3. 처분의 취소 또는 변경을 구하는 심사 청구가 이유 있다고 인정하는 경우에는 처분을 취소 또는 변경하거나 처분권자에게 그 처분을 취소 또는 변경할 것을 명한다.
4. 처분의 효력 유무 또는 존재 여부에 대한 확인을 구하는 심사 청구가 이유 있다고 인정하는 경우에는 처분의 효력 유무 또는 존재 여부를 확인한다.
5. 위법 또는 부당한 거부처분이나 부작위에 대하여 의무 이행을 구하는 심사 청구가 이유 있다고 인정하는 경우에는 지체 없이 청구에 따른 처분을 하거나 처분을 할 것을 명한다.

③ 처분권자는 심사위원회의 결정서를 송달받은 날부터 30일 이내에 제1항에 따른 결정의 취지에 따라 조치(이하 "구제조치"라 한다)를 하여야 하고, 그 결과를 심사위원회에 제출하여야 한다.

④ 제1항에 따른 심사위원회의 결정에 대하여 교원, 「사립학교법」제2조에 따른 학교법인 또는 사립학교 경영자 등 당사자(공공단체는 제외한다)는 그 결정서를 송달받은 날부터 30일 이내에 「행정소송법」으로 정하는 바에 따라 소송을 제기할 수 있다.

⑤ 제4항에 따른 기간 이내에 행정소송을 제기하지 아니하면 그 결정은 확정된다.

⑥ 소청심사의 청구·심사 및 결정 등 심사 절차에 관하여 필요한 사항은 대통령령으로 정한다.

제10조의2(결정의 효력) 심사위원회의 결정은 처분권자를 기속한다. 이 경우 제10조제4항에 따른 행정소송 제기에 의하여 그 효력이 정지되지 아니한다.

제10조의3(구제명령) 교육부장관, 교육감 또는 관계 중앙행정기관의 장은 처분권자가 상당한 기일이 경과한 후에도 구제조치를 하지 아니하면, 그 이행기간을 정하여 서면으로 구제조치를 하도록 명하여야 한다.

제10조의4(이행강제금) ① 교육부장관, 교육감 또는 관계 중앙행정기관의

장은 처분권자가 제10조의3에 따른 구제명령(이하 이 조에서 "구제명령"이라 한다)을 이행하지 아니한 경우에는 처분권자에게 2천만원 이하의 이행강제금을 부과한다.

② 제1항에 따른 이행강제금을 부과할 때에는 이행강제금의 액수, 부과사유, 납부기한, 수납기관, 이의제기방법 및 이의제기기관 등을 명시한 문서로써 하여야 한다.

③ 제1항에 따른 이행강제금의 금액산정 기준, 부과·징수된 이행강제금의 반환절차, 그 밖에 필요한 사항은 대통령령으로 정한다.

④ 교육부장관, 교육감 또는 관계 중앙행정기관의 장은 최초의 구제명령을 한 날을 기준으로 매년 2회의 범위에서 구제명령이 이행될 때까지 반복하여 제1항에 따른 이행강제금을 부과·징수할 수 있다. 이 경우 이행강제금은 2년을 초과하여 부과·징수하지 못한다.

⑤ 교육부장관, 교육감 또는 관계 중앙행정기관의 장은 구제명령을 받은 처분권자가 구제명령을 이행하면 새로운 이행강제금을 부과하지 아니하되, 구제명령을 이행하기 전에 이미 부과된 이행강제금은 징수하여야 한다.

⑥ 교육부장관, 교육감 또는 관계 중앙행정기관의 장은 이행강제금 납부의무자가 납부기한까지 이행강제금을 내지 아니하면 기간을 정하여 독촉을 하고 지정된 기간 내에 제1항에 따른 이행강제금을 내지 아니하면 국세강제징수의 예에 따라 징수할 수 있다.

제10조의5(위원의 제척·기피·회피) ① 심사위원회의 위원은 다음 각 호의 어느 하나에 해당하는 경우에는 그 소청사건의 심사·결정에서 제척(除斥)된다.

1. 위원 또는 그 배우자나 배우자이었던 사람이 해당 소청사건의 당사자가 된 경우

2. 위원이 해당 소청사건의 당사자 또는 당사자의 대리인과 친족관계에 있거나 있었던 경우

3. 위원이 해당 소청사건에 관하여 증언이나 검정 또는 감정을 한 경우

4. 위원이 해당 소청사건에 관하여 당사자의 대리인으로서 관여하거나 관여하였던 경우

5. 위원이 해당 소청심사 청구의 대상이 된 처분에 관여한 경우

② 당사자는 심사위원회의 위원에게 심사·결정의 공정을 기대하기 어려운 사정이 있는 경우에는 기피신청을 할 수 있다. 이 경우 심사위원회는 결정으로 기피신청을 받아들일 것인지 여부를 판단하여야 한다.

③ 제2항에 따라 기피신청을 받은 위원은 기피신청에 대한 심사위원회의 의결에 참여하지 못한다.

④ 심사위원회의 위원은 제1항 또는 제2항의 사유에 해당하는 경우에는 스스로 그 소청사건의 심사·결정에서 회피(回避)할 수 있다.

제11조(교원의 지위 향상을 위한 교섭·협의) ① 「교육기본법」 제15조제1항에 따른 교원단체는 교원의 전문성 신장과 지위 향상을 위하여 특별시·광역시·특별자치시·도 및 특별자치도(이하 "시·도"라 한다) 교육감이나 교육부장관과 교섭·협의한다.

② 시·도 교육감(이하 "교육감"이라 한다)이나 교육부장관은 제1항에 따른 교섭·협의에 성실히 응하여야 하며, 합의된 사항을 시행하기 위하여 노력하여야 한다.

제12조(교섭·협의 사항) 제11조제1항에 따른 교섭·협의는 교원의 처우 개선, 근무조건 및 복지후생과 전문성 신장에 관한 사항을 그 대상으로 한다. 다만, 교육과정과 교육기관 및 교육행정기관의 관리·운영에 관한 사항은 교섭·협의의 대상이 될 수 없다.

제13조(교원지위향상심의회의 설치) ① 제11조제1항에 따른 교섭·협의 과정에서 당사자로부터 교섭·협의 사항에 관한 심의요청이 있는 경우 이를 심의하기 위하여 교육부와 시·도에 각각 교원지위향상심의회를 두되 교육부는 7명 이내, 시·도는 5명 이내의 위원으로 구성한다. 다만, 위원장을 제외한 위원의 2분의 1은 교원단체가 추천한 사람으로 한다.

② 교원지위향상심의회의 운영과 위원의 자격 및 선임에 관하여 필요한 사항은 대통령령으로 정한다.

제14조(교원의 교육활동 보호에 관한 종합계획의 수립·시행 등)

① 국가, 지방자치단체, 그 밖의 공공단체는 교원이 교육활동을 원활하게 수행할 수 있도록 적극 협조하여야 한다.

② 교육부장관은 교원의 교육활동 보호 정책을 효율적으로 추진하기 위하여 관계 중앙행정기관의 장과의 협의를 거쳐 5년마다 교원의 교육활

동 보호에 관한 종합계획(이하 "종합계획"이라 한다)을 수립·시행하여야 한다.

③ 종합계획에는 다음 각 호의 내용이 포함되어야 한다.
1. 교원의 교육활동 보호 정책의 추진 목표 및 전략
2. 교육활동 침해행위와 관련된 조사·관리 및 교원의 보호조치에 관한 사항
3. 교육활동 보호와 관련된 유아 및 학생 생활지도에 관한 사항
4. 교육활동과 관련된 분쟁의 조정, 교원에 대한 법률 상담 및 변호사 선임 등 소송 지원에 관한 사항
5. 교원에 대한 민원 등의 조사 및 관리에 관한 사항
6. 그 밖에 교원의 교육활동 보호를 위하여 필요하다고 인정되는 사항

④ 교육부장관은 교원의 교육활동 여건의 변화 등으로 종합계획을 변경할 필요가 있는 경우에는 관계 중앙행정기관의 장과의 협의를 거쳐 종합계획을 변경할 수 있다. 다만, 대통령령으로 정하는 경미한 사항을 변경하는 경우에는 그러하지 아니하다.

⑤ 교육부장관은 제2항 및 제4항에 따라 종합계획을 수립하거나 변경하였을 때에는 지체 없이 이를 관계 중앙행정기관의 장 및 교육감에게 통보하여야 한다.

⑥ 교육부장관은 종합계획을 수립·시행하기 위하여 필요한 경우 관계 중앙행정기관의 장, 교육감, 관계 기관 또는 단체의 장에게 협조를 요청할 수 있다. 이 경우 요청을 받은 중앙행정기관의 장, 교육감, 관계 기관 또는 단체의 장은 정당한 사유가 없으면 이에 협조하여야 한다.

⑦ 교육부장관은 매년 제2항에 따른 종합계획의 추진현황 및 실적 등에 관한 보고서를 국회에 제출하여야 한다.

⑧ 그 밖에 종합계획의 수립·시행 및 보고서 제출 등에 필요한 사항은 대통령령으로 정한다.

제15조(시행계획의 수립·시행) ① 교육감은 제14조제2항의 종합계획에 따라 관할 구역 내 교원의 교육활동 보호에 관한 시행계획(이하 "시행계획"이라 한다)을 매년 수립·시행하여야 한다.

② 교육감은 제1항에 따라 시행계획을 수립하였을 때에는 이를 지체 없이 교육부장관에게 제출하여야 한다.

③ 그 밖에 시행계획의 수립·시행 등에 필요한 사항은 대통령령으로 정한다.

제16조(실태조사) ① 교육부장관 및 교육감은 교원의 교육활동에 대한 보호를 강화하기 위하여 제19조에 따른 교육활동 침해행위, 제20조제1항에 따른 피해교원 보호조치, 제25조 및 제26조에 따른 교육활동 침해행위를 한 학생 및 그 보호자 등에 대한 조치 등에 대하여 실태조사를 할 수 있다.

② 교육부장관 및 교육감은 제1항에 따른 실태조사를 실시하기 위하여 필요한 경우 해당 학교의 장, 관계 기관 또는 단체의 장 등에게 관련 자료의 제출을 요청할 수 있다. 이 경우 요청을 받은 학교의 장, 관계 기관 또는 단체의 장 등은 특별한 사유가 없으면 이에 따라야 한다.

③ 제1항에 따른 실태조사의 구체적인 내용, 범위 및 절차 등에 필요한 사항은 대통령령으로 정한다.

제17조(아동학대 사안에 대한 교육감의 의견 제출)~제32조 (「지방교육자치에 관한 법률」에 관한 특례)까지는 생략(고등학교 이하 교원에 관련한 조항임)

제33조(권한의 위임) 이 법에 따른 교육부장관의 권한은 그 일부를 대통령령으로 정하는 바에 따라 교육감 및 소속기관의 장에게 위임할 수 있다.

제34조(벌칙) 다음 각 호의 어느 하나에 해당하는 사람은 1년 이하의 징역 또는 1천만원 이하의 벌금에 처한다.

1. 제10조제5항에 따라 확정되거나 행정소송을 제기하여 확정된 소청심사 결정을 이행하지 아니한 사람
2. 제30조제1항을 위반하여 그 직무상 알게 된 비밀이나 자료를 누설한 사람

제35조(과태료) ① 정당한 사유 없이 제25조제5항 또는 제26조제2항제2호에 따른 특별교육을 받지 아니하거나 심리치료에 참여하지 아니한 보호자 등에게는 300만원 이하의 과태료를 부과한다.

② 제1항에 따른 과태료는 대통령령으로 정하는 바에 따라 관할청이 부과·징수한다.

부 칙 〈제19735호, 2023. 9. 27.〉

제1조(시행일) 이 법은 공포 후 6개월이 경과한 날부터 시행한다. 다만, 제6조제3항의 개정규정은 공포한 날부터 시행한다.

제2조부터 제6조까지는 생략

3. 대학설립·운영 규정(전문)

[시행 2024. 4. 30.] [대통령령 제34455호, 2024. 4. 30., 일부개정]

제1조(목적) 이 영은 「고등교육법」 및 「사립학교법」의 규정에 의하여 대학·산업대학·교육대학·전문대학 및 이에 준하는 각종학교(이하 "대학"이라 한다)의 설립기준과 대학을 운영함에 있어서 필요한 시설·교원 및 수익용기본재산등에 관하여 필요한 사항을 규정함을 목적으로 한다.

제2조(설립인가기준 등) ①대학을 설립하려는 자(이하 "설립주체"라 한다)는 다음 각 호의 기준을 갖추어 교육부장관에게 대학설립의 인가(국립대학의 경우에는 개교조치를 말한다. 이하 같다)를 신청해야 한다.

  1. 제4조에 따른 교사(校舍) 및 제5조에 따른 교지를 확보할 것

  2. 교원(「고등교육법」 제14조제2항에 따른 교수·부교수 및 조교수를 말한다. 이하 같다)을 제6조에 따른 확보 기준의 2분의 1 이상 확보할 것. 이 경우 나머지 교원은 학생정원에 따라 연차적으로 확보하되, 편제완성연도 전까지 모두 갖추어야 한다.

  3. 제7조에 따른 수익용기본재산을 확보할 것(국가 또는 지방자치단체가 대학을 설립하는 경우는 제외한다)

②교육부장관은 대학설립을 인가하려는 경우에는 제1항 각 호의 기준과 「고등교육법 시행령」 제2조제2항 각 호의 사항 및 교육과정 등 교육부령으로 정하는 사항에 대하여 제3조에 따른 대학설립·개편심사위원회의 심의를 거쳐야 한다.

③설립주체는 제1항에 따라 대학설립의 인가를 신청하기 전에 교육부령으로 정하는 바에 따라 대학설립계획서를 교육부장관에게 제출해야 한다.

④제1항 및 제2항의 규정은 대학의 분교를 설립하는 경우에 이를 준용한다. 다만, 국외에 대학의 분교를 설립하는 경우에는 분교를 설립하려는 국가의 법령 등을 고려하여 교육부장관이 제1항 및 제2항의 기준을 조정하여 고시하는 기준에 따른다.

  ⑤ 삭제

⑥ 제4조에 따른 교사 및 제5조에 따른 교지는 설립주체의 소유여야 한다. 다만, 다음 각 호의 어느 하나에 해당하는 경우에는 그렇지 않다.
1. 특별법에 따라 설립된 정부출연연구기관(이하 "연구기관"이라 한다) 중 그 특별법에 따라 「고등교육법」 제30조에 따른 대학원대학(이하 "대학원대학"이라 한다)을 설립할 수 있는 연구기관이 국가·지방자치단체 또는 다른 연구기관 소유의 건축물 또는 토지를 사용하는 경우
2. 설립주체가 다음 각 목의 토지를 타인과 공동으로 소유하여 대학원대학을 설립하거나 대학에 대학원을 두는 경우
　가. 「택지개발촉진법 시행령」 제2조제1호에 따른 시설 중 교육 또는 연구용 시설에 사용되는 토지
　나. 「택지개발촉진법 시행령」 제2조제3호 각 목의 시설에 사용되는 토지
　다. 「산업입지 및 개발에 관한 법률」에 따른 산업단지
　라. 「혁신도시 조성 및 발전에 관한 특별법」 제5조의2제2항제3호에 따른 혁신도시 내의 산·학·연 클러스터
3. 설립주체가 제2호 각 목의 토지에 소재하는 건물을 임대하여 별표 2에 따른 연구시설을 두는 경우
4. 「산업교육진흥 및 산학연협력촉진에 관한 법률 시행령」 제8조의 계약학과등을 국가, 지방자치단체, 산업체, 사업자단체 및 직능단체가 제공하는 시설에서 운영하는 경우
5. 설립주체가 설립주체의 소유가 아닌 시설·건축물을 별표 2에 따른 학생기숙사 등 학생 주거용 시설로 사용하는 경우
⑦제5조에 따른 교지에는 설립주체 외의 자가 소유하는 건축물을 둘 수 없다. 다만, 「건축법」 제2조제2항의 문화 및 집회시설, 판매시설, 교육연구시설, 노유자(老幼者)시설, 수련시설, 운동시설, 업무시설 또는 「주차장법」 제2조제1호다목의 부설주차장 등 교육 및 공공의 목적에 부합하는 시설로서 다음 각 호의 어느 하나에 해당하는 건축물은 그렇지 않다.
1. 설립주체에게 소유권이 이전되는 건축물
2. 국가·지방자치단체·연구기관 및 산업체 등(이하 "산업체등"이라 한다)이 교지 안에 건축하고자 하는 시설로서 설립주체가 그 필요성을 인정하는 건축물

⑧ 대학을 설립·운영하는 자 또는 대학의 장은 산학협력에 의한 교육 및 연구 등을 촉진하기 위하여 필요한 경우로서 다음 각 호의 어느 하나에 해당하는 경우에는 산업체등이 「산업교육진흥 및 산학연협력촉진에 관한 법률 시행령」 제33조에 따른 사업종목의 용도에 한정하여 대학의 시설을 이용하도록 할 수 있다. 이 경우 산업체등이 이용할 수 있는 교사의 면적은 해당 대학이 확보한 전체 교사면적(부속시설의 교사면적은 제외한다)에서 제4조제3항에 따라 산출된 교사면적을 뺀 면적[그 면적이 영(零) 이하인 경우에는 영으로 본다]과 제4조제3항에 따라 산출된 교사면적의 10퍼센트에 해당하는 면적의 합을 초과할 수 없다.
 1. 산업체등의 기자재 및 인력을 대학의 교육·연구 또는 학생들의 실습에 공동으로 활용하도록 하는 약정이 있는 경우
 2. 산업체등이 대학에 기자재 또는 기부금 등을 기부한다는 약정이 있는 경우
⑨이 영에 따른 교사와 교원을 산정할 때 기준이 되는 대학의 학생정원을 계열별로 분류하는 경우 그 계열별 구분은 별표 1과 같다.

제2조의2(대학원 등의 설치기준) ① 대학에 두는 대학원, 대학원대학과 그 학위과정의 학과·학부 또는 이에 상응하는 조직(이하 "학과등"이라 한다)이나 전공(제2항에 따른 협동과정에 두는 전공 외의 전공을 말한다. 이하 이 조에서 같다)의 설치기준은 별표 1의2에 따른다.
 ② 대학원에 학위과정으로 제1항에 따른 학과등 또는 전공 외에 둘 이상의 학과등 또는 전공이 공동으로 설치·운영하는 학과등간 협동과정과 연구기관 또는 산업체와의 계약에 따라 설치·운영하는 학·연·산(學·硏·産), 학·연(學·硏) 또는 학·산(學·産) 협동과정을 둘 수 있다.
 ③ 제1항 및 제2항에 따른 대학원 등의 설치에 필요한 세부기준은 교육부장관이 정한다.
 ④ 대학(전문대학과 이에 준하는 각종학교는 제외한다)이 일반대학원 또는 전문대학원에 박사학위 과정을 신설하려는 경우 별표 1의2에 따른 교원 중 「고등교육법」 제6조에 따른 학교규칙(이하 "학칙"이라 한다)으로 정한 인원은 박사학위 과정의 설치 학기 개시일을 기준으로 학칙으로 정하는 바에 따른 최근 5년간 계열별 연구 관련 실적 및 기준을 충족한 사람으로 한다. 이 경우 연구 실적에 대한 인정범위와 구체적인 기준은 교

육부장관이 정하여 고시한다.
  1. 삭제
  1의2. 삭제
  2. 삭제

제2조의3(학과·정원 등의 증설·증원의 기준 및 자체조정·상호조정의 기준) ① 대학(대학원 및 대학원대학을 포함한다. 이하 제2항, 제5항 및 제6항에서 같다)은 설립인가 후 편제가 완성된 후에만 학과등 또는 전공을 증설하거나 학생정원을 증원할 수 있으며, 학과등 또는 전공을 증설하거나 학생정원을 증원하는 경우에는 그 증설 또는 증원분을 포함한 전체에 대하여 이 영에 따른 기준을 충족해야 한다.
  1. 삭제
  2. 삭제
  ② 대학이 인공지능·빅데이터 등 교육부장관이 정하여 고시하는 첨단산업 분야의 인력을 양성하거나「고등교육법 시행령」제13조제1항에 따라 다른 국내대학과 공동으로 교육과정을 운영하기 위하여 학과등 또는 전공을 증설하거나 학생정원을 증원하는 경우에는 그 증설 또는 증원분을 포함한 전체에 대하여 다음 각 호의 요건을 모두 갖추면 제1항을 적용하지 않는다.
  1. 제6조 및 제9조제5항에 따른 교원 확보 기준에 따라 교원을 확보할 것. 다만,「고등교육법」제3조에 따른 국립학교의 경우에는 제6조(같은 조 제4항은 제외한다)에 따라 확보해야 하는 교원 수의 70퍼센트 이상을 확보하면 된다.
  2. 교육과정 및 교육여건 등을 고려하여 교육부장관이 정하여 고시하는 기준을 충족할 것
  ③ 제1항에 따라 학과등 또는 전공을 증설하거나 학생정원을 증원하는 경우 갖추어야 할 기준은 편제완성연도의 계열별 학생정원으로 한다.
  ④「수도권정비계획법」제2조제1호에 따른 수도권이 아닌 지역에 소재하는 대학원 또는 대학원대학이 학과등 또는 전공을 증설하거나 학생정원을 증원하는 경우에는 제1항에도 불구하고 그 증설 또는 증원분을 포함한 전체에 대하여 이 영에 따른 기준을 충족한 것으로 본다.
  ⑤ 교지가 분리되어 있는 대학이 제3조에 따른 대학설립·개편심사위

원회의 심의·의결을 거쳐 전년도 총 입학정원의 범위에서 학위과정별로 학과등 또는 전공을 신설·통합하거나 학과등 또는 전공의 입학정원을 조정하는 경우에는 제5조제1항 후단을 적용하지 않는다.

⑥ 대학이 구조개혁을 위하여 별표 1의6에서 정하는 기준에 따라 다음 각 호의 어느 하나에 해당하는 정원의 상호 조정(이하 "상호조정"이라 한다)을 하는 경우에는 제1항을 적용하지 않는다.

1. 학사학위과정 입학정원과 대학원 입학정원 간의 상호조정
2. 대학원 또는 대학원대학의 석사학위과정 입학정원과 박사학위과정 입학정원 간의 상호조정
3. 전문학사학위과정 입학정원과 전문기술석사학위과정 입학정원 간의 상호조정

⑦ 「고등교육법」 제3조에 따른 국립학교가 해기사(海技士) 등 교육부장관이 정하여 고시하는 특정 분야(제2항 각 호 외의 부분에 따라 교육부장관이 정하여 고시하는 첨단산업 분야는 제외한다)의 인력을 양성하기 위하여 학과등 또는 전공을 증설하거나 학생정원을 증원하는 경우에는 그 증설 또는 증원분을 포함한 전체에 대하여 제6조(같은 조 제4항은 제외한다)에 따라 확보해야 하는 교원 수의 70퍼센트 이상을 확보하면 제1항에 따른 기준 중 교원의 확보 기준을 충족한 것으로 본다.

제2조의4(대학의 통·폐합) ① 대학(대학원대학을 포함한다. 이하 이 조에서 같다)은 제3조에 따른 대학설립·개편심사위원회의 심의·의결을 거쳐 다음 각 호의 통·폐합을 할 수 있다.

1. 대학 간의 통·폐합
2. 대학과 「평생교육법」 제31조제4항에 따른 전공대학(이하 "전공대학"이라 한다) 간의 통·폐합
3. 대학과 「고등교육법」 제2조제5호에 따른 사이버대학(이하 "사이버대학"이라 한다) 간의 통·폐합. 이 경우 대학과 사이버대학은 통·폐합 전과 통·폐합 후 모두 「수도권정비계획법」 제2조제1호에 따른 수도권에 소재하지 않아야 한다.

② 제1항에 따른 통·폐합을 하려는 대학은 다음 각 호의 요건을 모두 갖춘 계획을 마련하여 제3조에 따른 대학설립·개편심사위원회에 심의를 요청해야 한다.

1. 통·폐합 후 대학의 편제완성연도 학생정원이 통·폐합 전의 대학, 전공대학 또는 사이버대학의 편제완성연도 학생정원의 합을 초과하지 않을 것
2. 통·폐합 후 교사, 교원(의학계열의 교원은 제외한다. 이하 이 호에서 같다), 수익용기본재산의 확보율을 통·폐합을 신청한 날이 속하는 해의 전년도 4월 1일을 기준으로 한 교사, 교원, 수익용기본재산의 확보율(통·폐합 후의 대학과 동일한 종류의 학교를 기준으로 한 확보율을 말하며, 100퍼센트 이상인 경우에는 100퍼센트로 본다) 이상으로 새로운 편제완성연도까지 유지할 것
3. 통·폐합에 따른 학생·교직원 보호 대책을 수립할 것
③ 그 밖에 대학의 통·폐합의 절차 및 세부기준 등에 관한 사항은 교육부장관이 정하여 고시한다.

제2조의5 삭제

제2조의6 삭제

제2조의7(대학의 일부를 산업단지 또는 혁신도시 안으로 위치변경하는 경우의 특례) ① 대학(대학원대학은 제외한다)이 교육부장관이 정하여 고시하는 기준에 따라 대학의 일부를 그 주된 위치에서 변경하여 다음 각 호의 지역 안에서 운영하는 경우에는 제2조제6항 각 호 외의 부분 본문에도 불구하고 설립주체의 소유가 아닌 건축물 또는 토지를 교사 및 교지로 사용할 수 있다.
1. 「산업입지 및 개발에 관한 법률」에 따른 산업단지(산업단지와 인접한 지역을 포함한다)
2. 「혁신도시 조성 및 발전에 관한 특별법」 제5조의2제2항제3호에 따른 혁신도시 내의 산·학·연 클러스터(산·학·연 클러스터와 인접한 지역을 포함한다)
② 제1항 각 호의 지역 안에서 운영하는 대학에 적용되는 교사 및 교지의 기준면적은 제5조제1항 및 제9조제3항에도 불구하고 다음 각 호의 기준에 따른다. 다만, 건축물을 임차하거나 건축물의 일부를 소유하여 교사로 사용하는 경우에는 제2호에 따른 교지를 확보하지 않을 수 있다.
1. 교사: 별표 3에 따른 계열별 학생 1인당 교사기준면적에 변경하려는 위치에 수용하는 학생정원을 곱하여 합산한 면적 이상

2. 교지: 제1호에 따른 교사의 건축면적 이상

제2조의8(의학·치의학·한의학 관련 학사학위 및 석사학위의 과정이 통합된 과정을 설치하는 경우의 특례) 의학·치의학·한의학 관련 학과등을 폐지하고 「고등교육법 시행령」 제22조에 따른 의학·치의학·한의학전문대학원을 설치·운영 중인 대학이 같은 영 제30조의2에 따른 의학·치의학·한의학 관련 학사학위 및 석사학위의 과정이 통합된 과정(이하 이 조에서 "통합과정"이라 한다)을 설치하는 경우에는 편제완성연도를 기준으로 한 통합과정의 정원 중 학사학위과정에 해당하는 학생정원에 대해서는 제2조의3제1항을 적용하지 아니한다.

제3조(대학설립·개편심사위원회) ①다음 각 호의 사항을 심의하기 위하여 교육부에 대학설립·개편심사위원회(이하 "위원회"라 한다)를 둔다.
  1. 설립주체가 제2조제1항 및 제2조의2에 따른 설립기준을 갖추었는지의 확인
  2. 제2조의4에 따른 대학의 통·폐합에 관한 사항
  3. 「고등교육법」 제4조제3항 및 같은 법 시행령 제2조제5항에 따른 대학의 위치변경(대학의 일부 또는 전부를 그 주된 위치에서 변경하여 국내의 다른 위치에서 운영하려는 경우를 포함한다)인가에 관한 사항
  4. 다른 법령에서 위원회의 심의를 받도록 규정한 사항
  5. 그 밖에 대학의 설립·운영과 관련하여 교육부장관이 심의에 부치는 사항
  ② 위원회는 위원장을 포함하여 13명 이내의 위원으로 구성하며, 위원은 다음 각 호의 어느 하나에 해당하는 사람 중에서 교육부장관이 성별을 고려하여 위촉한다.
  1. 교육경력, 교육행정경력 또는 교육연구경력이 5년(둘 이상의 경력이 있으면 합산한 경력을 기준으로 한다) 이상인 사람
  2. 판사, 검사, 변호사 또는 공인회계사로 재직한 경력이 5년(둘 이상의 재직 경력이 있으면 합산한 경력을 기준으로 한다) 이상인 사람
  3. 교육 관련 단체 또는 산업계 등 각계를 대표하는 것으로 교육부장관이 인정하는 사람
  4. 그 밖에 위원회의 심의를 위하여 위원으로 위촉할 필요가 있다고 교육부장관이 인정하는 사람

③ 위원의 임기는 2년으로 하되, 한 차례만 연임할 수 있다.
④ 위원장은 위원 중에서 호선(互選)한다.
⑤위원장은 위원회를 대표하고, 위원회의 업무를 총괄하며, 위원회의 회의를 소집하고 그 의장이 된다.
⑥위원회의 회의는 재적위원 과반수의 찬성으로 의결한다.
⑦ 위원회는 심의에 필요한 경우 설립주체 등에게 관련 자료의 제출을 요구하거나 관련자 등의 의견을 청취할 수 있다.
⑧위원회의 사무를 처리하기 위하여 위원회에 간사 및 서기 각 1인을 두되, 간사 및 서기는 교육부 소속 공무원 중에서 교육부장관이 임명한다.
⑨위원회의 운영비와 현지조사경비 기타 필요한 비용은 예산의 범위안에서 이를 지급할 수 있다.

제3조의2(위원의 제척·기피·회피) 내지 제3조의3(위원의 해촉)는 생략
제4조(교사) ①교사는 별표 2의 구분에 따른다.
② 제1항에 따른 교사의 확보 기준은 다음 각 호와 같다.
1. 교육기본시설: 교육·연구활동에 적합하게 갖출 것
2. 지원시설 및 연구시설(교지 밖의 연구시설의 경우 「국토의 계획 및 이용에 관한 법률」 제2조제6호라목에 따른 학교로 도시·군계획시설결정이 된 경우로 한정한다. 이하 같다): 제3항에 따라 확보한 면적의 범위에서 대학이 필요한 경우에 갖출 것
3. 부속시설: 학칙으로 정하는 바에 따라 용도에 적합하게 갖출 것. 다만, 의학·치의학·한의학 관련 학과등 또는 「고등교육법 시행령」 제22조제2호의 전문대학원을 두는 의학계열이 있는 대학은 다음 각 목의 구분에 따른 기준을 충족하는 부속병원을 직접 갖추거나 그 기준을 충족하는 병원에 위탁하여 교육에 지장이 없이 실습하도록 해야 한다.
　가. 의학 관련 학과등 또는 의학전문대학원을 두는 의학계열이 있는 대학: 「전공의의 수련환경 개선 및 지위 향상을 위한 법률 시행령」 제4조제1항에 따른 인턴 수련병원의 지정기준
　나. 치의학 관련 학과등 또는 치의학전문대학원을 두는 의학계열이 있는 대학: 「치과의사전문의의 수련 및 자격 인정 등에 관한 규정」 제7조제1항에 따른 인턴과정 수련치과병원의 지정기준

다. 한의학 관련 학과등 또는 한의학전문대학원을 두는 의학계열이 있는 대학: 「한의사전문의의 수련 및 자격 인정 등에 관한 규정」 제6조제1항에 따른 일반수련의과정 수련한방병원의 지정기준

③교육기본시설과 지원시설 및 연구시설(이하 "교육기본시설등"이라 한다)의 면적은 별표 3에 따른 학생 1인당 교사기준면적에 편제완성연도를 기준으로 한 계열별 학생정원을 곱하여 합산한 면적 이상으로 한다. 이 경우 계열별 학생정원을 합한 학생정원이 1천명(대학원대학 및 장애인만을 입학대상으로 하는 대학의 경우에는 200명) 미만인 경우에는 그 정원을 1천명(대학원대학 및 장애인만을 입학대상으로 하는 대학의 경우에는 200명)으로 보되, 계열별로 학생정원을 환산하는 방법은 교육부령으로 정한다.

④제3항에 따른 계열별 학생정원을 산정할 때 동일한 학과등에 주간과 야간과정을 함께 운영하는 경우에는 그중 학생정원이 많은 과정의 학생정원을 합한 정원을 기준으로 한다. 이 경우 야간과정의 학생정원을 산정할 때에는 야간수업 대학원 학생정원을 제외한다.

⑤교사는 건축관계법령에 적합해야 하며, 교수·학습에 직접 사용되는 교사의 내부환경은 「학교보건법」 제4조에 따른 환경위생 및 식품위생의 유지·관리에 관한 기준에 적합해야 한다.

⑥ 삭제

⑦ 제3항에 따라 교사면적을 산정할 때 제2조제6항제1호의 건축물은 교사로 보고, 같은 조 제7항제2호의 건축물과 「산업교육진흥 및 산학연협력촉진에 관한 법률」 제37조에 따른 협력연구소의 건축물이 대학의 교육 및 연구활동에 사용되는 경우에는 그 사용되는 면적을 교사로 본다.

제5조(교지) ① 대학은 별표 4의 교지기준면적에 따른 교지를 교육·연구활동에 지장이 없는 적합한 장소에 확보해야 한다. 이 경우 동일한 대학의 교지가 분리되어 있는 경우에는 각각의 교지가 교지별로 수용하는 학생정원을 기준으로 별표 4의 교지기준면적을 충족해야 한다.

② 제1항에 따른 교지는 대학이 교육·연구를 위하여 사용하는 모든 용지 중 다음 각 호의 용지를 제외한 것으로 한다.

1. 농장·학술림·사육장·목장·양식장·어장 및 약초원 등 실습지

1의2. 제2조제6항제5호에 따라 학생기숙사 등 학생 주거용 시설로 사

용되는 시설·건축물의 부지
   2. 제7조에 따른 수익용기본재산에 해당하는 용지
   ③ 제1항에 따라 교지의 기준면적을 산정하는 경우에 제2조제6항제1호의 토지는 교지로 본다.
   ④ 대학의 교지가 다음 각 호의 어느 하나에 해당하는 경우에는 교지가 분리되지 않은 것으로 보아 제1항 후단을 적용하지 않는다.
   1. 교지가 도로·하천 등으로 부득이하게 나뉘어 인접한 경우
   2. 교지경계선(분리되지 않은 것으로 보는 교지가 있는 경우 그 교지의 경계선을 포함한다)을 기준으로 교지 간 최단거리가 20킬로미터 이하인 경우. 이 경우 분리된 교지가 3개 이상인 경우에는 각각의 교지 간 최단거리가 모두 20킬로미터 이하여야 한다.
   3. 각각의 교지가 동일한 지방자치단체(「지방자치법」 제2조제1항제2호의 시·군·구인 지방자치단체를 말한다) 내에 있는 경우
   4. 대학이 별표 2에 따른 교사시설 중 학생기숙사 등 학생 주거용 시설을 기존 교지(기존 교지가 이미 분리되어 있는 경우에는 그 학생 주거용 시설과 가장 가까운 교지를 말한다) 밖의 부지(「국토의 계획 및 이용에 관한 법률」 제2조제6호라목에 따른 학교로 도시·군계획시설결정이 된 부지로 한정한다)에 설치하는 경우
   ⑤ 삭제

제6조(교원) ①대학은 편제완성연도를 기준으로한 계열별 학생정원을 별표 5에 따른 교원 1인당 학생 수로 나눈 수의 교원을 확보하여야 한다. 이 경우 계열별 학생정원을 합한 학생정원이 500명(대학원대학 및 장애인만을 입학대상으로 하는 대학의 경우에는 200명) 미만인 경우에는 그 정원을 500명(대학원대학 및 장애인만을 입학대상으로 하는 대학의 경우에는 200명)으로 보되, 계열별로 학생정원을 환산하는 방법은 교육부령으로 정한다.
   ②제1항의 규정에 의하여 확보하여야 할 교원을 산정하는 경우의 계열별 학생정원은 다음 각 호의 어느 하나의 학생수를 말한다.
   1. 대학원이 없는 대학 : 대학의 학생정원
   2. 대학원이 있는 대학 : 학사과정의 학생정원에 대학원 학생정원의 1.5배를 합한 학생수

3. 대학원대학 : 대학원 학생정원의 1.5배의 학생수

③ 삭제

④제1항의 규정에 의하여 확보하여야 하는 교원에는 「고등교육법 시행령」 제7조제2호 및 제3호에 따른 겸임교원 및 초빙교원 등(이하 "겸임교원등"이라 한다)이 포함될 수 있다. 이 경우 대학(산업대학, 전문대학, 전문대학원으로서의 대학원대학 및 이에 준하는 각종학교를 제외한다)의 경우에는 그 정원의 5분의 1(대학에 두는 전문대학원은 3분의 1), 전문대학원으로서의 대학원대학의 경우에는 그 정원의 3분의 1, 산업대학·전문대학 및 이에 준하는 각종학교의 경우에는 그 정원의 2분의 1의 범위 안에서 이를 둘 수 있으며, 겸임교원등에 관한 산정기준은 교육부령으로 정한다.

제7조(수익용기본재산) ①학교법인은 대학의 연간 학교회계 운영수익총액 중 학생의 등록금 및 수강료 수입에 해당하는 가액의 수익용기본재산을 확보하되, 다음 각 호에서 정한 금액 이상을 확보하여야 한다. 다만, 국가가 출연하여 설립한 학교법인이 설립·경영하는 대학에 국가(「공공기관의 운영에 관한 법률」 제4조에 따른 공공기관을 포함한다)가 그 대학의 연간 학교회계 운영수익총액의 2.8퍼센트 이상을 지원하는 경우에는 해당 학교법인은 수익용기본재산을 확보한 것으로 본다.

1. 대학(전문대학 및 대학원대학은 제외한다) 300억원
2. 전문대학 200억원
3. 대학원대학 100억원

②제1항 각 호의 규정에 불구하고 1개의 법인이 수 개의 학교를 설립·운영하고자 하는 경우에는 각 학교별 제1항 각 호의 금액의 합산액 이상을 확보하여야 한다.

③ 제1항 본문에 따른 연간 학교회계 운영수익총액 중 학생의 등록금 및 수강료 수입에 해당하는 가액의 수익용기본재산은 그 가액에 한국은행이 발표하는 전년도의 예금은행 가중평균금리 중 저축성 수신 금리를 곱하여 산출한 금액 이상의 연간 수익이 발생하여야 한다.

④ 제1항에 따른 수익용기본재산의 가액은 「상속세 및 증여세법」 제60조부터 제66조까지의 규정에 따라 산정한다. 다만, 토지의 경우에는 「감정평가 및 감정평가사에 관한 법률」에 따른 감정평가법인등이 수익용기본

재산의 가액 산정 기준일부터 직전 5년 이내에서 가장 가까운 감정평가 기준일(2016년 1월 1일 이후로 한정한다)에 평가한 감정가액을 그 가액으로 볼 수 있다.

⑤제1항의 규정에 의한 학교회계 운영수익과 학생의 등록금 및 수강료 수입의 범위는 교육부령으로 정한다.

제8조(대학운영경비의 부담) ①학교법인은 그가 설립·경영하는 대학에 대하여 매년 수익용기본재산에서 생긴 소득의 100분의 80이상에 해당하는 가액을 대학운영에 필요한 경비로 충당하여야 한다.

②제1항의 규정에 의한 소득의 범위는 교육부령으로 정한다.

제9조(운영 중인 대학에 대한 특례) ① 설립 이후 최초 편제완성연도를 경과하여 운영 중인 대학(대학원대학을 포함하며, 이하 "운영 중인 대학"이라 한다)은 교육 및 연구 여건 개선을 위하여 필요한 경우로서 다음 각 호의 요건을 모두 갖춘 경우에는 제2조제6항 및 제7항에도 불구하고 건축물 또는 토지를 임차하여 교사 또는 교지로 사용할 수 있다. 이 경우 건축물은 제4조에 따라 산정된 면적 이상의 교사를 확보한 경우에만 임차할 수 있다.

1. 해당 건축물 또는 토지에 지상권, 전세권 또는 등기되는 임차권을 설정했을 것. 이 경우 전세권 또는 임차권은 5년 이상 계속해서 유지되어야 한다.

2. 해당 건축물 또는 토지가 다음 각 목의 요건을 모두 갖출 것

　가. 해당 대학의 교지경계선(제5조제4항에 따라 교지가 분리되지 않는 것으로 보는 경우 그 교지의 경계선을 포함하며, 교지가 분리된 경우에는 각각의 교지의 경계선을 말한다)으로부터의 최단거리가 20킬로미터 이하일 것

　나. 해당 대학의 교지와 동일한 지방자치단체(「지방자치법」 제2조제1항제2호의 시, 군, 구인 지방자치단체를 말한다) 내에 있을 것

② 운영 중인 대학은 제4조에 따라 산정된 면적을 초과하여 교사를 확보한 경우에는 해당 초과 교사 중 유휴교사를 「고등교육법」 제19조의2에 따른 대학평의원회의 심의 등 학칙으로 정하는 절차를 거쳐 임대할 수 있다. 이 경우 임대하려는 시설은 다음 각 호의 요건을 모두 갖추어야 한다.

1. 교육 및 연구 활동에 지장이 없는 시설일 것
2. 교육부령으로 정하는 바에 따라 학교에 설치할 수 있는 시설일 것

③ 운영 중인 대학이 그 대학의 일부 또는 전부를 그 주된 위치가 아닌 국내의 다른 위치에서 운영하려는 경우 새로운 편제완성연도까지 해당 다른 위치의 학생정원에 따른 별표 3의 교사기준면적을 충족하면 주된 위치의 교사에 대해서는 제4조제3항 전단을 적용하지 않는다. 이 경우 다른 위치의 교육기본시설등의 면적은 같은 항 후단에도 불구하고 학생정원이 400명(대학원대학 및 장애인만을 입학대상으로 하는 대학의 경우에는 200명) 미만일 경우에는 그 정원을 400명(대학원대학 및 장애인만을 입학대상으로 하는 대학의 경우에는 200명)을 기준으로 그 면적을 산정한다.

④ 운영 중인 대학이 다음 각 호의 어느 하나에 해당하는 경우 새로운 편제완성연도까지는 학생정원 조정 직전 학년도의 교사확보(교사확보율이 100퍼센트 이상인 경우에는 100퍼센트) 이상으로 교육기본시설등의 면적을 확보하면 제4조제3항 전단의 기준을 충족한 것으로 본다.
1. 주간과 야간과정의 학생정원을 조정하는 경우(조정 후 학생정원이 많은 과정의 학생정원이 조정 전 학생정원이 많은 과정의 학생정원보다 큰 경우만 해당하며, 이 항 각 호 외의 부분에 따른 교육기본시설등의 면적과 교사확보율은 각각 제4조제4항에 따라 학생정원이 많은 과정을 기준으로 산정한다)
2. 교지가 분리되어 있는 대학으로서 교지 간에 학생정원을 조정하는 경우(조정 후 학생정원이 증가하는 교지의 학생정원을 기준으로 이 항 각 호 외의 부분에 따른 교육기본시설등의 면적과 교사확보율을 각각 산정한다)

⑤ 운영 중인 대학(산업대학, 전문대학, 전문대학원으로서의 대학원대학 및 이에 준하는 각종학교를 제외한다)은 제6조제4항 후단에도 불구하고 같은 조 제1항에 따라 확보해야 하는 교원 정원의 3분의 1의 범위에서 겸임교원등을 둘 수 있다.

⑥ 운영 중인 대학에 대하여 제4조에 따른 교사 기준 또는 제6조에 따른 교원 기준을 적용하는 경우 매년 제10조제1항 후단에 따른 평가의 기준일 현재 재학생 수가 학생정원보다 적은 경우에는 재학생 수를 적용한다.

⑦ 운영 중인 대학(국가가 출연하여 설립한 학교법인이 설립·경영하는 대학은 제외한다)의 학교법인이 대학의 연간 학교회계 운영수익총액 중 학생의 등록금 및 수강료 수입에 해당하는 가액의 2.8퍼센트 이상을 해당 대학의 교비회계로 전출하는 경우에는 제7조제1항 각 호 외의 부분 본문에도 불구하고 수익용기본재산을 확보한 것으로 본다.

⑧ 운영 중인 대학의 학교법인으로서 다음 각 호의 어느 하나에 해당하는 학교법인은 「사립학교법」 제10조제1항에 따라 학교법인을 새로 설립하여 당초 학교법인의 학교 중 일부 학교를 새로 설립한 학교법인에 두는 경우 당초 학교법인의 수익용기본재산을 교육부장관이 정하여 고시하는 기준에 따라 새로 설립한 학교법인에 배분할 수 있다.
  1. 2개 이상의 대학을 운영하는 학교법인
  2. 1개 이상의 대학과 1개 이상의 「고등학교 이하 각급 학교 설립·운영 규정」 제2조에 따른 각급학교를 함께 운영하는 학교법인

제10조(기준 등의 충족 여부에 대한 평가 등) ①교육부장관은 대학을 설립·경영하는 자 및 대학에 대하여 이 영에 의한 기준 또는 의무부담을 충족하는지의 여부에 대한 평가를 하여야 한다. 이 경우 편제가 완성된 대학의 교사 및 교원에 대한 평가는 4월 1일을 기준으로 하되, 교원의 경우에는 4월 1일 현재 그 기준을 충족하지 못하면 10월 1일을 기준으로 한다.

② 교육부장관은 제1항에 따른 평가 중 제4조제2항제3호 단서에 따른 부속병원의 기준 충족 여부 및 실습 의무 준수 여부 등에 관한 평가를 할 때에는 관련 기관이나 단체의 의견을 들을 수 있다.

③ 교육부장관은 제1항에 따른 평가결과를 해당 대학을 설립·경영하는 자 및 대학에 대한 학과등 또는 전공의 증설, 학생정원의 증원, 학생의 모집, 행정 및 재정지원정책에 반영해야 한다.

제11조(보고) 대학을 설립·경영하는 자 및 대학의 장은 교육부장관이 정하는 바에 따라 교사(국외에 설치·운영 중인 교사를 포함한다)·교지·교원 및 수익용기본재산 등의 보유현황을 매년 4월 30일(10월 1일을 기준으로 한 교원보유현황의 경우에는 10월 31일)까지 교육부장관에게 보고하여야 한다. 이 경우 교사·교지 및 수익용기본재산 등은 4월 1일 현재, 교원은 4월 1일 및 10월 1일 현재를 기준으로 한다.

제12조(학교헌장의 공표 등) 대학설립의 인가를 받은 자는 인가를 받은 날부터 1월 이내에 교사·교지·교원 및 수익용기본재산 등의 보유현황과「고등교육법 시행령」제3조의 규정에 의한 학교헌장을 공표하여야 한다.

제13조(규제의 재검토) 교육부장관은 다음 각 호의 사항에 대하여 다음 각 호의 기준일을 기준으로 3년마다(매 3년이 되는 해의 기준일과 같은 날 전까지를 말한다) 그 타당성을 검토하여 개선 등의 조치를 하여야 한다.

  1. 제2조의3에 따른 학과·정원 등의 증설·증원 기준: 2016년 1월 1일

  2. 삭제

  3. 제4조제2항제3호에 따른 의학계열 대학의 부속시설 교사 확보 기준: 2017년 1월 1일

부 칙 〈제34455호, 2024. 4. 30.〉

제1조(시행일) 이 영은 공포한 날부터 시행한다.

제2조(다른 법령의 개정) 고등교육법 시행령 일부를 다음과 같이 개정한다.

  별표 4 제2호저목을 다음과 같이 한다.

| 저. 「대학설립·운영 규정」제2조의3제6항을 위반하여 상호조정 시 「대학설립·운영 규정」별표 1의6의 기준에 따르지 않은 경우 | 조정된 정원의 2배 범위에서 모집정지 | 조정된 정원의 2배 범위에서 정원 감축 |

4. 사립학교법(일부 발췌)

[시행 2024. 8. 28.] [법률 제20350호, 2024. 2. 27., 일부개정]

제1장 총칙

제1조(목적) 이 법은 사립학교의 특수성에 비추어 그 자주성을 확보하고 공공성을 높임으로써 사립학교의 건전한 발달을 도모함을 목적으로 한다.

제2조(정의) 이 법에서 사용하는 용어의 뜻은 다음과 같다.
 1. "사립학교"란 학교법인, 공공단체 외의 법인 또는 그 밖의 사인(私人)이 설치하는 「유아교육법」 제2조제2호, 「초·중등교육법」 제2조 및 「고등교육법」 제2조에 따른 학교를 말한다.
 2. "학교법인"이란 사립학교만을 설치·경영할 목적으로 이 법에 따라 설립되는 법인을 말한다.
 3. "사립학교경영자"란 「유아교육법」, 「초·중등교육법」, 「고등교육법」 및 이 법에 따라 사립학교를 설치·경영하는 공공단체 외의 법인(학교법인은 제외한다) 또는 사인을 말한다.
 4. "임용"이란 신규채용, 승진, 전보(轉補), 겸임, 파견, 강임(降任), 휴직, 직위해제, 정직(停職), 강등, 복직, 면직, 해임 및 파면을 말한다.

제3조(학교법인이 아니면 설립할 수 없는 사립학교 등) 학교법인이 아닌 자는 다음 각 호의 어느 하나에 해당하는 사립학교를 설치·경영할 수 없다. 다만, 「초·중등교육법」 제52조제2항에 따라 산업체가 그 고용근로청소년의 교육을 위하여 중학교 또는 고등학교를 설치·경영하는 경우에는 그러하지 아니하다.
 1. 초등학교·중학교·고등학교·특수학교·대학
 2. 산업대학·사이버대학·전문대학·기술대학
 3. 대학·산업대학·전문대학 또는 기술대학에 준하는 각종학교

제4조(관할청) ① 다음 각 호의 어느 하나에 해당하는 자는 그 주소지를 관할하는 특별시·광역시·특별자치시·도 및 특별자치도(이하 "시·도"라 한다) 교육감의 지도·감독을 받는다.

1. 사립의 초등학교·중학교·고등학교·고등기술학교·고등공민학교·특수학교·유치원 및 이들에 준하는 각종학교
2. 제1호에 따른 사립학교를 설치·경영하는 학교법인 또는 사립학교경영자

② 삭제

③ 다음 각 호의 어느 하나에 해당하는 자는 교육부장관의 지도·감독을 받는다.
1. 사립의 대학·산업대학·사이버대학·전문대학·기술대학 및 이들에 준하는 각종학교(이하 "대학교육기관"이라 한다)
2. 제1호에 따른 사립학교를 설치·경영하는 학교법인
3. 제1호에 따른 사립학교와 그 밖의 사립학교를 아울러 설치·경영하는 학교법인

제16조(이사회의 기능) ① 이사회는 다음 각 호의 사항을 심의·의결한다.
1. 학교법인의 예산·결산·차입금 및 재산의 취득·처분과 관리에 관한 사항
2. 정관 변경에 관한 사항
3. 학교법인의 합병 또는 해산에 관한 사항
4. 임원의 임면에 관한 사항
5. 학교법인이 설치한 사립학교의 장 및 교원의 임용에 관한 사항
6. 학교법인이 설치한 사립학교의 경영에 관한 중요 사항
7. 수익사업에 관한 사항
8. 그 밖에 법령이나 정관에 따라 그 권한에 속하는 사항

② 이사장 또는 이사가 학교법인과 이해관계가 상반될 때에는 그 이사장 또는 이사는 해당 사항에 관한 의결에 참여할 수 없다.

제20조의2(임원 취임의 승인취소) ① 임원이 다음 각 호의 어느 하나에 해당하는 행위를 하였을 때에는 관할청은 그 취임 승인을 취소할 수 있다.
1. 이 법,「초·중등교육법」또는「고등교육법」을 위반하거나 이에 따른 명령을 이행하지 아니하였을 때
2. 임원 간의 분쟁, 회계 부정 또는 현저히 부당한 행위 등으로 해당 학교 운영에 중대한 장애를 일으켰을 때

3. 학사행정에 관하여 해당 학교의 장의 권한을 침해하였을 때
4. 관할청의 학교의 장 및 교직원에 대한 징계요구에 따르지 아니하였을 때

② 제1항에 따른 취임 승인의 취소는 관할청이 해당 학교법인에 그 사유를 들어 시정을 요구한 날부터 15일이 지나도 이에 따르지 아니한 경우에만 할 수 있다. 다만, 시정을 요구하여도 시정할 수 없는 것이 명백하거나 회계 부정, 횡령, 뇌물 수수 등 비리의 정도가 중대한 경우에는 시정요구 없이 임원 취임의 승인을 취소할 수 있으며, 그 세부적인 기준은 대통령령으로 정한다.

제25조(임시이사의 선임) ① 관할청은 다음 각 호의 어느 하나에 해당하는 경우에는 이해관계인의 청구에 의하여 또는 직권으로 조정위원회의 심의를 거쳐 임시이사를 선임하여야 한다.
1. 학교법인이 이사의 결원을 보충하지 아니하여 학교법인의 정상적 운영이 어렵다고 판단되는 경우
2. 제20조의2에 따라 학교법인의 임원 취임 승인을 취소한 경우. 다만, 임원 취임 승인이 취소되어 제18조제1항에 따른 이사회 의결정족수를 충족하지 못하는 경우로 한정한다.
3. 제25조의2에 따라 임시이사를 해임한 경우

② 임시이사는 조속한 시일 내에 제1항에 따른 사유를 해소할 수 있도록 노력하여야 한다.
③ 임시이사는 제1항에 따른 사유가 해소될 때까지 재임하되, 그 임기는 선임된 날부터 3년을 초과할 수 없다.
④ 임시이사는 제20조에 따른 임원으로 선임될 수 없다.
⑤ 관할청은 임시이사가 선임된 법인에 이사회 소집을 요구할 수 있다.
⑥ 국가나 지방자치단체는 임시이사가 선임된 학교법인 중 재정이 열악한 학교법인의 최소한의 이사회 운영경비, 사무직원 인건비 및 학교법인의 정상화를 위하여 소요되는 대통령령으로 정하는 소송비용을 지원할 수 있다.

제25조의3(임시이사가 선임된 학교법인의 정상화) ① 관할청은 제20조에도 불구하고 제25조에 따라 선임된 임시이사의 선임 사유가 해소되었다고

인정할 때에는 조정위원회의 심의를 거쳐 지체 없이 임시이사를 해임하고 이사를 선임하여야 한다.
② 임시이사가 선임된 학교법인은 매년 1회 이상 조정위원회에 정상화 추진 실적을 보고하여야 한다.
③ 조정위원회는 제2항의 추진 실적을 평가하여 해당 학교법인의 임시이사 해임 및 정상화 여부에 관한 사항을 관할청에 통보한다.

제28조(재산의 관리 및 보호) ① 학교법인이 그 기본재산에 대하여 매도·증여·교환·용도변경하거나 담보로 제공하려는 경우 또는 의무를 부담하거나 권리를 포기하려는 경우에는 관할청의 허가를 받아야 한다. 다만, 대통령령으로 정하는 경미한 사항은 관할청에 신고하여야 한다.
② 학교교육에 직접 사용되는 학교법인의 재산 중 대통령령으로 정하는 것은 매도하거나 담보로 제공할 수 없다.
③ 「초·중등교육법」 제10조 및 「고등교육법」 제11조에 따른 수업료와 그 밖의 납부금(입학금 또는 학교운영지원비를 말한다. 이하 같다)을 받을 권리와 제29조제2항에 따라 별도 계좌로 관리되는 수입에 대한 예금채권은 압류할 수 없다.
④ 관할청은 제1항 단서에 따른 신고를 받은 경우 그 내용을 검토하여 이 법에 적합하면 신고를 수리하여야 한다.
⑤ 학교법인은 기본재산에 관한 소송절차가 개시된 때와 완결된 때에는 대통령령으로 정하는 바에 따라 그 사실을 관할청에 신고하여야 한다.

제29조(회계의 구분 등) ① 학교법인의 회계는 그가 설치·경영하는 학교에 속하는 회계와 법인의 업무에 속하는 회계로 구분한다.
② 제1항에 따른 학교에 속하는 회계는 교비회계(校費會計)와 부속병원회계(부속병원이 있는 경우로 한정한다)로 구분할 수 있고, 교비회계는 등록금회계와 비등록금회계로 구분하며, 각 회계의 세입·세출에 관한 사항은 대통령령으로 정하되 학교가 받은 기부금 및 수업료와 그 밖의 납부금은 교비회계의 수입으로 하여 별도 계좌로 관리하여야 한다.
③ 제1항에 따른 법인의 업무에 속하는 회계는 일반업무회계와 제6조에 따른 수익사업회계로 구분할 수 있다.

사립학교법

④ 제2항에 따른 학교에 속하는 회계의 예산은 해당 학교의 장이 편성하고, 다음 각 호의 구분에 따른 절차에 따라 확정·집행한다.
1. 대학교육기관: 대학평의원회에 자문 및 「고등교육법」 제11조제3항에 따른 등록금심의위원회(이하 "등록금심의위원회"라 한다)의 심사·의결을 거친 후 이사회의 심사·의결로 확정하고 학교의 장이 집행한다.
2. 「초·중등교육법」 제2조에 따른 학교: 학교운영위원회의 심의를 거친 후 이사회의 심사·의결로 확정하고 학교의 장이 집행한다.
3. 유치원: 「유아교육법」 제19조의3에 따른 유치원운영위원회에 자문을 거친 후 학교의 장이 집행한다. 다만, 유치원운영위원회를 두지 아니한 경우에는 학교의 장이 집행한다.
⑤ 삭제
⑥ 제2항에 따른 교비회계에 속하는 수입이나 재산은 다른 회계로 전출(轉出)·대여하거나 목적 외로 부정하게 사용할 수 없다. 다만, 다음 각 호의 어느 하나에 해당하는 경우에는 그러하지 아니하다.
1. 차입금의 원리금을 상환하는 경우
2. 공공 또는 교육·연구의 목적으로 교육용 기본재산을 국가, 지방자치단체 또는 연구기관에 무상으로 귀속하는 경우. 다만, 대통령령으로 정하는 기준을 충족하는 경우로 한정한다.
⑦ 삭제

제34조(해산 사유) ① 학교법인은 다음 각 호의 어느 하나에 해당하는 사유로 해산한다.
1. 정관으로 정한 해산 사유의 발생
2. 목적 달성의 불가능
3. 다른 학교법인과의 합병
4. 파산
5. 제47조에 따른 교육부장관의 해산명령
② 제1항제2호의 사유로 인한 해산은 이사 정수의 3분의 2 이상의 동의를 받아 교육부장관의 인가를 받아야 한다.
제35조(잔여재산의 귀속) ① 학교법인이 정관에 해산에 따른 잔여재산(殘餘

財産)의 귀속자에 관한 규정을 두려는 경우 그 귀속자는 학교법인이나 그 밖에 교육사업을 경영하는 자 중에서 선정되도록 하여야 한다.
② 해산한 학교법인의 잔여재산은 합병 및 파산의 경우를 제외하고는 교육부장관에게 청산종결을 신고한 때에 제1항에 따라 정관으로 지정한 자에게 귀속된다.
③ 제1항 및 제2항에도 불구하고 학교법인의 임원 또는 해당 학교법인이 설립한 사립학교를 경영하는 자 등이 이 법 또는 교육 관계 법령을 위반하여 해당 학교법인이 관할청으로부터 회수 등 재정적 보전(補塡)을 필요로 하는 시정요구를 받았으나 이를 이행하지 아니하고 해산되는 경우 정관으로 지정한 자가 다음 각 호의 어느 하나에 해당하는 경우에는 그 지정이 없는 것으로 본다.
1. 해산한 학교법인의 설립자나 임원 또는 이들과 「민법」 제777조의 친족관계인 사람이 학교법인 해산일을 기준으로 10년 이내의 기간 중 정관으로 지정한 자 또는 정관으로 지정한 자가 설립한 사립학교의 다음 각 목의 어느 하나에 해당하는 보직에 있거나 있었던 경우
   가. 대표자
   나. 임원
   다. 대학(「고등교육법」 제2조 각 호의 학교를 말한다)의 총장 또는 부총장
   라. 초등학교·중학교·고등학교(「초·중등교육법」 제2조 각 호의 학교를 말한다)의 교장 또는 교감
   마. 「유아교육법」 제2조제2호에 따른 유치원의 원장 또는 원감
2. 정관으로 지정한 자의 임원 또는 정관으로 지정한 자가 설립한 사립학교를 경영하는 자 등이 이 법 또는 교육 관계 법령을 위반하여 정관으로 지정한 자가 관할청으로부터 회수 등 재정적 보전을 필요로 하는 시정요구를 받았으나 이를 이행하지 아니한 경우
④ 제2항 및 제3항에 따라 처분되지 아니한 재산 중 대학교육기관을 설치·경영하는 학교법인의 재산은 「한국사학진흥재단법」 제17조제2항에 따른 사학진흥기금의 청산지원계정(이하 "청산지원계정"이라 한다)에 귀속되고, 제4조제1항제1호에 따른 학교를 설치·경영하는 학교법인의 재산은 해당 지방자치단체에 귀속된다.

⑤ 지방자치단체는 제4항에 따라 지방자치단체에 귀속된 재산을 사립학교 교육의 지원을 위하여 다른 학교법인에 양여·무상대부 또는 보조금으로 지급하거나 그 밖의 교육사업에 사용한다.
⑥ 제4항에 따라 청산지원계정에 귀속된 재산은 「한국사학진흥재단법」에 따른 한국사학진흥재단이 관리하고, 지방자치단체에 귀속된 재산은 해당 시·도 교육감이 관리하되, 제5항에 따른 처분을 할 때에는 시·도 교육감은 교육부장관의 동의를 미리 받아야 한다.

제36조(합병 절차) ① 학교법인이 다른 학교법인과 합병하려는 경우에는 이사 정수의 3분의 2 이상의 동의가 있어야 한다.
② 제1항에 따른 합병은 교육부장관의 인가를 받아야 한다.
③ 제2항에 따른 인가를 받으려면 그 인가신청서에 합병 후 존속하는 학교법인 또는 합병으로 설립되는 학교법인의 정관과 그 밖에 대통령령으로 정하는 서류를 첨부하여야 한다.

제37조(합병 절차) ① 학교법인은 제36조제2항의 인가를 받았을 때에는 그 인가 통지를 받은 날부터 15일 이내에 재산목록과 재무상태표를 작성하여야 한다.
② 학교법인은 제1항의 기간 내에 그 채권자에 대하여 이의가 있으면 일정한 기간 내에 이의를 제기할 것을 공고하고, 알고 있는 채권자에게는 각각 이를 최고(催告)하여야 한다. 이 경우 이의제기 기간은 2개월 이상이어야 한다.

제40조(합병의 효과) 합병 후 존속하는 학교법인 또는 합병으로 설립된 학교법인은 합병으로 소멸된 학교법인의 권리·의무(그 학교법인이 그가 경영하는 사업에 관하여 교육부장관의 인가나 그 밖의 처분으로 인하여 가지는 권리·의무를 포함한다)를 승계한다.

제47조(해산명령) ① 교육부장관은 학교법인에 다음 각 호의 어느 하나에 해당하는 사유가 있다고 인정할 때에는 해당 학교법인에 해산을 명할 수 있다.
1. 설립허가 조건을 위반하였을 때
2. 목적 달성이 불가능할 때
② 제1항에 따른 학교법인의 해산명령은 다른 방법으로는 감독의 목적을

달성할 수 없을 때 또는 관할청이 시정을 지시한 후 6개월이 지나도 이에 따르지 아니하였을 때에만 한다.

제47조의2(청문) 교육부장관은 제47조에 따라 학교법인의 해산을 명하려는 경우에는 청문을 하여야 한다.

제52조(자격) 사립학교 교원의 자격에 관하여는 국립학교·공립학교의 교원의 자격에 관한 규정에 따른다.

제56조(의사에 반한 휴직·면직 등의 금지) ① 사립학교 교원은 형(刑)의 선고, 징계처분 또는 이 법에서 정하는 사유에 의하지 아니하고는 본인의 의사에 반하여 휴직이나 면직 등 불리한 처분을 받지 아니한다. 다만, 학급이나 학과의 개편 또는 폐지로 인하여 직책이 없어지거나 정원이 초과된 경우에는 그러하지 아니하다.
② 사립학교 교원은 권고에 의하여 사직을 당하지 아니한다.

제58조의2(직위의 해제) ① 사립학교 교원이 다음 각 호의 어느 하나에 해당하는 경우에는 그 교원의 임용권자는 직위를 부여하지 아니할 수 있다.
1. 직무수행능력이 부족하거나 근무성적이 매우 불량하거나 교원으로서 근무태도가 매우 불성실한 경우
2. 징계의결이 요구 중인 경우
3. 형사사건으로 기소된 경우(약식명령이 청구된 경우는 제외한다)
4. 금품비위, 성범죄 등 대통령령으로 정하는 비위행위로 인하여 감사원 및 검찰·경찰 등 수사기관에서 조사나 수사 중인 경우로서 비위의 정도가 중대하고 이로 인하여 정상적인 업무수행을 기대하기 현저히 어려운 경우
② 제1항에 따라 직위를 부여하지 아니한 경우에 그 사유가 소멸되면 임용권자는 지체 없이 직위를 부여하여야 한다.
③ 임용권자는 제1항제1호에 따라 직위해제된 사람에게 3개월 이내의 기간대기를 명한다.
④ 임용권자는 제3항에 따라 대기명령을 받은 사람에게 능력 회복이나 태도 개선을 위한 연수 또는 특별한 연구과제의 부과 등 필요한 조치를 하여야 한다.

⑤ 사립학교 교원에게 제1항제1호와 같은 항 제2호·제3호 또는 제4호의 직위해제 사유가 함께 있는 경우에는 같은 항 제2호·제3호 또는 제4호를 사유로 직위해제 처분을 하여야 한다.

제61조(징계의 사유 및 종류) ① 사립학교 교원이 다음 각 호의 어느 하나에 해당할 때에는 해당 교원의 임용권자는 징계의결을 요구하여야 하고, 징계의결의 결과에 따라 징계처분을 하여야 한다.
1. 이 법과 그 밖의 교육 관계 법령을 위반하여 교원의 본분에 어긋나는 행위를 하였을 때
2. 직무상의 의무를 위반하거나 직무를 게을리하였을 때
3. 직무 관련 여부에 상관없이 교원으로서의 품위를 손상하는 행위를 하였을 때

② 징계는 파면, 해임, 강등, 정직, 감봉, 견책으로 한다.
③ 강등은 동종의 직무 내에서 하위의 직위에 임명하고, 신분은 보유하나 3개월간 직무에 종사하지 못하며 그 기간 중 보수의 전액을 감한다. 다만, 「고등교육법」제14조에 해당하는 교원 및 조교에 대하여는 강등을 적용하지 아니한다.
④ 정직은 1개월 이상 3개월 이하의 기간으로 하고, 정직처분을 받은 사람은 그 기간 중 교원의 신분은 보유하나 직무에 종사할 수 없으며 보수의 전액을 감한다.
⑤ 감봉은 1개월 이상 3개월 이하의 기간으로 하고, 보수의 3분의 1을 감한다.
⑥ 견책은 전과(前過)에 대하여 훈계하고 뉘우치게 한다.

제66조(징계의결) ① 교원징계위원회는 제61조제1항 각 호의 어느 하나에 해당하는 행위의 유형, 정도 및 징계의결이 요구된 교원의 근무태도 등을 고려하여 대통령령으로 정하는 징계기준 및 징계의 감경기준 등에 따라 징계의결을 하여야 한다.
② 교원징계위원회는 징계사건을 심의한 결과 징계를 의결하였을 때에는 주문(主文)과 이유를 적은 징계의결서를 작성하여 임용권자 및 관할청에 보내어 알려야 한다.
③ 제1항의 징계의결은 재적위원 3분의 2 이상의 출석과 재적위원 과반

수의 찬성으로 하여야 한다.

④ 임용권자가 제2항의 징계의결서를 받았을 때에는 제66조의2제2항에 따라 재심의를 요구받은 경우를 제외하고는 징계의결서를 받은 날부터 15일 이내에 그 의결 내용에 따라 징계처분을 하여야 한다. 이 경우 임용권자는 징계처분의 사유를 적은 결정서를 해당 교원에게 교부하여야 한다.

⑤ 임용권자는 「성폭력범죄의 처벌 등에 관한 특례법」제2조에 따른 성폭력범죄 및 「양성평등기본법」제3조제2호에 따른 성희롱에 해당하는 사유로 제4항에 따라 징계처분의 사유를 적은 결정서를 교부할 때에는 피해자가 요청하는 경우 그 징계처분 결과를 피해자에게 함께 통보하여야 한다.

제66조의3(감사원 조사와의 관계 등) ① 감사원, 검찰·경찰, 그 밖의 수사기관은 사립학교 교원에 대한 조사나 수사를 시작하였을 때와 마쳤을 때에는 10일 이내에 해당 교원의 임용권자에게 그 사실을 통보하여야 한다.

② 감사원에서 조사 중인 사건에 대해서는 제1항에 따른 조사 개시 통보를 받은 날부터 징계의결의 요구나 그 밖의 징계 절차를 진행할 수 없다.

③ 검찰·경찰, 그 밖의 수사기관에서 수사 중인 사건에 대해서는 제1항에 따른 수사 개시 통보를 받은 날부터 징계의결의 요구나 그 밖의 징계 절차를 진행하지 아니할 수 있다.

제66조의4(징계 사유의 시효) ① 사립학교 교원의 임용권자는 징계 사유가 발생한 날부터 3년이 지난 경우에는 제64조에 따른 징계의결을 요구할 수 없다. 다만, 징계 사유가 「국가공무원법」제78조의2제1항 각 호의 어느 하나에 해당하는 경우에는 그 징계 사유가 발생한 날부터 5년 이내에, 「국가공무원법」제83조의2제1항제1호 각 목 및 「교육공무원법」제52조제5호의 어느 하나에 해당하는 경우에는 그 징계 사유가 발생한 날부터 10년 이내에 징계의결을 요구할 수 있다.

② 제66조의3제2항 또는 제3항에 따라 징계 절차를 진행하지 못하여 제1항의 기간이 지나거나 그 남은 기간이 1개월 미만인 경우에는 제1항의 기간은 제66조의3제1항에 따른 조사나 수사의 종료 통보를 받은 날부터 1개월이 지난 날에 끝나는 것으로 본다.

③ 징계위원회의 구성, 징계의결, 그 밖에 절차상의 하자나 징계양정의 과다를 이유로 「교원의 지위 향상 및 교육활동 보호를 위한 특별법」에 따른 교원소청심사위원회 또는 법원에서 징계처분의 무효 또는 취소의 결정이나 판결을 하였을 때에는 제1항의 기간이 지나거나 그 남은 기간이 3개월 미만인 경우에도 그 결정 또는 판결이 확정된 날부터 3개월 이내에 다시 징계의결을 요구할 수 있다.

5. 고등교육법(일부 발췌)

[시행 2024. 8. 14.] [법률 제20250호, 2024. 2. 13., 일부개정]

제1장 총칙

제1조(목적) 이 법은 「교육기본법」 제9조에 따라 고등교육에 관한 사항을 정함을 목적으로 한다.

제2조(학교의 종류) 고등교육을 실시하기 위하여 다음 각 호의 학교를 둔다.
   1. 대학
   2. 산업대학
   3. 교육대학
   4. 전문대학
   5. 방송대학·통신대학·방송통신대학 및 사이버대학(이하 "원격대학"이라 한다)
   6. 기술대학
   7. 각종학교

제3조(국립·공립·사립 학교의 구분) 제2조 각 호의 학교(이하 "학교"라 한다)는 국가가 설립·경영하거나 국가가 국립대학 법인으로 설립하는 국립학교, 지방자치단체가 설립·경영하는 공립학교(설립주체에 따라 시립학교·도립학교로 구분할 수 있다), 학교법인이 설립·경영하는 사립학교로 구분한다.

제4조(학교의 설립 등) ① 학교를 설립하려는 자는 시설·설비 등 대통령령으로 정하는 설립기준을 갖추어야 한다.
② 국가 외의 자가 학교를 설립하려는 경우에는 교육부장관의 인가를 받아야 한다.
③ 공립학교나 사립학교의 설립자·경영자가 학교를 폐지하거나 대통령령으로 정하는 중요 사항을 변경하려는 경우에는 교육부장관의 인가를 받아야 한다.

제5조(지도·감독) ① 학교는 교육부장관의 지도(指導)·감독을 받는다.
② 교육부장관은 학교를 지도·감독하기 위하여 필요하면 대통령령으로 정하는 바에 따라 학교의 장에게 관련 자료를 제출하도록 요구할 수 있다.

제6조(학교규칙) ① 학교의 장(학교를 설립하는 경우에는 해당 학교를 설립하려는 자를 말한다)은 법령의 범위에서 학교규칙(이하 "학칙"이라 한다)을 제정하거나 개정할 수 있다.
② 학칙의 기재사항, 제정 및 개정 절차 등 필요한 사항은 대통령령으로 정한다.

제7조(교육재정)부터 제13조(학생의 징계)까지 생략

　　제2절 교직원

제14조(교직원의 구분) ① 학교(각종학교는 제외한다. 이하 이 조에서 같다)에는 학교의 장으로서 총장 또는 학장을 둔다.
② 학교에 두는 교원은 제1항에 따른 총장이나 학장 외에 교수·부교수·조교수 및 강사로 구분한다.
③ 학교에는 학교운영에 필요한 행정직원 등 직원과 조교를 둔다.
④ 각종학교에는 제1항부터 제3항까지의 규정에 준하여 필요한 교원, 직원 및 조교(이하 "교직원"이라 한다)를 둔다.

제14조의2(강사) ① 제14조제2항에 따른 강사는 대통령령으로 정하는 임용기준과 절차, 교수시간에 따라 임용기간, 임금 등 대통령령으로 정하는 사항을 포함한 근무조건을 정하여 서면계약으로 임용하며, 임용기간은 1년 이상으로 하여야 한다. 다만, 다음 각 호의 어느 하나에 해당하는 경우에는 1년 미만으로 임용할 수 있다.
1. 원격대학(사이버대학은 제외한다)의 강사로서 교육과정 또는 수업의 효율적 운영을 위하여 필요한 경우
2. 학기 중에 발생한 교원의 6개월 미만의 병가·출산휴가·휴직·파견·징계·연구년(6개월 이하) 또는 교원의 직위해제·퇴직·면직으로 학기 잔여기간에 대하여 긴급하게 대체할 강사가 필요한 경우

② 강사는 「교육공무원법」, 「사립학교법」 및 「사립학교교직원 연금법」을 적용할 때에는 교원으로 보지 아니한다. 다만, 국립·공립 및 사립 학교 강사의 임용·신분보장 등에 관하여는 다음 각 호의 규정을 각각 준용한다.
1. 국립·공립 학교의 강사에 대하여는 다음 각 목의 규정
   가. 「교육공무원법」 제5조제1항, 제10조, 제10조의3제1항 각 호 외의 부분 본문, 제11조의4제7항, 제23조, 제23조의2, 제25조제2항, 제26조, 제43조, 제47조제1항 단서 및 제48조. 이 경우 「교육공무원법」 제10조의3제1항 각 호 외의 부분 본문 중 "파면·해임"은 "면직"으로 보고, 같은 법 제25조제2항 본문 중 "제1항의 교육공무원을 임용제청할 때에는"은 "제26조에 따라 강사를 임용할 때에는"으로 보며, 같은 법 제26조제1항 중 "조교"는 "강사"로 보고, 같은 법 제43조제2항 중 "징계처분"은 "임용계약에서 정한 사유"로 본다.
   나. 「국가공무원법」 제33조 및 제69조제1호
2. 사립학교의 강사에 대하여는 다음 각 목의 규정
   가. 「사립학교법」 제23조제2항·제3항, 제53조의2제1항·제2항·제9항, 제53조의4제1항, 제54조, 제54조의3제6항 본문, 제56조 및 제60조. 이 경우 「사립학교법」 제54조의3제6항 본문 중 "파면·해임"은 "면직"으로 보며, 같은 법 제56조제1항 본문 중 "징계처분"은 "임용계약에서 정한 사유"로 본다.
   나. 「국가공무원법」 제33조 및 제69조제1호
③ 제1항 및 제2항에서 정한 사항 외에 강사의 임용·재임용 절차(신규임용을 포함하여 3년까지 재임용 절차를 보장하고 그 이후는 신규임용 또는 재임용 등의 절차를 진행한다) 및 그 밖에 필요한 사항은 대통령령으로 정하는 기준에 따라 학칙 또는 학교법인의 정관으로 정한다.
④ 강사에게는 방학기간 중에도 임금을 지급한다. 이 경우 임금수준 등 구체적인 사항은 임용계약으로 정한다.
⑤ 강사에게는 「교원의 지위 향상 및 교육활동 보호를 위한 특별법」을 적용한다.

제15조(교직원의 임무) ① 총장 또는 학장은 교무(校務)를 총괄하고, 소속 교직원을 감독하며, 학생을 지도한다.

② 교원은 학생을 교육·지도하고 학문을 연구하되, 필요한 경우 학칙 또는 정관으로 정하는 바에 따라 교육·지도, 학문연구 또는 「산업교육진흥 및 산학연협력촉진에 관한 법률」 제2조제6호에 따른 산학연협력만을 전담할 수 있다.
③ 행정직원 등 직원은 학교의 행정사무와 그 밖의 사무를 담당한다.
④ 조교는 교육·연구 및 학사에 관한 사무를 보조한다.

제16조(교원·조교의 자격기준 등) 교원이나 조교가 될 수 있는 사람의 자격기준과 자격인정에 관한 사항은 대통령령으로 정한다.

제17조(겸임교원 등) ① 학교에는 대통령령으로 정하는 바에 따라 제14조제2항의 교원 외에 명예교수·겸임교원 및 초빙교원 등을 두어 교육이나 연구를 담당하게 할 수 있다.
② 겸임교원 및 초빙교원 등(이하 "겸임교원등"이라 한다)에게는 제14조의2제1항·제2항(「교육공무원법」 제11조의4제7항 및 「사립학교법」 제53조의2제9항은 제외한다)을 준용한다. 이 경우 "강사"는 "겸임교원등"으로 본다.
③ 제2항에도 불구하고 다음 각 호의 어느 하나에 해당하는 경우에는 겸임교원등을 1년 미만으로 임용할 수 있다.
1. 학교 외의 기관에서 발주하는 1년 미만의 연구 또는 산학협력에의 참여를 위하여 겸임교원등을 임용하는 경우
2. 교육과정 또는 수업의 효율적 운영을 위하여 국가 또는 지방자치단체(제3조에 따른 국립학교 및 공립학교는 제외한다) 및 「공공기관의 운영에 관한 법률」 제4조에 따른 공공기관에 정규직으로 근무하는 사람을 겸임교원등으로 임용하는 경우

제18조(학교의 명칭)부터 제59조(각종학교)까지 생략

제4장 보칙 및 벌칙

제60조(시정 또는 변경 명령 등) ① 교육부장관은 학교가 시설, 설비, 수업, 학사(學事), 그 밖의 사항에 관하여 교육 관계 법령 또는 이에 따른 명령이나 학칙을 위반하면 기간을 정하여 학교의 설립자·경영자 또는 학교의

장에게 그 시정이나 변경을 명할 수 있다.

② 교육부장관은 제1항에 따른 시정 또는 변경 명령을 받은 자가 정당한 사유 없이 지정된 기간에 이를 이행하지 아니하면 대통령령으로 정하는 바에 따라 그 위반행위를 취소 또는 정지하거나 그 학교의 학생정원 감축, 학과 폐지 또는 학생 모집정지 등의 조치를 할 수 있다.

③ 교육부장관은 위반행위가 이미 종료되는 등 위반행위의 성질상 시정·변경할 수 없는 것이 명백한 경우에는 제1항에 따른 시정 또는 변경 명령을 하지 아니하고 제2항에 따른 조치를 할 수 있다.

제61조(휴업 및 휴교 명령) ① 교육부장관은 재해 등의 긴급한 사유로 정상수업이 불가능하다고 인정하면 학교의 장에게 휴업을 명할 수 있다.

② 제1항에 따른 명령을 받은 학교의 장은 지체 없이 휴업을 하여야 한다.

③ 교육부장관은 학교의 장이 제1항에 따른 명령에도 불구하고 휴업을 하지 아니하거나 특별히 긴급한 사유가 있는 경우에는 휴교처분을 할 수 있다.

④ 제1항과 제2항에 따라 휴업한 학교는 휴업기간 중 수업과 학생의 등교가 정지되며, 제3항에 따라 휴교한 학교는 휴교기간 중 단순한 관리 업무 외에는 학교의 모든 기능이 정지된다.

제62조(학교 등의 폐쇄) ① 교육부장관은 학교가 다음 각 호의 어느 하나에 해당하여 정상적인 학사운영이 불가능한 경우에는 해당 학교의 학교법인에 대하여 학교의 폐쇄를 명할 수 있다.

1. 학교의 장이나 설립자·경영자가 고의나 중대한 과실(過失)로 이 법 또는 이 법에 따른 명령을 위반한 경우
2. 학교의 장이나 설립자·경영자가 같은 사유로 이 법 또는 그 밖의 교육 관계 법령에 따른 교육부장관의 명령을 3회 이상 위반한 경우
3. 휴가기간을 제외하고 계속하여 3개월 이상 수업을 하지 아니한 경우

② 교육부장관은 제4조제2항에 따른 학교설립인가나 제24조에 따른 분교 설치인가를 받지 아니하고 학교의 명칭을 사용하거나 학생을 모집하여 시설을 사실상 학교의 형태로 운영하는 자에게는 그 시설의 폐쇄를 명할 수 있다.

제63조(청문) 교육부장관은 제62조에 따라 학교나 시설 등의 폐쇄를 명하려면 청문을 하여야 한다.

제64조(벌칙) ① 제34조제9항을 위반하여 시험문제가 공개되기 전에 그 시험문제의 전부 또는 일부를 유출하거나 유포한 자는 5년 이하의 징역 또는 5천만원 이하의 벌금에 처한다.
② 다음 각 호의 어느 하나에 해당하는 자는 3년 이하의 징역 또는 3천만원 이하의 벌금에 처한다.
1. 제4조제2항에 따른 학교설립인가나 제24조에 따른 분교설치인가를 받지 아니하고 학교의 명칭을 사용하거나 학생을 모집하여 시설을 사실상 학교의 형태로 운영하는 자
2. 제4조제3항을 위반하여 폐지인가나 변경인가를 받지 아니한 자
3. 거짓이나 그 밖의 부정한 방법으로 제4조제2항에 따른 학교의 설립인가나 제4조제3항에 따른 폐지인가 또는 변경인가를 받거나 제24조에 따른 분교설치인가를 받은 자
③ 다음 각 호의 어느 하나에 해당하는 자는 1년 이하의 징역 또는 1천만원 이하의 벌금에 처한다.
1. 제33조와 제57조에 해당되지 아니한 사람에게 입학을 허가한 자
2. 제35조제1항(제59조제4항에서 준용하는 경우를 포함한다)부터 제4항까지, 제50조제1항(제59조제4항에서 준용하는 경우를 포함한다), 제54조제1항·제2항 또는 제58조제1항·제2항을 위반하여 학위를 수여한 자
3. 제60조제1항에 따른 시정 명령이나 변경 명령을 위반한 자
4. 제62조제1항에 따른 학교 폐쇄 명령을 위반한 자

제64조의2(벌칙 적용 시의 공무원 의제) 입학사정관 및 이를 감독하는 자는 「형법」 제129조부터 제132조까지의 규정을 적용할 때에는 공무원으로 본다.

6. 사립대학의 구조개선 지원에 관한 법률안(전문)

(의안번호 제2123877호, 문정복 의원 대표발의)
(제21대 국회 임기만료로 폐기되었음에 유의)[208]

제1장 총칙

제1조(목적) 이 법은 학령인구 감소로 인하여 위기를 겪고 있는 학교법인 및 사립대학의 회생을 위한 구조개선, 해산 및 청산을 체계적이고 안정적으로 관리하고 지원함으로써 학생, 교직원 등 대학의 구성원을 보호하고 대학의 건전한 발전과 고등교육의 경쟁력 강화에 이바지하는 것을 목적으로 한다.

제2조(정의) 이 법에서 사용하는 용어의 정의는 다음과 같다.
  1. "학교법인"이란 「사립학교법」 제2조제2호에 따른 학교법인으로서 「고등교육법」 제2조 각 호의 어느 하나에 해당하는 학교(이하 "대학"이라 한다)를 하나 이상 설립·경영하는 법인을 말한다.
  2. "사립대학"이란 학교법인이 설립·경영하는 대학을 말한다.
  3. "경영위기대학"이란 학생 충원율 감소 등의 사유로 재정결손이 발생하여 제7조에 따른 재정진단 결과 구조개선이 필요하다고 인정하여 제8조에 따라 전담기관의 장이 지정한 대학을 말한다.
  4. "교육사업양도"란 학교법인이 설립·경영하는 대학의 전부 또는 일부를 유상 또는 무상으로 다른 학교법인(학교법인을 설립하려는 자를 포함한다)이나 「고등교육법」 제3조에 따른 국립학교 또는 공립학교로 이전하는 것(신설하는 경우를 포함한다)을 말한다.
  5. "사립대학의 통·폐합"이란 학교법인이 설립·경영하는 사립대학의 전부 또는 일부가 합병, 교육사업양도, 그 밖에 대통령령으로 정하는 경우에 의하여 다른 학교에 흡수되거나 서로 통합하여 새로운 대학이 신설

---

208) 지난 21대 국회 임기만료로 폐기된 법률안이지만 이와 유사한 내용의 입법안들이 각 여야 의원들에 의해 대표발의된 바 있으므로 제22대 국회에서 재추진될 가능성이 높다고 보아서 소개한다.

되는 것을 말한다.
제3조(다른 법률과의 관계) 이 법에서 학교법인 또는 사립대학의 구조개선에 대하여 정한 것을 제외하고는 「고등교육법」, 「사립학교법」 등 교육 관련 법령과 그 밖의 관계 법령에 따른다.

제2장 사학구조개선심의위원회

제4조(사학구조개선심의위원회의 설치 및 기능) 학교법인과 사립대학의 구조개선에 관한 다음 각 호의 사항을 심의하기 위하여 전담기관에 사학구조개선심의위원회(이하 "위원회"라 한다)를 둔다.
  1. 제7조에 따른 재정진단에 관한 사항
  2. 제8조에 따른 경영위기대학의 지정 및 지정 해제에 관한 사항
  3. 제9조제1항에 따른 구조개선 이행계획의 승인에 관한 사항
  4. 제9조제4항에 따른 구조개선 명령에 관한 사항
  5. 제11조에 따른 자율 개선의 권고에 관한 사항
  6. 제16조에 따른 폐교 또는 해산의 인가에 관한 사항
  7. 제21조에 따른 폐교대학 특별지원지역의 지정에 관한 사항
  8. 그 밖에 사립대학 구조개선의 추진을 위하여 위원장이 부의하는 사항

제5조(위원회의 구성 및 운영) ① 위원회는 위원장을 포함한 12인 이내의 위원으로 구성한다.
  ② 위원은 다음 각 호에 해당하는 자를 각각 1인 이상 포함하여 국회의 추천을 받아 전담기관의 장이 위촉하며, 위원장은 위원 중에서 호선한다.
  1. 대학의 총장·학장 또는 대학 경영에 10년 이상 관여한 경력이 있는 사람
  2. 판사·검사·군법무관 또는 변호사로 10년 이상 재직한 사람
  3. 공인회계사로서 회계업무 경력이 10년 이상인 사람
  4. 대학에서 부교수 이상의 직에 종사하는 사람으로서 교육 경력이 10년 이상인 사람
  5. 고등교육 분야의 행정 또는 연구자로서 10년 이상 경력이 있는 사람

6. 고등교육 정책 업무를 담당하는 교육부 소속 고위공무원단 소속 공무원

7. 「한국대학교육협의회법」 제2조제1항에 따른 한국대학교육협의회의 회장 또는 회장이 지명하는 사람

8. 「한국전문대학교육협의회법」 제2조제1항에 따른 한국전문대학교육협의회의 회장 또는 회장이 지명하는 사람

9. 그 밖에 제1호부터 제8호까지의 규정에 해당하는 자에 상당하는 고등교육 관련 전문지식 및 경험이 풍부한 사람

③ 제2항제6호의 위원을 제외한 위원의 임기는 2년으로 하되 1차에 한하여 연임할 수 있다.

④ 위원회의 회의는 재적위원 과반수의 출석으로 개의하고, 출석위원 과반수의 찬성으로 의결한다.

⑤ 위원회는 심의에 필요한 경우 안건과 관련된 관계기관 또는 단체에 자료의 제출을 요구하거나 의견을 청취할 수 있다.

⑥ 그 밖에 위원회의 구성·운영 등에 필요한 사항은 대통령령으로 정한다.

제6조(구조개선 전담기관 지정 등) ① 교육부장관은 사립대학과 학교법인의 구조개선을 효율적으로 추진하기 위하여 「한국사학진흥재단법」에 따른 한국사학진흥재단을 구조개선 지원 및 관리 업무의 전담기관(이하 "전담기관"이라 한다)으로 지정할 수 있다.

② 전담기관은 다음 각 호의 업무를 수행한다.

1. 제4조에 따른 위원회 운영의 지원
2. 제7조에 따른 재정진단 및 실태조사의 지원
3. 제10조에 따른 구조개선 이행실적 점검의 지원
4. 제12조에 따른 경영자문의 제공 및 지원
5. 제19조에 따른 해산된 학교법인 및 폐교대학에 대한 청산 지원
6. 그 밖에 사립대학 구조개선 지원 및 관리를 위하여 교육부장관이 위탁하는 사항

③ 전담기관의 임·직원이나 그 직(職)에 있었던 사람은 직무상 알게 된 비밀을 누설하거나 다른 용도로 사용하여서는 아니 된다.

④ 그 밖에 전담기관의 운영 등에 필요한 사항은 대통령령으로 정한다.

제3장 재정진단 및 구조개선 조치

제7조(재정진단의 실시) ① 전담기관의 장은 학교법인과 사립대학의 재무상태를 파악하기 위하여 매년 재정진단(이하 "재정진단"이라 한다)을 실시할 수 있다. 다만, 제9조에 따라 구조개선 조치를 이행하고 있는 사립대학의 경우에는 그 이행 기간 동안 재정진단을 유예할 수 있다.

② 전담기관의 장은 재정진단 결과 학교법인과 사립대학의 구조개선을 위하여 필요하다고 인정하는 경우에는 학교법인과 사립대학의 운영에 관한 실태조사(이하 "실태조사"라 한다)를 수행할 수 있다.

③ 재정진단 및 실태조사의 세부기준, 내용 및 절차 등에 관하여 필요한 사항은 대통령령으로 정한다.

제8조(경영위기대학의 지정 및 해제) ① 전담기관의 장은 재정진단 또는 실태조사를 수행한 결과 구조개선이 필요하다고 인정되는 사립대학을 위원회의 심의를 거쳐 경영위기대학으로 지정할 수 있다.

② 전담기관의 장은 제1항에 따라 경영위기대학을 지정하는 경우 지체 없이 그 사실을 해당 학교법인 및 사립대학의 장에게 통지하여야 한다.

③ 전담기관의 장은 제9조제1항에 따른 구조개선이행계획 또는 같은 조 제4항에 따른 구조개선 명령에 따라 경영위기대학의 구조개선 조치가 완료되었다고 인정되는 경우에는 위원회의 심의를 거쳐 해당 사립대학에 대하여 경영위기대학의 지정을 해제할 수 있다.

④ 경영위기대학으로 지정된 사립대학 및 학교법인의 장은 제3항에 따른 지정의 해제를 신청할 수 있다.

⑤ 제1항에 따른 지정, 제2항에 따른 통지, 제3항에 따른 지정의 해제 및 제4항에 따른 신청의 절차와 그 밖에 필요한 사항은 대통령령으로 정한다.

제9조(구조개선 조치 등) ① 전담기관의 장은 재정위험의 원인과 그 수준을 고려한 구조개선 조치를 위하여 경영위기대학을 운영하는 학교법인에 대하여 다음 각 호의 어느 하나에 해당하는 사항을 포함하는 구조개선이행계획(이하 "구조개선이행계획"이라 한다)의 수립·제출을 요구할 수 있다.

1. 보유자산의 활용·처분, 재정기여자 유치 등 재무구조의 개선

2. 학부·학과의 통·폐합
3. 사립대학의 통·폐합
4. 사립대학의 폐교 또는 학교법인의 해산
5. 그 밖에 구조개선을 위하여 필요하다고 인정되는 조치

② 전담기관의 장은 위원회의 심의를 거쳐 제1항에 따라 제출된 구조개선이행계획을 승인할 수 있다.

③ 경영위기대학을 운영하는 학교법인은 경영환경 및 교육환경의 변화 등으로 불가피한 경우 구조개선이행계획의 변경을 요청할 수 있다. 이 경우 전담기관의 장은 위원회의 심의를 거쳐 구조개선이행계획의 변경을 승인할 수 있다.

④ 교육부장관은 경영위기대학 또는 해당 학교법인이 다음 각 호에 해당하는 경우에는 위원회의 심의를 통한 전담기관의 장의 요청에 따라 구조개선을 명할 수 있다.

1. 제10조제3항에 따른 시정명령을 한 날부터 6개월이 경과한 날까지 시정조치를 이행하지 아니한 경우
2. 제10조제3항에 따른 시정명령을 2회 이상 하였음에도 불구하고 이에 따르지 아니한 경우
3. 경영위기대학 중 재정위험수준이 한계에 임박하여 회생 가능성이 현저히 낮아 교육기관으로서의 목적달성이 불가능하다고 인정되는 사립대학으로서 위원회의 심의 결과 재적위원 3분의 2 이상의 동의를 얻은 경우

⑤ 제4항에 따른 구조개선 명령(이하 "구조개선명령"이라 한다)은 다음 각 호의 어느 하나에 해당하는 사항(수 개의 사항을 동시에 명령하는 경우를 포함한다)으로 한다.

1. 학생 모집의 정지
2. 사립대학의 폐교
3. 학교법인의 해산과 청산
4. 그 밖에 제1호부터 제3호까지에 준하는 조치로서 경영위기대학의 구조개선을 위하여 필요하다고 인정되는 조치

⑥ 위원회는 제4항에 따른 심의를 하는 경우 대통령령으로 정하는 바에 따라 사립대학의 장, 학교법인에 대한 재산 출연자 또는 그 밖의 이해

관계자의 의견을 청취하여야 한다.

⑦ 구조개선이행계획의 수립·제출·변경 및 구조개선명령의 절차와 그 밖에 필요한 사항은 대통령령으로 정한다.

제10조(구조개선 조치의 이행실적 보고 등) ① 경영위기대학을 운영하는 학교법인은 전담기관의 장에게 구조개선이행계획에 따른 구조개선 조치의 이행실적을 연간 2회 이상 보고하여야 한다.

② 전담기관의 장은 제1항에 따라 보고된 이행실적을 점검하여야 한다. 이 경우 경영위기대학 또는 해당 학교법인에 이행실적에 관한 자료의 제출을 요구하거나 관련 장부·서류 등을 검사할 수 있다.

③ 교육부장관은 제2항에 따른 점검 결과 필요한 경우에는 경영위기대학 또는 해당 학교법인에 시정을 명할 수 있다.

제11조(자율 개선의 권고) ① 전담기관의 장은 경영위기대학으로 지정받지 아니한 사립대학이나 학교법인에 대하여 재정진단 결과 재정개선 필요성이 인정되는 경우에는 위원회의 심의를 거쳐 해당 사립대학 및 학교법인에 자율 개선 조치를 권고할 수 있다.

② 제1항에 따라 자율 개선 조치를 권고받은 사립대학 또는 학교법인은 제12조에 따라 전담기관의 경영자문을 제공받을 수 있다.

제4장 사립대학 구조개선에 관한 지원 및 특례

제12조(경영자문) ① 전담기관의 장은 구조개선이행계획 수립·변경을 위해 필요한 경우 경영위기대학 또는 해당 학교법인에 전담기관에 의한 경영자문을 제공하거나 지원할 수 있다.

② 경영위기대학을 운영하는 학교법인은 제1항에 따른 전담기관의 자문 결과를 충실히 반영하여 구조개선이행계획을 수립·변경하여야 한다.

③ 제1항에 따른 경영자문의 절차, 내용 및 그 밖에 필요한 사항은 대통령령으로 정한다.

제13조(적립금 사용의 특례) 경영위기대학이 구조개선이행계획의 수행을 위하여 필요한 경우에는 「사립학교법」 제32조의2에도 불구하고 교육부령으로 정하는 바에 따라 적립금을 구조개선 이행계획 수행 목적으로 변경하여 사용할 수 있다.

제14조(재산 처분의 특례 등) ① 경영위기대학이 구조개선이행계획에 따라 재산을 처분하고자 할 때에는 「사립학교법」 제5조 및 제28조제2항에도 불구하고 대통령령으로 정하는 바에 따라 사립대학의 재산에 관한 기준을 달리 적용할 수 있다.

② 「사립학교법」 제25조에 따라 임시이사가 선임된 학교법인이 운영하는 사립대학이 경영위기대학으로 지정받은 경우 그 학교법인의 이사회는 구조개선이행계획의 수행을 위하여 필요한 경우 재산 처분 및 사업양도(일부 양도로 한정한다)에 관한 결정을 할 수 있다.

③ 임시이사회가 제2항에 따라 재산 처분을 결정할 때에는 학교법인에 대한 임시이사 선임 직전 정식 이사들의 의견을 청취하여야 한다.

제15조(사립대학의 통·폐합 지원을 위한 특례) 경영위기대학이 구조개선이행계획에 따라 사립대학의 통·폐합을 추진하는 경우에는 「고등교육법」 및 「사립학교법」의 규정에도 불구하고 학교의 설립기준과 시설·교원·수익용 기본재산 및 정원 등의 기준을 대통령령으로 정하는 범위 안에서 달리 정할 수 있다.

제5장 폐교 및 해산

제16조(폐교·해산의 절차 등) ① 학교법인이 다음 각 호에 따라 대학을 폐교하거나 학교법인을 해산하고자 하는 경우에는 「고등교육법」 제4조 및 「사립학교법」 제34조에도 불구하고 폐교 또는 해산할 수 있다. 이 경우 이사 정수 3분의 2 이상의 의결을 거쳐 교육부장관의 인가를 받아야 한다.
　1. 구조개선 이행계획 중인 대학
　2. 구조개선 명령에 따라 경영 위기 대학
　3. 구성원(재적학생 포함)의 3분의 2 이상이 폐교를 동의한 대학

② 교육부장관은 제1항 본문에 따라 인가의 신청을 받은 경우에는 다음 각 호의 사항을 모두 점검하고 이에 대하여 위원회의 심의를 거쳐야 한다.
　1. 학생, 교직원 등 구성원의 의견 수렴 여부
　2. 폐교 또는 해산에 따른 학생 및 교직원의 보호 대책

3. 재정상황 및 재산 처리 계획
4. 소재 지방자치단체의 의견 수렴 여부
5. 그 밖에 폐교 또는 해산 인가를 위하여 필요한 사항으로서 대통령령으로 정하는 것

③ 교육부장관은 제2항에 따른 위원회의 심의에 앞서 필요한 경우 학교법인 및 경영위기대학에 대한 감사를 실시할 수 있다.

④ 교육부장관은 제3항에 의한 감사 결과 「고등교육법」 및 「사립학교법」 또는 교육 관계 법령 위반으로 학교법인의 재정적 보전 필요성이 확인된 경우에는 관련 조치를 취하거나 조건을 부과하여 인가할 수 있다.

⑤ 제1항에 따른 인가를 신청한 학교법인은 자진해산 신청 사실 등 폐교 및 해산에 관한 사항을 해당 경영위기대학의 인터넷 홈페이지에 공개하여야 한다.

제17조(잔여재산 귀속에 관한 특례) ① 제16조에 따라 해산하는 학교법인은 법인의 잔여재산 일부를 「사립학교법」 제35조에도 불구하고 잔여재산 처분계획서에 따라 위원회의 심의를 거쳐 다음 각 호에 해당하는 방법으로 처분할 수 있다.

1. 「공익법인의 설립·운영에 관한 법률」 제2조에 따른 공익법인에 대한 출연
2. 「사회복지사업법」 제2조제3호의 사회복지법인으로서 대통령령으로 정하는 법인에 대한 출연
3. 「한국사학진흥재단법」 제17조제2항에 따른 사학진흥기금의 청산지원계정으로의 귀속

② 제1항제3호에 따라 잔여재산이 귀속된 경우, 잔여재산 처분계획서에서 정한 자에게 위원회의 심의를 거쳐 해산장려금을 지급할 수 있다. 다만, 학교법인의 임원 또는 해당 학교법인이 설립한 사립학교를 경영하는 자 등이 교육 관계 법령을 위반하여 해당 학교법인이 관할청으로부터 회수 등 재정적 보전(補塡)을 필요로 하는 시정요구를 받았으나 이를 이행하지 않은 경우 대통령령으로 정하는 바에 따라 해산장려금을 지급하지 아니한다.

③ 제2항에 따른 해산장려금의 범위, 한도와 절차, 그 밖에 필요한 사항은 대통령령으로 정한다.

④ 제2항에 따른 해산장려금은 「상속세 및 증여세법」제46조제1호의 국가나 지방자치단체로부터 증여받은 재산으로 본다

제18조(재학생 및 교직원 보호) ① 국가는 구조개선이행계획 또는 구조개선명령에 따라 폐교되는 대학(이하 "폐교대학"이라 한다)에 소속된 재학생의 편입학에 대한 행정적·재정적 지원 등 학습권 보호를 위하여 필요한 조치를 하여야 한다.

② 폐교대학은 소속된 재학생이 폐교 이후 편입학을 포기하는 경우 잔여재산의 범위 내에서 학업중단에 대한 위로금을 지급할 수 있다.

③ 폐교대학 소속 학생의 편입학을 받은 학교에 대하여는 해당 학생이 졸업할 때까지 그 정원이 별도로 존재하는 것으로 본다.

④ 국가 또는 지방자치단체는 국·공립 대학의 교원 또는 직원을 채용하기 위하여 채용시험을 실시하는 경우 구조개선이행계획 또는 구조개선명령에 따라 면직된 교원 또는 직원(이하 "면직 교직원"이라 한다)에 대하여 만점의 100분의 10 이내에서 대통령령으로 정하는 가점을 부여하여야 한다.

⑤ 학교법인은 면직 교직원에 대하여 잔여재산 범위 내에서 면직보상금 또는 퇴직위로금을 지급할 수 있다.

⑥ 국가는 폐교대학에 소속되었던 연구자가 「학술진흥법」 및 「국가연구개발혁신법」 등에 의한 학술 및 연구개발 활동 참여에 대하여 차별·제한받지 아니하도록 필요한 조치를 하여야 한다.

⑦ 구조개선이행계획 또는 구조개선명령에 따라 해산된 학교법인과 폐교대학의 학적부·조직·회계·예산 관련 자료 등 대통령령으로 정하는 기록물에 대하여는 「사립학교법」 제48조의2를 준용한다.

제19조(청산인 등) ① 교육부장관은 학교법인이 구조개선이행계획에 따라 해산한 경우에는(파산의 경우는 제외한다) 「민법」제82조에도 불구하고 필요한 경우 전담기관의 임·직원을 청산인으로 선임할 수 있다. 다만, 구조개선명령에 따라 학교법인이 해산한 경우에는 전담기관의 임·직원을 청산인으로 선임하여야 한다.

② 교육부장관은 경영위기대학을 운영하는 학교법인이 회생절차 개시 결정을 받거나 파산 선고를 받은 경우 「채무자 회생 및 파산에 관한 법률」 제74조제2항 및 제355조에도 불구하고 전담기관을 관리인 또는 파

산관재인으로 추천할 수 있다.

③ 법원은 제2항에 따라 추천을 받은 경우 그 직무를 수행하기에 적합하다고 인정되면 전담기관을 관리인 또는 파산관재인으로 선임할 수 있다.

제20조(해산·청산의 지원) ① 국가 또는 지방자치단체는 제16조에 따라 해산하는 학교법인이 원활하게 해산할 수 있도록 해산 인가의 신청 당시 학교법인이 보유하고 있는 기본재산 중 교육에 직접 사용되었던 재산의 매입 등 필요한 지원을 할 수 있다.

② 전담기관은 제16조에 따라 해산한 학교법인의 효율적인 청산 절차의 진행을 위하여 행정적·재정적 지원을 할 수 있다.

제21조(폐교대학 특별지원지역의 지정 등) ① 교육부장관은 구조개선이행계획 또는 구조개선명령에 따른 폐교로 인하여 지역경제 여건의 현저한 악화가 예상되는 경우 위원회의 심의를 거쳐 폐교대학의 소재 지역을 특별지원지역(이하 "특별지원지역"이라 한다)으로 지정할 수 있다.

② 국가와 지방자치단체는 특별지원지역에 대하여 다음 각 호의 지원을 할 수 있다.
 1. 자금·융자 등 금융·재정 지원
 2. 지역 중소기업 및 소상공인에 대한 경영·기술·회계 관련 자문
 3. 지역 근로자의 교육훈련 등 고용안정 지원
 4. 그 밖에 지역경제 위기 대응을 위하여 필요하다고 대통령령으로 정하는 지원

③ 그 밖에 특별지원지역의 지정기간, 지정절차 등에 필요한 사항은 대통령령으로 정한다.

제22조(지방자치단체의 지원 등) ① 지방자치단체의 장은 지역 교육여건 개선 및 지역경제 활성화를 위하여 필요한 경우에는 조례로 정하는 바에 따라 경영위기대학의 구조개선이행계획 이행에 필요한 행정적·재정적 지원을 할 수 있다.

② 지방자치단체의 장은 지방자치단체가 수행하는 「공익사업을 위한 토지 등의 취득 및 보상에 관한 법률」 제4조에 따른 공익사업을 위하여 토지 등을 매수·임차하려는 경우에는 구조개선이행계획 또는 구조개선명령에 따라 폐교되는 사립대학 또는 해산되는 학교법인의 재산을 우선적

으로 고려할 수 있다.

제6장 벌칙

제23조(과태료) ① 다음 각 호의 어느 하나에 해당하는 자에게는 1천만원 이하의 과태료를 부과한다.
  1. 제9조제1항 또는 제3항을 위반하여 구조개선이행계획 또는 변경계획을 제출하지 아니하거나 거짓으로 제출한 자
  2. 제10조제1항에 따른 이행실적을 보고하지 아니하거나 거짓으로 보고한 자
  3. 제10조제2항에 따른 점검을 거부·방해 또는 기피한 자
  4. 제16조제5항을 위반하여 폐교 및 해산에 관한 사항을 공개하지 아니한 자
  ② 제1항의 규정에 의한 과태료는 대통령령으로 정하는 바에 따라 교육부장관이 부과·징수한다.
제24조(벌칙) 제9조에 따른 구조개선명령에 불응한 자는 2년 이하의 징역 또는 2천만원 이하의 벌금에 처한다.

부 칙
제1조(시행일) 이 법은 공포 후 1년이 경과한 날부터 시행한다.
제2조(유효기간) 이 법은 2032년 12월 31일까지 효력을 가진다.
제3조(청산법인의 지원에 관한 특례) 이 법 시행 전에 「사립학교법」 제34조에 따라 학교법인이 이미 해산되었음에도 불구하고 그 해산등기일(같은 법 제47조에 따른 해산명령이 있는 경우에는 교육부장관이 지정한 해산일을 의미한다)로부터 3년이 경과하도록 「민법」 제94조에 따른 청산종결의 등기가 이루어지지 아니한 청산법인에 대하여는 제17조, 제18조제4항, 제19조부터 제22조까지의 규정을 적용할 수 있다. 다만, 해당 청산법인이 「채무자 회생 및 파산에 관한 법률」의 적용을 받는 경우에는 그러하지 아니하다.

대학구조조정기 대학교원의 고용관계

초판 1쇄 발행 2024년 8월 30일

저　　자	**전 윤 구** 著
	(경기대학교 법학과 교수 / 법학박사)
발 행 처	도서출판 에듀컨텐츠휴피아
발 행 인	李 相 烈
등록번호	제2017-000042호 (2002년 1월 9일 신고등록)
주　　소	서울 광진구 자양로 28길 98, 동양빌딩
전　　화	(02) 443-6366
팩　　스	(02) 443-6376
e-mail	iknowledge@naver.com
web	http://cafe.naver.com/eduhuepia
만든사람들	기획·김수아 / 책임편집·이진훈 하지수 정민경 황수정 김은정
	디자인·유충현 하지수 / 영업·이순우

ISBN	978-89-6356-467-8 (93370)
정　가	18,000원

ⓒ 2024, 전윤구, 도서출판 에듀컨텐츠휴피아

> 이 책은 저작권법에 따라 보호받는 저작물이므로 무단전재와 무단복제를 금지하며, 책 내용의 전부 또는 일부를 이용하려면 반드시 저작권자 및 도서출판 에듀컨텐츠휴피아의 서면 동의를 받아야 합니다.

이 저서는 2019년 대한민국 교육부와 한국연구재단의 지원을 받아 수행된 연구임 (NRF-2019S1A5A2A01047156)